湖北省社会科学基金后期资助项目
深圳市爱阅公益基金会资助项目
华中师范大学教育学院青年学者资助项目

网助童年

数字媒介下儿童阅读的变革与省思

尹国强 ◆ 著

广西师范大学出版社
·桂林·

前　言

　　作为未成熟的生命主体,儿童需要依赖阅读促进自身的文化生命成长。在这个过程中,媒介铺设着儿童与文化符号世界之间交互的基本路径。随着信息技术的发展,媒介形态发生剧烈变化,数字化阅读逐渐成为当下儿童重要的阅读方式。

　　本书旨在以人—技术—文化的统合视角审视数字媒介下的儿童阅读问题,遵循实然—应然—可然的逻辑思路。首先是现状检视,研究者通过定性与定量相结合的方法调研当下儿童数字化阅读的文化现状,透过其外在文化表征剖析儿童在数字媒介场域中遭遇的困境。其次是理论建构,研究者从关系向度和本体向度对儿童数字化阅读进行文化分析,提出儿童数字化阅读的价值诉求。最后,研究者针对调查所发现的儿童数字化阅读文化症候进行分析,找出其产生的根源和影响因素,进而提出系统优化当下儿童数字化阅读的理念、路向和策略。

　　第一章介绍了本书的基本背景,梳理了已有的研究成果,明确了基本概念,并介绍了支撑本书的研究设计。

　　第二章为现状检视,研究者运用问卷法、非结构性访谈法、作品分析法抽样调查了全国 6 个省、2 个直辖市的 32 个自然班级的中小学生数字化阅读现状，通过量化和质性相结合的方法进行分析。结果显示：从整体层面来看，儿童数字化阅读的参与频度普遍化、热衷化，时空分布碎片化、分散化，价值偏好实用化、娱乐化，行为趋向游戏化、消费化；从个体层面来看，儿童在数字化阅读的过程中可能会出现"被"技术异化导致主体迷失的问题，突出表现为自我确认迷失的可能、与现实世界割裂的可能、人际交往阻断的可能、意义生成虚幻的可能和审美情趣扭曲的可能。

第三章和第四章为理论建构，研究者对儿童数字化阅读进行理论阐释。基本立论包括：在人—技术—文化的统合视角下，数字化阅读是儿童的一种有灵性的文化生活方式。数字媒介是儿童阅读的场域，不仅具有一般场域的关系性、相对独立性和斗争性，而且具有自身所特有的中介性、低自主性和高强化性。媒介技术形态为儿童阅读提供基础性存在。媒介技术环境对儿童阅读发挥场效应。媒介技术演进是儿童阅读文化变迁的动力。媒介技术演进与儿童阅读文化变迁相互关联。当媒介技术进入数字时代，儿童阅读促进儿童文化生命成长的本质没有改变，数字媒介的技术优势是儿童数字化阅读能够有效实现的强力支撑。儿童数字化阅读具有文化开放性和文化制约性。本书以儿童发展为导向，论述了数字化阅读的应然价值，包括符号确认自我之真、观照生活世界之实、激扬主体间性之活、达至意义生成之善和体悟诗性逻辑之美五个方面。

第五章是在理论基础上对现实景况进行机理分析。研究者认为，儿童在数字化阅读中主体迷失的根源包括三个维度。在主体性上，儿童强烈的原初性和极大的可塑性被过度开发，这是导致儿童与数字媒介过分亲密接触的天性基础；在技术性上，工具理性的膨胀和价值理性的削弱导致数字化阅读背后的理性冲突；在文化性上，技术主体伦理精神的欠缺和教育系统制约力不足致使成人社会对儿童失范与失教。在厘清问题产生的根源的基础上，本书从微观、中观和宏观三个视角对儿童数字化阅读的场域进行深入检视，剖析多种文化因素对儿童阅读产生的作用。微观层面包括数字媒介的内容管理和使用方式；中观层面包括家庭成员的言行与引导、同伴之间的交往与同化、学校相应的管理与教育；宏观层面包括政府相关政策的出台、导向、落实与监督。

第六章是对当下儿童数字化阅读进行系统优化的理念、路向和策略。研究者认为须树立的基本理念包括：以儿童为本，回归数字化阅读的育人本性；以技术为用，促进人机交互走向人际对话，达成工具理性与价值理性的有效融合；通过成人与儿童的平等对话，打好教育的"底子"；通过内容和方法的价值引领，用好文化的"筛子"，达成保护倾向与放任倾向的合理平衡。基本路向包括：以培养批判性意识、重塑儿童主体性为目标；以发挥技术优势、加强文化制约为路径；以建设媒介—家庭—学校—政府共同体，形成支持合力为保障。基本策略涉及媒介、家庭、学校和政府四个影响儿童阅读的文化因子。要在设计、研发媒介时强化现代教育理论的融入，以人体工程学、教育学、心理学等为指导，制作适合儿童生理结构的硬件设备，开发并不断调试符合儿童身心特点的优质教育软件，操作上增设提醒机制，把握使用的适度性。家庭成员要注意自身言行，做好榜样示范，形成家庭氛围，主动参与亲子共读，对资源进行二次开发，关注儿童阅读体验，及时调整策略，适度使用，多种方法引领儿童回归传统纸质阅读。学校要在课程建设中融入数字化阅读素养教育的相关内容，传授儿童信息检索的基本方法，推荐优质资源，联合多元主体共同对儿童进行过程性评价，有意识地对家长进行指导，形成家校共育。政府要大力扶持优质的数字化阅读资源建设，加强优质的数字化阅读资源宣传与推广，组织多层次培训，提高民众的数字化阅读素养，制定相关管理规范，形成机制，强化落实。

目 录

第一章
重新审视数字时代的儿童阅读

一、 研究背景

阅读,是一个古老而复杂的研究领域。古往今来,人们基于不同立场,通过不同视角,采用不同方法,持续不断对阅读进行探索,形式多样,成果颇丰。所有这些既有成果,不管是科学理论,还是实践样态,都建立在一个最基础的对阅读价值的共识性理念上:阅读,对人类来说,具有不可替代的重要作用——它能够助人类个体心智发展,促人类群体文化传承。

不管有多少种对阅读的理解和定义,人们大体认同:阅读是我们认识世界、获取知识和交互信息的基本方式。在人的一生中,各式各样的阅读总是有意无意地陪伴着我们。

而当前,随着数字时代的到来,信息技术日益发达,智能媒介逐渐应用,社交网络愈发便捷,越来越多的人惊奇地发现:在不知不觉中,阅读,这位"伴侣"的模样发生巨变,焕然一新。电子书走进日常生活,纸质翻阅变为屏幕阅读,人们不再关心是否有油墨的清香,被那一点点持续走低的电量"绑架"了注意力。近年来的全国国民阅读调查数据显示:数字化阅读接触率正在以前所未有的速度攀升,数字化阅读已成为人们阅读的主要方式。

数字化阅读的另一个典型特征是读者对象不断低龄化。越来越多的儿童被数字媒介吸引,在声、光、电技术的作用下,进行不同于纸质阅读的全新阅读。随着近现代学科的发展,尤其是心理学、脑科学、学习科学等对阅读领域的大量研究,证实儿童期是一个人阅读兴趣、阅读习惯和阅读能力发展的关键时期。于是,对儿童借助数字媒介开展阅读的欢喜或隐忧,在持不同立场的儿童研究者中蔓延开来,并引发争论。

在儿童数字化阅读问题上,学者的观点始终不尽相同,甚至相悖。持经验建构学习观的学者认为,技术所构建的虚拟世界为儿童打开了一扇新的大门,里面有浩如烟海的资源可供他们获取和体验,此乃突破与幸事。而另一些学者,比如文化学派的学者则忧心忡忡,认为当下的儿童阅读在数字媒介的推波助澜下,将会陷入技术至上、娱乐至死和消费导向的泥淖,走向迷途。

儿童教育工作者认为,对待数字媒介场域中的儿童阅读问题,需要回到出发点,回到儿童个体文化生命成长和儿童群体文化传承的基本立足点,基于技术和文化双重视域,从人—技术—文化的统合视角来审视儿童阅读,从而厘清儿童阅读的本质意蕴,审视当下数字媒介带给儿童阅读的影响。这对我们更加全面地探讨儿童数字化阅读问题非常重要,也十分迫切。

（一）现实诉求

1. 数字化阅读已成为儿童重要的阅读方式

统计数据显示,我国数字化阅读与纸质阅读平分秋色,跻身为主要的阅读方式。我国从 1999 年开始开展国民阅读调查,并发布权威的定量研究报告,呈现国民阅读现状,为相关决策提供依据。2015 年是一个里程碑,该年公布的第十二次全国国民阅读调查数据显示,2014 年我国国民数字化阅读方式(含网络在线阅读、手机阅读、电子阅读器阅读、光盘阅读、平板电脑阅读等)的接触率为 58.1%,较 2013 年上升 8 个百分点;而我国成年国民图书阅读率为 58.0%,较 2013 年仅上升 0.2 个百分点。[①] 2016 年公布的第十三次全国国民阅读调查数据显示,2015 年我国国民数字化阅读方式的接触

---

① 高方：《第十二次全国国民阅读调查结果发布》,《传媒》2015 年第 8 期,第 80 页。

率为64.0%,较2014年上升5.9个百分点,其中手机阅读的比例持续大幅增长。① 随后几年,数字化阅读比例逐年提升。2020年,第十七次全国国民阅读调查数据显示,2019年我国国民数字化阅读方式的接触率为79.3%,成年国民人均每天手机接触时长为100.41分钟,均较2018年有增长。② 可见,网络技术与信息技术的快速发展、电子浏览工具功能的日益强大、网络覆盖范围的逐渐扩大,使越来越多的人选择了数字化阅读这种方便、快捷的阅读方式。

图1-1　2岁3个月的S在高铁上玩手机游戏

图1-2　3岁的T在家中使用台式电脑播放音乐

① 中国新闻出版研究院:《第十三次全国国民阅读调查结果公布》,《科学导报》2016年4月22日第B3版。
② 刘彬:《第十七次全国国民阅读调查报告发布》,《新阅读》2020年第5期,第7页。

2000 年以后出生的儿童，成长环境与他们的父辈差异极大。生长在高科技时代的他们对数字产品和网络文化有着天然的亲切感和更好的操作能力。美国教育技术研究者马克·普伦斯基（Marc Prensky）将这些儿童称为"数字土著"，认为他们在幼年已经形成一种对电子文档的理解能力。[①] 根据中国互联网络信息中心 2020 年 4 月发布的第 45 次《中国互联网络发展状况统计报告》，截至 2020 年 3 月，我国网民规模为 9.04 亿。根据 2020 年 5 月发布的《2019 年全国未成年人互联网使用情况研究报告》，2019 年我国未成年网民规模为 1.75 亿，未成年人互联网普及率达到 93.1%；城乡未成年人的数字差距进一步弥合，城镇未成年人互联网普及率达到 93.9%，农村未成年人互联网普及率达到 90.3%，两个群体互联网普及率的差距持续缩小；未成年人学龄前触网比例显著提升；互联网对低龄群体的渗透能力持续增强，32.9% 的小学生网民在学龄前就开始使用互联网。另外根据 2015 年中国青少年研究中心课题组发布的调查数据显示，70.8% 的儿童在电脑、手机或电子阅读器上看过新闻；66.7% 的儿童看过小说、故事；59.1% 的儿童看过非小说类文学作品，比如诗歌、随笔、散文等；50.8% 的儿童看过漫画；36.6% 的儿童看过电子杂志；明确表示喜欢数字化阅读的儿童达到 35.8%。[②]

可见，不仅成人阅读走向数字化，而且以互联网为主体的数字媒介正在儿童群体中加速普及，并迅速向低龄群体渗透。数字化阅读已经成为儿童重要的阅读方式。于是，在当代光影结构的媒介社会中，处处可见儿童借助各种数字媒介享受童年时光，在电子屏幕前得到愉悦和快感。在儿童的生活体验反馈中，越来越多地出现数字媒介的影子。

研究阅读史的新西兰学者史蒂文·罗杰·费希尔（Steven Roger Fischer）曾高

---

① Marc Prensky. Digital Natives, Digital Immigrants Part 1. *On the Horizon*, 2001, 9（5），pp. 1-6.

② 中国青少年研究中心课题组，赵霞、孙宏艳、张旭东执笔《少年儿童数字阅读现状及对策》，《光明日报》2015 年 11 月 13 日第 05 版。

图 1 - 3　儿童图画中的"媒介世界"①

声预言："毫无疑问,电子阅读终将一统天下。"②这一天,似乎已经来临。

2. 国际学生评价项目(Program for International Student Assessment,简称 PISA 测试)的数字化阅读素养测试结果敲响警钟

阅读的数字化对儿童的成长和发展提出了新的挑战。当我们还在权衡这种变化带来的利弊时,经济合作与发展组织(Organization for Economic Co-operation and Development,简称 OECD)统筹的国际学生评价项目开展的数字化阅读素养测试为我们敲响了警钟。

PISA 测试自 2000 年实施以来,已成为各国政府和教育界非常关注的一项国际性测试项目,各国的教育改革会参考 PISA 测试的结果。该项测试涵盖阅读素养测试、数学素养测试和科学素养测试,其中阅读素养测试包括

---

① 笔者摄于 C 市 J 区实验幼儿园中班,已获儿童监护人授权使用。
② [新西兰]史蒂文·罗杰·费希尔:《阅读的历史》,李瑞林、贺莺、杨晓华译,北京:商务印书馆,2009 年,第 298 页。

纸笔阅读测试和计算机辅助的数字化阅读测试。我国部分地区于 2009 年（上海）、2012 年（上海）和 2015 年（北京、上海、江苏、广东）参加该项测试。公布的测试结果显示，2012 年，上海参加该项测试的成绩与 2009 年一样排名第一，上海学生的纸笔阅读测试平均成绩为 570 分，在所有参加测试的国家和地区中排名第一，比排名第二的国家（新加坡）高出 28 分。2015 年，我国北京、上海、江苏、广东学生的纸笔阅读测试总成绩排名下降至第 27 名。这说明，我国儿童纸笔阅读水平整体较高，但存在地区差异。

其中一个细节似乎没有引起重视：与纸笔阅读测试成绩领先世界相比，我国儿童在数字化阅读上的表现并不突出。以上海学生为例，从公布的数据来看，2012 年上海学生数字化阅读平均成绩为 531 分，在 32 个参加测试的国家和地区中，排在新加坡（567 分）、韩国（555 分）、中国香港（550 分）、日本（545 分）、加拿大（532 分）之后，位居第 6 名。对比纸笔阅读测试，上海 79% 的学生在数字化阅读上的表现低于根据纸笔阅读测试预测的值，比纸笔阅读测试成绩足足低了 38 分。① 经过进一步分析发现，我国儿童数字化阅读成绩较低具体表现在：对计算机辅助的数字化阅读测试情境缺乏适应性；在信息的检索和整理方面缺乏条理；思考是片段式的，缺少整体性；在语言表达上追求不必要的完整性，缺失关键信息；等等。

分析其原因可知，国际学生评价项目中的数字化阅读素养测试更加注重儿童在计算机虚拟环境下的特定场景中对材料的阅读。它评价的不仅是文本阅读，而且把阅读作为探寻新知识、参与未来生活和投入公共活动的媒介。其测试的文本以多重文本为主，在测试中需要不断通过导航寻找链接文本，隐含着对测试者的检索能力、文本加工能力和评价能力的考查，这就对测试者的信息综合能力提出了很高的要求。

当下各种数字技术已经渗透儿童学习与生活的各个方面，深刻影响并

---

① 邹一斌：《PISA2012（上海）：从传统阅读到数字阅读》，《上海教育科研》2015 年第 2 期，第 10 页、第 16—19 页。

改变着儿童的阅读生活。不过,我国儿童还没有发展出与时代同频的数字化阅读素养,在解读大量数据与信息、评估信息来源方面表现不佳,对数字化阅读学习意愿不强。

对此,我们有责任培养儿童的数字化阅读素养,让儿童不被数字媒介的结构机制限制。[1] 在这个意义上,宏观考察儿童数字化阅读的整体文化生态系统,不啻为一条探索提升儿童数字化阅读素养的路径。

(二) 理论呼唤

1. 儿童阅读危机及其内在技术取向

随着数字化阅读成为儿童生活的重要组成部分,儿童阅读中的数字技术含量越来越高,其所包含的技术隐喻已悄然形成。当我们发现儿童日渐沉迷在数字媒介所带来的阅读体验中,我们起初会欣喜于数字技术带来的便捷和通畅;但随着认识的深入,我们看到儿童的数字化阅读素养呈现较低的水平,数字技术并没有如我们想象的那样很好地促进儿童阅读,一些研究者便陷入了反思,甚至发出了"儿童阅读在数字媒介侵袭下陷入危机"的警告。当前儿童阅读遭遇的困境与危机,可以归结为数字技术所带来的不良影响。有研究者将其划分为技术开发困境、技术负效应困境、技术风险困境、技术理性主义困境和技术奴役困境。[2]

人们逐渐意识到,数字化阅读并不是仅仅将所阅读的纸质书数字化。若仅仅是将信息数字化,则很可能导致负面的影响。2008 年,美国学者尼古拉斯·卡尔(Nicholas Carr)发表了一篇掀起争议的浪潮的文章——《Google 会让我们变笨吗》。他指出,大量依赖搜索引擎查询资料,会让人失去深思与专注的能力;大量依赖搜索引擎广泛地收集各种信息,会让人变得懒惰与功利。在其著作《网络让我们变笨》中,他从个人经验、科技发展和认知科学等角度

---

[1]　James M. Shiveley and Philip J. Vanfossen. Critical Thinking and the Internet: Opportunities for the Social Studies Classroom. *The Social Studies*, 1999, pp. 42-46.

[2]　王伯鲁:《广义技术视野中的技术困境问题探析》,《科学技术与辩证法》2007 年第 1 期,第 69 页。

探讨数字技术对我们的大脑、思维和阅读行为的改变，提出数字化对人的生命发展具有"双刃剑"效应。那么这种改变对我们思考的方式有何影响？这一问题，不仅指向我们成人，而且指向我们所面对的儿童。

人们在反思中逐渐认识到，造成儿童数字化阅读困境的根源在于我们对待这个问题的技术取向。"人类目前所面临的很多问题，如劳动的异化、人的片面发展等，即使不能完全归诸现代技术，但也与它有莫大关系。"①在儿童数字化阅读中，数字媒介对儿童的吸引力持续增强，成为影响儿童阅读有效性的重要因素，如果任由技术工具主义横行，儿童的自主性则会严重弱化和异化，儿童在数字媒介中应当受到的人文关怀也无从彰显。

2. 信息技术教育研究迎来新的反思

进入信息化时代，世界教育掀起变革的浪潮，许多国家都寄教育变革的希望于技术。中国教育信息化也在行动。2010 年 5 月，国务院通过《国家中长期教育改革和发展规划纲要（2010—2020 年）》，其中特别强调加快我国教育信息化进程："加快教育信息基础设施建设。信息技术对教育发展具有革命性影响，必须予以高度重视。把教育信息化纳入国家信息化发展整体战略，超前部署教育信息网络。"2012 年 3 月，教育部发布《教育信息化十年发展规划（2011—2020年）》，指出："我国教育改革和发展正面临着前所未有的机遇和挑战。以教育信息化带动教育现代化，破解制约我国教育发展的难题，促进教育的创新与变革，是加快从教育大国向教育强国迈进的重大战略抉择。教育信息化充分发挥现代信息技术优势，注重信息技术与教育的全面深度融合，在促进教育公平和实现优质教育资源广泛共享、提高教育质量和建设学习型社会、推动教育理念变革和培养具有国际竞争力的创新人才等方面具有独特的重要作用，是实现我国教育现代化宏伟目标不可或缺的动力与支撑。"

近年来，围绕国家教育信息化发展的目标和规划，理论界主要从信息教

---

① 舒红跃、陈俊：《现代技术危机与世界意识》，《湖北大学学报》（哲学社会科学版）2011 年第 6 期，第 30 页。

育引发的教育内容、学习方式、服务平台和学习环境等方面展开深入而广泛的研究。从微视频资源到翻转课堂，从网络远程教育到移动学习，从云计算到教育公共服务平台，从开放教育资源到大众公开课，从虚拟仿真到开放实验，从电子书包到未来教室，从大数据到个性化服务，等等，都取得了卓有成效的研究成果。从线上学习(E-Learning)到移动学习(M-Learning)再到泛在学习(U-Learning)，网络教育模式不断更新；从开放式课程、开放教育资源到慕课，对开放课程运动的研究逐渐深入，带领实践从仅仅开放免费的课件到网络上开放大规模课程并主动进行教学互动的慕课；紧接着，可汗学院(Khan Academy)的兴起，微视频又引发新的学习革命，翻转课堂让教育研究者认识到信息化教学创新必须实现三个突破：突破时空限制，突破思维限制，改变教师角色。

随着教育信息化实践与理论的突飞猛进，研究者不约而同地认识到，信息技术的蓬勃发展，从深层次改变了教育的面貌，教育信息化在前期的技术层面的进步之后，将迎来新阶段的反思和跟进。正如张诗亚所说："对教育技术概念的理解，科学界更强调的是其非物化形态的部分。而在我们的一些盲目发展所谓现代教育技术的观念中，其看到的仅是物化形态部分，并且，在这种观念的支配下，目前教育技术发展呈现的是只见硬件，不见其余的畸形发展。实际上，哪怕仅就教育技术自身的发展而论，也早已认识到硬件阶段的严重弊端，继而，在其经历的发展中，大大地超越了这一阶段。"① 他将教育技术发展划分为四个阶段。第一，硬件阶段(hardware phase)。这是教育技术发展初期，其重心在购置硬件设备上。第二，软件阶段(software phase)。这是在硬件阶段之后出现的，当硬件具备之后，要有效地使用之，必须将注意的重心转向相应的软件。第三，潜件阶段(underware phase)。当硬件、软件这两者都具备之后，便产生了一个如何使之设计、开发、应用等符合教育情境，符合教育学和心理学等规律的问题，而这些相关学科的理论

---

① 张诗亚：《析教育技术发展的两个误区》，《中国高等教育》(半月刊)2001年第22期，第31页。

知识、认知规律等是看不见、摸不着的潜件。第四，融件阶段（integrable-ware phase）。即便用相关硬件、软件，并遵循教育学、心理学等学科的规律开发课件，仍然有如何让特定的教师、特定的学生结合其具体的实际来选择并整合这些课件的问题，即结合学习者的实际完成内化，学习的目的才真正实现。根据张诗亚的观点，只有从重视物真正转向重视人自身，才是教育技术及教育信息化实践与理论推进的最终目的。

3. 技术与文化的统合与涵化

技术的形成和发展有其必然的社会文化基础。"技术不仅被看作人们活动的物质资料的总和，看作实现这种活动的方式的总和，而且被看作在历史地确定的社会生产系统中发展起来的发挥职能作用的社会关系。技术类型、技术利用的性质和技术因此而具有的特征，是与具体的社会经济结构紧密联系的。"[①]在教育依赖快速进步的信息技术而发生翻天覆地的变化时，人们认识到，技术发展所带来的改善与进步，在走向一个欣欣向荣的场景的背后，隐藏着更深层次的问题，即技术与文化的交互作用以及所带来的技术促进教育变革的文化发展问题。1997 年春，钱学森在对科学与艺术、逻辑思维与形象思维、哲学与科学技术，以及微观与宏观、部分与整体等进行综合思考以后，更为明确与全面地阐述了大成智慧的实质与核心。他说："我想我们宣传的大成智慧……就在于微观与宏观相结合，整体（形象）思维与细部组装向整体（逻辑）思维合用；既不只谈哲学，也不只谈科学；而是把哲学和科学技术统一结合起来。哲学要指导科学，哲学也来自科学技术的提炼。这似乎是我们观点的要害：必集大成，才能得智慧！"[②]

顾明远在《中国教育的文化基础》中探讨了技术—教育—文化的关系。他写道："教育犹如一条大河，而文化就是河的源头和不断注入河中的活

---

① ［苏］格·姆·达夫里扬：《技术·文化·人》，薛启亮、易杰雄等译，石家庄：河北人民出版社，1987 年，第 5 页。

② 钱学敏：《钱学森对教育事业的设想——实行大成智慧教育培养全面发展的新人》，《西安交通大学学报》（社会科学版）2005 年第 3 期，第 58—59 页。

水,研究教育不研究文化,就只知道这条河的表面形态,摸不着它的本质特征,只有彻底把握住它的源头和流淌了 5 000 年的活水,才能彻底地认识中国教育的精髓和本质。"①教育技术研究者也提出:技术促进教育变革的实质是教育文化变革,如图 1-4 所示。

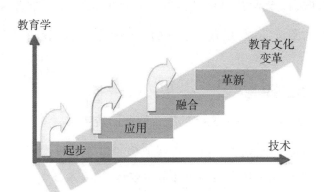

图 1-4　技术—文化统合促变②

研究表明,文化为社会互动设立了情境,也塑造了新知识的产生、合法化与传播的过程;交流、知识分享与学习都是备受当事者文化价值观影响的。文化是集体的心灵软件,利用教育信息化带动教育现代化,要厘清技术文化与本体文化的关系,它们之间是相互涵化的过程,如图 1-5 所示。

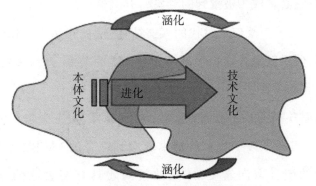

图 1-5　技术文化—本体文化相互涵化

---

① 顾明远:《顾明远文集》(第六卷),北京:北京师范大学出版社,2018 年,《前言》第 3 页。
② 此图根据联合国教育、科学及文化组织亚太地区教育革新为发展服务计划联系中心报告制作,转引自 2013 年 10 月祝智庭在华中师范大学作的题为《教育变革中的技术力量》报告。

　　随着教育信息化的持续推进，教育理论研究逐渐将目光转向技术—教育—文化的视野，关注教育技术背后的深层文化问题，探索在后技术时代，如何创建和谐的学习文化。正如祝智庭所认为的，我国教育技术领域，技术只能是偏方，人的发展即人本才是正道。[①]　教育信息技术的理论发展，正逐渐从技术主义向技术—教育—文化的综合视角转变。儿童在数字媒介下的阅读问题，正是在这样的理论背景下，向我们提出了新的召唤和指引。

（三）方法论转向

技术取向到人—技术—文化的统合取向的转变

　　在数字技术蓬勃发展的现在，人的活动和行为被越来越多地镶嵌到技术的坐标系统里，成为技术的一个环节或变量，而人本身生命存在的整体性和人文性被弱化。科技发展潜力无限，人们沉浸在科技带来的无限满足感和征服欲的体验中，愈发相信科技的万能。

　　当技术取向的儿童阅读在数字媒介发展中愈演愈烈，技术由服务人性而逐渐转变为压抑人性的力量时，也就是引发关于技术与人性关系思索的新起点。无论技术多么进步、多么重要，若僭越了其服务人性、从属于人性的内在机制，它必将成为被批判的对象。

　　倡导回归技术广泛应用时代的人文情怀，重视儿童数字化阅读中的文化因素，势必要重新深入认识和理解人与技术的关系、人与文化的关系，以及技术与文化的关系。

　　只有克服狭隘的技术取向控制论，从人本身、人生命本质和人性本身的立场出发，实现对数字技术从技术取向到综合的、人本的、整体的人—技术—文化的统合取向转变，才是此类问题具有突破性的方法论上的创新。

----

① 黄德群、毛发生：《中美教育技术学领军人物学术思想对比研究》，《电化教育研究》2011年第4期，第43页。

二、　文献综述

为了更全面地收集相关资料，了解前人的研究成果，梳理比较完整、内容清晰准确的背景知识，发现本研究的价值和尚未完成的工作，研究者一方面收集并分析了与"儿童阅读""数字阅读""阅读素养""信息时代的儿童发展"等主题相关的研究著作数十本。比如美国学者罗伯特·达恩顿（Robert Darnton）的《阅读的未来》、内奥米·S.巴伦（Naomi S. Baron）的《读屏时代：数字世界里我们阅读的意义》，加拿大学者克里斯·罗文（Cris Rowan）的《"被"虚拟化的儿童》，新西兰学者史蒂文·罗杰·费希尔的《阅读的历史》，英国学者索尼亚·利文斯通（Sonia Livingstone）的《儿童与互联网：现实与期望的角力》和《儿童上网之机会与风险》，法国学者保罗·阿扎尔（Paul Hazard）的《书，儿童与成人》，日本学者河合隼雄的《孩子的宇宙》，中国台湾学者郝明义的《越读者》，中国大陆学者卜卫的《媒介与儿童教育》、李东来的《数字阅读：你不可不知的资讯与技巧》、刘宣文和陈钢的《儿童媒介识读教育》和中国青少年研究中心编的《新媒介与新儿童：新媒体与少年儿童社会化研究报告》，等等。

另一方面，借助于网络数据库，研究者收集了大量的相关电子文献。在英文文献方面，研究者通过读秀外文、教育期刊数据库（ProQuest Education Journals）等网络数据库，以"digital reading"并含"children"为关键词，检索后经筛选，共收集187篇英文文献。在中文文献方面，通过中文社会科学引文索引（Chinese Social Sciences Citation Index，简称CSSCI）数据库、中国人民大学复印报刊资料数据库、中国知网（CNKI）数据库、中国国家数字图书馆等网络数据库，以"数字阅读""电子阅读""儿童阅读""阅读素养"等为关键词，检索后经筛选，共收集989篇研究文献；研究者还通过中国台湾华艺线上图书馆（学术文献）数据库、中国台湾博硕士论文知识加值系统数据库，以"数位阅读""电子阅读""儿童阅读""阅读素养"为关键词，检索后经筛选，共收集71篇期刊论文、25篇博硕论文相关研究文献。本书将收集到的研究文献按照国外相关研究文献和中国相关研究文献进行整理、分析。

（一）国外相关研究

通过阅读、浏览、整理和分析相关研究文献，可以发现，国外数字化阅读研究起步早，不仅重视理论基础，而且重视应用性和实践指导性研究，积累了大量的研究成果。

1. 关于儿童数字化阅读理论基础的研究

国外阅读理论经历了传统理论阶段的自下而上的阅读理论、认知阶段的自上而下的阅读理论及交互式理论、图式理论三个阶段。克莉丝汀·纳托尔（Christine Nuttall）①研究发现，阅读图式理论在阅读理解中的研究，特别强调背景知识在阅读理解过程中的作用。阅读理解的过程就是背景知识或图式与输入的信息相互作用的心理过程。儿童对图式特征的认知发展特点表现出连续增长性和重要年龄段倾向，与儿童思维的发展、知识技能和经验的积累、生理的成熟有关。②

约翰·H.弗拉维尔（John H. Flavell）③认为元认知知识是有关认知的知识，旨在了解人的认知活动的过程与结果的影响因素有哪些以及相互之间如何作用。罗伯特·B.拉德尔（Robert B. Ruddell）④认为将元认知理论应用于阅读研究中，可以增加读者对阅读过程的监控，在必要时采取适当的补救策略去解决阅读中出现的问题，做到有效阅读。艾伦·M.马克曼（Ellen M. Markman）⑤指出阅读的基本目的是从阅读资料中获得自身所需要的知

---

① Christine Nuttall, *Teaching Reading Skills in a Foreign Language*. Great Britain: Richard Clay (The Chaucer Press) Ltd., 1983, p. 4.

② 转引自张向葵、王金凤、吴文菊《儿童图式特征的认知发展研究》，《心理发展与教育》2002 年第 1 期，第 25 页。

③ John H. Flavell. Cognitive Monitoring. In W. Patrick Dickson (ed.), *Children's Oral Communication Skills*. New York: Academic Press, 1981, p. 55.

④ Robert B. Ruddell. Psycholinguistic Implications for a System of Communication Model. In Harry Singer and Robert B. Ruddell (eds.), *Theoretical Models and Processes of Reading* (2nd Edition). Newark, Del: International Reading Association, 1976, p. 46.

⑤ Ellen M. Markman. Comprehension Monitoring. In W. Patrick Dickson (ed.), *Children's Oral Communication Skills*. New York: Academic Press, 1981, p. 67.

识,理解其中的意义。戴维·E.鲁姆哈特(David E. Rumelhart)①也通过实验研究证实儿童阅读与元认知之间是显著相关的。

唐娜·霍夫曼(Donna Hoffman)等研究者②的研究表明,沉浸理论或沉浸体验广泛应用于学科教育、计算机领域、远程教学、网络游戏、网络购物、网络浏览和公告板系统(BBS)的研究中。研究者③大多认为沉浸理论是描述人机交互有用的架构,在网络使用行为中的确有诸多沉浸现象,比如网络游戏。将沉浸理论引入网络阅读具有十分显著的现实意义,当读者在网络环境下进行阅读时,如果读者有高级的网络使用技能且阅读的内容引人入胜时,读者会沉浸其中。反之,有研究④显示,如果读者只有低级的网络使用技能且阅读的内容不合适时,读者会觉得无聊且厌倦。

当前,读者接受理论、阅读过程的眼动理论、阅读的模式理论也成为数字化阅读理论的重要组成部分,也是戴维·E.鲁姆哈特⑤等学者关注、研究的问题。从认知资源分配的角度考察学习和问题解决方面的认知负荷理论,也时常出现在有关数字化阅读研究的文献中。⑥

2. 关于儿童数字化阅读本质的研究

对数字化阅读本质的研究,新西兰学者史蒂文·罗杰·费希尔的《阅读的历史》从阅读发展史的角度追溯了东西方的阅读形式及其发展,考察了

---

① David E. Rumelhart. Toward an Interactive Model of Reading. In Harry Singer and Robert B. Ruddell, *Theoretical Models and Processes of Reading* (3rd Edition). Newark, Del: International Reading Association, 1985, p. 44.

② Donna Hoffman and Thomas P. Novak. Marketing in Hypermedia Computer-Mediated Environments: Conceptual Foundations. *Journal of Marketing*, 1996(6), pp. 50-68.

③ Marios Koufaris. Applying the Technology Acceptance Model and Flow Theory to Online Consumer Behavior. *Information Systems Research*, 2002, 13(2), pp. 205-223.

④ 转引自朱东红《网络环境下沉浸理论研究综述》,《现代商业》2007 年第 13 期,第 195—196 页。

⑤ David E. Rumelhart. Schemata: The Building Blocks of Cognition. In Rand J. Spiro, Bertram J. Bruce and William F. Brewer (eds.), *Theoretical Issues in Reading Comprehension*, London: Routledge, 1980, pp. 33-58.

⑥ Jesika A. Walker, Mohammed Aswad and Guy Lacroix. The Impact of Cognitive Load on Prospective and Retrospective Time Estimates at Long Durations: An Investigation Using a Visual and Memory Search Paradigm. *Memory & Cognition*, 2022(50), pp. 837-851.

世界各地迥异的阅读行为。史蒂文·罗杰·费希尔断言,随着个人电脑、手机和网络的进一步普及,阅读交流将会超越口头交流,并指出有必要对阅读的内涵进行全新界定。加拿大学者阿尔维托·曼古埃尔(Alberto Manguel)的《阅读史》则从他自己的阅读经历与见识的维度,梳理了人的阅读活动的方方面面,并强调读者在此过程中的重要性。阿尔维托·曼古埃尔指出,阅读的本义始终都是读者通过文字、图片等把意义归诸一套符号系统,我们阅读自身和周围的世界,并以此了解自身与所处的世界。阅读几乎就像呼吸一样跟随我们一生,是我们的基本功能。美国学者罗伯特·达恩顿的《阅读的未来》梳理了过去、现在和未来的图书,以及阅读形式的发展变化,指出数字媒介的变革是信息结构的大颠覆,并预期了未来十年图书馆的发展。罗伯特·达恩顿指出,从纸质书到电子书,改变的只是形式,不变的是阅读。有部分研究者坚信数字化阅读代表未来,贝斯·西蒙(Beth Simon)等研究者[1]预言,像卷轴一样,曾经被广泛使用的旧媒介在三个世纪以内被手抄本或者纸质书的形式取代;同样的道理,现有的纸质书也完全有可能在更短的时间内被电子书取代,到那时,纸质书和图书馆会被视为文物。

3. 关于儿童数字化阅读与纸质阅读的比较研究

信息技术发展导致信息爆炸,如何确定在一个既定的背景或过程中特定媒介的适用性成为数字化阅读的一个重要议题。研究者已基本达成共识：数字媒介和印刷媒介各有优势。比如,与印刷媒介相比,数字媒介具有互动性、及时性,能实现文字、图片、音频和视频信息的融合,检索方便;与数字媒介相比,印刷媒介在阅读的效率和效果方面有优势。法赛·M.伊默艾德(Fathi M. Ihmeideh)[2]和亚历克西斯·R.劳里切拉(Alexis R. Lauricella)

---

[1] Beth Simon and Brian Hanks. First-Year Students' Impressions of Pair Programming in CS1. *Journal on Educational Resources in Computing*, 2008,7(4),pp. 1-28.

[2] Fathi M. Ihmeideh. The Effect of Electronic Books on Enhancing Emergent Literacy Skills of Preschool Children. *Computers & Education*, 2014(7),pp. 40-48.

等研究者①通过对低龄儿童的研究发现,在分别进行纸质书阅读和电子书阅读后,根据词汇等语言标准看,电子书的课堂阅读效果明显优于纸质书;但在注意力、语言、亲子互动效率上,起决定作用的是阅读内容的质量。乔治·哈策尔(George Hartzell)②指出,与纸质阅读相比,从显示器上阅读同一文本的速度可能会慢30%。另外,P. K. 墨菲(P. K. Murphy)等研究者③发现,与阅读纸质书的儿童相比,阅读在线文本的儿童发现文本更难理解,较少令人感兴趣,而且文本的可信度低。彼得·E. 哈特(Peter E. Hart)等研究者④的研究表明,儿童在开展深度阅读时更偏好纸质书,这也从一个侧面反映了印刷媒介在数字时代不可能消失。在数字时代,打印阅读文本仍然是纸张消费量增加的主要驱动因素。韩国研究者韩洪贞(Hanho Jeong)⑤比较了电子书和纸质书对56名6岁儿童理解力的影响,认为纸质书比电子书更有助于儿童理解。研究者纳尼内·A. E. 范热内普(Nanine A. E. van Gennip)等⑥和约翰·哈默(John Hamer)⑦认为,将超文本用于儿童的文学作品阅读不是一个明智的工具选择,而应该转向具体的、生活中实际任务的操作,

① Alexis R. Lauricella, Rachel Barr and Sandra L. Calvert. Parent-Child Interactions During Traditional and Computer Storybook Reading for Children's Comprehension: Implications for Electronic Storybook Design. *International Journal of Child-Computer Interaction*, 2014(2), pp. 17-25.

② George Hartzell. Paper Lion. *School Library Journal*, 2002, 48(9), p. 37.

③ P. K. Murphy, J. F. Long, T. A. Holleran and E. Esterly. Persuasion Online or On Paper: A New Take On an Old Issue. *Learning and Instruction*, 2003(13), pp. 511-532.

④ Peter E. Hart and Liu Ziming. Trust in the Preservation of Digital Information. *Communications of the ACM*, 2003, 46(6), pp. 93-97.

⑤ Hanho Jeong. A Comparison of the Influence of Electronic Books and Paper Books on Reading Comprehension, Eye Fatigue, and Perception. *The Electronic Library*, 2012, 30(3), pp. 390-408.

⑥ Nanine A. E. van Gennip, Mien S. R. Segers and Harm H. Tillema. Peer Assessment for Learning from a Social Perspective: The Influence of Interpersonal Variables and Structural Features. *Education Research Review*, 2009(4), pp. 41-54.

⑦ John Hamer. Contribution-Based Pedagogies in Engineering Education. In 17th Annual Conference of the Australasian Association for Engineering Education. 2006, Auckland, New Zealand.

比如撰写报告、研究文献等。娜塔莉娅·库奇尔科娃（Natalia Kucirkova）等研究者①发现，儿童数字化阅读移动应用程序的内容越开放，教育作用越积极。

4. 关于儿童数字化行为主体的研究

C. 罗斯（C. Ross）②认为，需要关注儿童如何选择不同媒介，分析其选择某一种媒介而非另一种媒介的原因，以及对每种媒介的满意度。艾哈迈德·沙巴尼（Ahmad Shabani）等研究者③指出，阅读行为变化是与信息爆炸相关的一个关键问题，研究阅读行为不仅有助于了解人们通过阅读获取知识的方式，而且有助于提高阅读推广的针对性和有效性。罗西亚·伊斯梅尔（Roesnita Ismail）和 A. N. 扎伊纳布（Awang Ngah Zainab）④发现，儿童是使用互联网较多的群体，对电子书服务持积极态度，但电子书的使用程度较低；那些使用电子书并认为电子书方便的儿童，主要出于写作业或项目工作的目的才使用电子书。莫琳·E. 胡普费尔（Maureen E. Hupfer）等研究者⑤发现，性别差异对数字化阅读行为的影响不仅体现在阅读行为上，而且体现在数字检索方面。在互联网使用方面，女孩主要用于发电子邮件、聊天、查找医疗信息和政府信息，男孩倾向于查找投资、购买和个人兴趣方面的信息。在数字媒介背景下，儿童可以更便利地获取大量的信息，这使得阅读量增加，因此他们更多地使用扫读或跳读的方式。例如，伊恩·罗兰兹（Ian Rowlands）等

---

① Natalia Kucirkova, David Messer, Kieron Sheehy and Carmen Fernández Panadero. Children's Engagement with Educational IPad Apps: Insights from a Spanish Classroom. *Computers & Education*, 2014(17), pp. 175-184.

② C. Ross. Reading in a Digital Age. G. E. Gorman, *International Yearbook of Library and Information Management*, *2002-2003: The Digital Factor in Library and Information Sciences*. London: Facet Publishing, 2002, pp. 91-111.

③ Ahmad Shabani, Fatemeh Naderikharaji and Mohammad Reza Abedi. Reading Behavior in Digital Environments Among Higher Education Students. *Library Review*, 2011, 60(8), pp. 645-657.

④ Roesnita Ismail and Awang Ngah Zainab. The Pattern of E-Book Use amongst Undergraduates an Malaysia: A Case of to Know is to Use. *Malaysian Journal of Library and Information Science*, 2005, 10(2), pp. 1-23.

⑤ Maureen E. Hupfer and Brian Detlor. Gender and Web Information Seeking: A Self-Concept Orientation Model. *Journal of the American Society for Information Science and Technology*, 2006, 57(8), pp. 1105-1115.

研究者①发现，儿童在电子书和电子期刊上平均花费的时间非常短，分别约4 分钟和 8 分钟。哈拉尔德·魏因赖希（Harald Weinreich）等研究者②发现，儿童倾向于快速浏览网页，仅阅读网页文本的 20% 左右。

　　在态度与观念方面，希瓦库马·S. 克里斯南（Sivakumar S. Krishnan）③研究表明，儿童对待数字媒介的态度和信心，与其数字化阅读学习品质的测试成绩呈正相关，提高他们对数字媒介的态度和信心，可以提高阅读成绩。

　　在受众的个体背景方面，有研究者研究了影响电子书阅读兴趣与使用意向的相关因素，并重点考察了人口因素、媒介使用、个体差异等变量在媒介技术采用过程中的差异。韩国研究者郑宰民（Jaemin Jung）等④进行的一项电子书消费普查结果表明，儿童对待电子书的兴趣和使用意向与自我意识、个体年龄、数字媒介占有率、个体创新性等直接正相关。莎拉·奥瑟（Sara Aase）⑤、姆尼卡·马塞多-鲁埃（Mônica Macedo-Rouet）等研究者⑥围绕读者类型、阅读需求与阅读目的三个方面的网络阅读进行主体研究，其研究对象类型宽泛，涵盖不同年龄、知识层面，有中学生、大学生、研究生、教师与普通网络用户。穆罕默德·西姆·卡尤姆（Muhammad Asim Qayyum）⑦、唐娜·E.阿尔韦曼（Donna E. Alvermann）等研究者⑧通过实证与实验研究来了解不同

①　Ian Rowlands, David Nicholas, Peter Williams, et al.. The Google Generation: The Information Behaviour of the Researcher of the Future. *Aslib Proceedings*, 2008,60(4),pp. 290-310.

②　Harald Weinreich, Hartmut Obendorf, Eelco Herder, et al.. Not Quite the Average: An Empirical Study of Web Use. *ACM Transactions on the Web*, 2008,2(1),pp. 1-31.

③　Sivakumar S. Krishnan. Using Student-Student Feedback to Improve Term Projects and Project Presentations. In 36th Annual Frontiers in Education Conference, 2006.

④　Jaemin Jung, et al.. Factors Affecting E-Book Reader Awareness, Interest, and Intention to Use. *New Meida and Society*, 2012(14),p. 204.

⑤　Sara Aase. Print vs Online: Can There Be a Cohabitation of Competing Media and How Readers Can Benefit. *Journal of the American Dietetic Association*, 2011(111),p. 4.

⑥　Mônica Macedo-Rouet, Jean-François Rouet, Isaac Epstein and Pierre Marie Fayard. Effects of Online Reading on Popular Science Comprehension. *Science Communication*, 2003(25),p. 99.

⑦　Muhammad Asim Qayyum. Capturing the Online Academic Reading Process. *Information Processing & Management*, 2008(44),p. 584.

⑧　Donna E. Alvermann, Achariya T. Rezak, Christine A. Mallozzi, et al.. Reflective Practice in an Online Literacy Course: Lessons Learned from Attempts to Fuse Reading and Science Instruction. *Teachers College Record*, 2011(113),pp. 27-28.

类型行为主体的网络阅读行为特点。

有研究者考察了电子书技术对儿童阅读行为的影响。埃娃·西根塔勒(Eva Siegenthaler)等研究者①指出，新一代电子阅读设备在屏显技术上做了改进，更接近纸质书的阅读感受。他们将儿童电子书阅读行为与纸质书阅读行为进行了比较，研究表明，两者在眼动递减扫视上已经没有大的差异，而在凝视时间上，电子书还显示出相对优势。马琳·斯卡德玛丽亚(Marlene Scardamalia)等研究者②发现，在数字化阅读过程中，眼睛不是以线性和平稳的方式进行，更多的是扫视。B.科利斯(B. Collis)③指出，在数字化阅读过程中，儿童是在浏览信息而非聚精会神地阅读，这就需要强调逻辑和视觉的关系——超文本的流动性和可视化布局需要与数字化阅读过程中的一些特征联系起来。

5. 关于儿童数字化阅读素养的研究

数字化阅读的局限性也很明显，比如阿德里安娜·G.巴什(Adriana G. Bus)等研究者④对学龄前儿童进行了调查，发现数字化阅读导致其阅读理解能力退化，因而数字化阅读素养的相关研究也已形成一定的研究基础。

在众多对数字化阅读所需能力的研究中，比较权威的是国际学生评价项目提到的计算机辅助的数字化阅读素养和唐纳德·J.洛伊(Donald J. Leu)研究团队提到的新素养。国际学生评价项目从2009年开始对儿童(小学四年级)阅读素养测试增加了电子文本阅读评价，并对阅读参与和元认知过程进行了分析。根据国际学生评价项目2009年对阅读素养框架中关于阅读素养的解释，数字化阅读素养是指读者为达到个人的目

① Eva Siegenthaler, et al.. Comparing Reading Processes on E-Ink Displays and Print. *Displays*, 2011(32),pp.268-273.

② Marlene Scardamalia and Carl Bereiter. Knowledge Building. *Encyclopedia of Education* (2nd Edition), NewYork: Macmillan Reference, USA.

③ B. Collis. Formal and Informal Learning: Bridging the Gap. Presentation at the Supporting Sustainable E-Learning Forum, Edinburgh University, Scotland, 2006.

④ Adriana G. Bus, Zsofia K. Takacs and Cornelia A. T. Kegel. Affordances and Limitations of Electronic Storybooks for Young Children's Emergent Literacy. *Developmental Review*, 2015 (35),pp.79-97.

标、发展个人的知识和潜能以及参与社会活动,对通过数字媒介呈现出的阅读文本的理解、使用、反思和参与的知识和能力。国际学生评价项目还将计算机辅助的数字化阅读素养分为三个部分:一是检索和撷取,二是统整与解释,三是反思与评价。到了 2012 年,国际学生评价项目对阅读素养的定义是:为了实现个人发展目标、增长知识、发挥潜能并参与社会活动,而对书面文本的理解、运用、反思和参与。并指出,阅读素养包括一组广泛的能力,从基本的解码,到字词、语法、语言上和文本上的结构与特征,再到关于世界的知识;还包括元认知能力——在处理文本时意识到并运用各种适当策略的能力。从中可以看出,国际学生评价项目中的数字化阅读,针对的是数字媒介文本,是在计算机辅助的测试条件下,运用导航技术,在动态的链接数字文本中主动检索和重新组织信息并用以解决问题的过程。这种测试要求测试者在基于现实的虚拟情境下迅速访问文本、整合文本和评价文本,它实际上是测试者阅读与写作双重能力的体现。

唐纳德·J. 洛伊研究团队以"新素养"概念界定数字化阅读所需的阅读理解和沟通技能,认为"网络和其他信息通信技术的新素养包含成功地采用技能、策略和方法并快速变通,且影响所使用个人和专业生活的科技以及文本"[1]。这项新素养让我们能够使用网络和其他信息通信技术来辨识重要问题、撷取资讯、批判性地评价资讯的有用性、统整资讯来回答问题,并且与他人沟通资讯。在这个概念中,计算机辅助的数字化阅读素养有五项重要历程:(1)辨识重要问题;(2)撷取资讯;(3)分析资讯;(4)统整资讯;(5)沟通资讯。唐纳德·J. 洛伊等人认为,计算机辅助的数字化阅读素养日益重要,是一种新的学习能力,而且计算机辅助的数字化阅读素养被证实不同于以往以纸笔所测得的阅读素养,是一种需要通过实际线上操作、阅读才能测得的能力。在计算机辅助的数字化阅读过程中,读者辨识重要问题、

---

① Donald J. Leu, J. Gregory McVerry, W. Lan O'Byrne, Lisa Zawilinski, et al.. The New Literacies of Online Reading Comprehension: Expanding the Literacy and Learning Curriculum. *Journal of Adolescent & Adult Literacy*, 2011,55(1),pp.5-14.

撷取资讯、批判性地评价资讯的有用性、统整资讯来回答问题，并且与他人沟通资讯的能力都非常重要。

6. 关于儿童数字化阅读素养培育机制的研究

斯文·伯克茨（Sven Birkerts）[①]指出，在数字化环境下成长的儿童缺乏深度阅读和长时间持续阅读的能力。保罗·丹尼（Paul Denny）等研究者[②]总结了在数字化阅读过程中的策略——兴趣策略、连贯性策略。这些策略为儿童数字化阅读素养的培育提供了有效的指导。

一些研究者开发了促进儿童数字化阅读有效性的模型。比如，维斯瓦纳特·文卡特斯（Viswanath Venkatesh）等研究者[③]结合社会认知理论、理性行为理论和技术接受模型的衍生模型，提出整合性的科技接受使用理论模型。该模型认为有四类直接决定用户接受和使用行为的影响行为意图的维度，即绩效预期、易用预期、社会影响与帮助条件。该模型包含了四个重要的会影响模型四类维度的约束变量，即性别、年龄、经验和自愿性。经实证研究，这四个约束变量显著影响模型中的自变量与因变量之间的关系，当约束变量在两个以上时，复合作用的影响力更大。

网络阅读系统、网络阅读程序、网络阅读使用的网站受到较多的关注。比如在线博客读者系统的功能研究[④]、计算机辅助语言学习网站与程序的研究[⑤]、芬兰学生系统提供的网络学习功能[⑥]等。另外，网络阅读的相关模

---

① Sven Birkerts, *The Gutenberg Elegies: The Fate of Reading in an Electronic Age*. Boston：Faber & Faber, 2006.
② Paul Denny, et al.. PeerWise：Students Sharing Their Multiple Choice Questions. *Proceedings of the Fourth International Workshop on Computing Education Research* (Sydney, Australia, September 6-7), ICER '08, ACM, New York, 2008, pp. 51-58.
③ Viswanath Venkatesh, Michael G. Morris, et al.. User Acceptance of Information Technology：Toward a Unified View. *MIS Quarterly*, 2003, 27(3), pp. 425-478.
④ Xin Li, et al.. An Online Blog Reading System by Topic Clustering and Personalized Ranking. *ACM Transactions on Internet Technology*, 2009(9), pp. 7-9.
⑤ John Paul Loucky. Constructing a Roadmap to More Systematic and Successful Online Reading and Vocabulary Acquisition. *Literary and Linguistic Computing*, 2010, 25(2), pp. 225-241.
⑥ Teemu Valtonen, Jari Kukkonen, Patrick Dillon, et al.. Finnish High School Students' Readiness to Adopt Online Learning：Questioning the Assumptions. *Computers & Education*, 2009(53), pp. 742-748.

型构建也是研究的热点。比如,埃里克·D.赖希勒(Erik D. Reichle)等研究者①提出的眼动控制阅读模型;姆尼卡·马塞多-鲁埃等研究者②在评价媒介效能时提出的创新扩散理论模式;卡拉·A.罗伊特(Kara A. Reuter)③从儿童图书馆提供儿童书籍选择的指导服务入手,进一步完善儿童网络信息行为模型;斯蒂芬妮·A.凯利(Stephanie A. Kelly)④通过对美国南部两所高中404名学生的网络信息搜索行为进行实证研究,构建了网络信息搜索行为模型;朱利耶·科伊罗(Julie Coiro)⑤构建了网络阅读理解隐藏复杂内容的模型,提出了出声思维指令模型;等等。

在儿童数字化阅读素养的测试框架方面,研究者主要是从四个维度进行研究,包括数字化阅读效果的评价、不同层次数字化阅读系统的评价、数字化阅读工具的评价和数字化阅读读者意愿的评价。比如评价媒介效能的多维评价标准⑥、网络扩展阅读评价的研究⑦、从网站设计与网站使用角度的网站评价标准⑧和创建互动在线研究意愿自我评价系统⑨等。

① Erik D. Reichle, Alexander Pollatsek, Donald L. Fisher and Keith Rayner. Toward a Model of Eye Movement Control in Reading. *Psychological Review*, 1998(105),p. 125.
② Mônica Macedo-Rouet, Jean-François Rouet, Isaac Epstein and Pierre Marie Fayard. Effects of Online Reading on Popular Science Comprehension. *Science Communication*, 2003 (25),p. 99.
③ Kara A. Reuter. Children Selecting Books in a Library: Extending a Model of Information Behavior to a Recreational Setting. United States-Maryland: University of Maryland,College Park, 2007.
④ Stephanie A. Kelly. Predicting Lifestyle Behaviors in Adolescents: Testing the Information, Motivation, Behavioral Skills Model. United States-Arizona: Arizona State University, 2009.
⑤ Julie Coiro. Talking About Reading as Thinking: Modeling the Hidden Complexities of Online Reading Comprehension. *Theory Into Practice*, 2011(50),pp. 107-115.
⑥ Mônica Macedo-Rouet, Jean-François Rouet, Isaac Epstein and Pierre Marie Fayard. Effects of Online Reading on Popular Science Comprehension. *Science Communication*, 2003 (25),p. 99.
⑦ Nike Arnold. Online Extensive Reading for Advanced Foreign Language Learners: An Evaluation Study. *Foreign Language Annals*, 2009(32),pp. 346-360.
⑧ Randi Shedlosky-Shoemaker, et al.. Tools for Assessing Readability and Quality of Health Related Web Sites. *Journal of Genetic Counseling*, 2009(18),pp. 49-59.
⑨ Lana Ivanitskaya, et al.. Health Information Literacy and Competencies of Information Age Students: Results From the Interactive Online Research Readiness Self-Assessment (RRSA). *Reading Research Quarterly*, 2010(25),pp. 40-50.

（二）中国相关研究

研究者在中国知网的文献类型中选择"文献检索"，检索类型中选择"高级检索"，检索条件中选择"主题"为"数字"并包含"阅读"，且"全文"包含"儿童"，进行精确检索，以期较全面地反映中国不同层面的研究机构、各个类别的学科视野下数字化阅读研究的整体情况。经过检索，共得到 1 037 篇相关文献作为本研究的对象。经过电脑文献筛选和人工数据清洗，去除"通知""征稿""书评""会议述评"等与本研究内容无关的文献，得到有效文献 989 篇。研究者运用 Excel、CiteSpace 等工具对这些文献进行统计分析，以期把握整体规律。

由图 1 - 6 可以看出，中国知网期刊文献关于数字化阅读的研究文献数量呈现逐年递增的趋势，由 2001 年的 5 篇，上升到 2016 年的 184 篇，增长36.8 倍。不难预见，随着数字媒介的持续发展以及媒介社会化、社会媒介化的趋势不断加深，媒介在儿童生活中将会扮演越来越重要的角色，相关研究必将保持较高的增长势头，产出更多的研究成果。

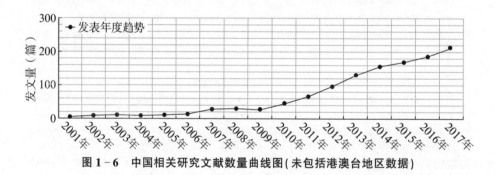

图 1 - 6　中国相关研究文献数量曲线图(未包括港澳台地区数据)

在研究文献类型上，如图 1 - 7 所示，期刊论文数量 543 篇，约占文献总量的 54.9%，居大多数；硕士学位论文数量 365 篇，约占文献总量的36.91%；报纸文献数量 32 篇，约占文献总量的 3.24%；博士学位论文数量28 篇，约占文献总量的 2.83%；国内会议论文和国际会议论文数量 3 篇，约占文献总量的 2.12%。

在研究学科分布上，如图 1 - 8 所示，基于数字化阅读领域的跨学科属

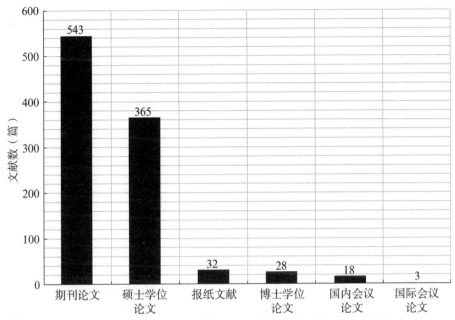

图 1-7　中国相关研究文献类型分布图(未包括港澳台地区数据)

性,其研究文献的学科分布也呈现多学科交叉的特点。出版学、教育学、心理学、图书馆学、语言文字学、计算机科学与技术、新闻传播学等学科均有一定数量的研究文献。在文献数量达 3 篇及以上涉及的学科中,出版学研究文献数量(出版 299 篇)最多,约占文献总量的 30.23%;图书馆学研究文献数量(图书情报与数字图书馆 266 篇)约占文献总量的 26.9%;教育学研究文献数量(教育理论与教育管理 30 篇、中等教育 27 篇、初等教育 18 篇、成人教育与特殊教育 17 篇、高等教育 11 篇、学前教育 7 篇)约占文献总量的 11.12%;计算机科学与技术研究文献数量(计算机软件与计算机应用 69 篇、电信技术 12 篇、互联网技术 4 篇)约占文献总量的 8.59%;新闻传播学研究文献数量(新闻与传媒 63 篇)约占文献总量的 6.37%。

　　研究者对数字化阅读相关研究文献的关键词进行词频分析,并进行可视化呈现。如图 1-9 所示,每个节点的半径大小表示关键词之间的共现频次高低;节点的位置表示其核心程度;节点圆环的厚度表示关键词共现的强

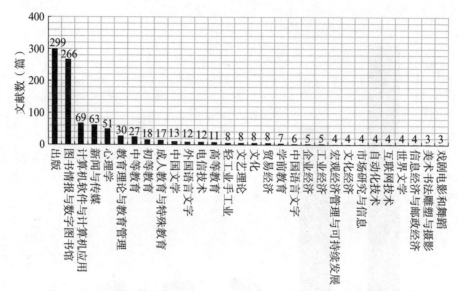

图 1-8　中国相关研究文献研究学科分布图(未包括港澳台地区数据) ①

度,代表该领域的研究热点或者前沿领域。"数字阅读"这个关键词联结了大多数关键词节点。另外,"数字出版""公共图书馆""全民阅读""阅读推广""新媒体""数字图书馆""移动阅读"等位于整个知识图谱各节点彼此交接的地带,是联结数字化阅读知识图谱整体性网络的关键节点。

　　通过统计研究文献的关键词呈现频次前 30 名,如图 1-10 所示,中国儿童数字化阅读研究关键词整体分布,再通过研究者对关键词进行聚类分析,把儿童数字化阅读中国相关研究文献主要研究热点问题归为五个方面:儿童数字化阅读内涵与现状(比如关键词"数字阅读""数字化阅读""电子书"等)、儿童数字化阅读和纸质阅读的比较(比如关键词"传统阅读""书籍设计""移动阅读"等)、儿童数字化阅读资源与环境(比如关键词"绘本""数字出版""图书馆""数字图书馆""数字资源""商业模式"等)、儿童数字化阅读主体(比如关键词"未成年人""儿童""青少年"等)、儿童数字化阅读教育(比如关键词"数字化阅读素养"等)。

---

① 　本图只显示了 3 篇及以上涉及的学科。2 篇及以下涉及的学科过多,但没有显示度,对结论影响不大,故只显示了 3 篇及以上涉及的学科。

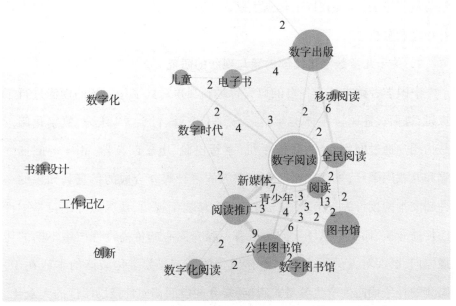

图 1－9　中国相关研究文献关键词共现网络图（未包括港澳台地区数据）

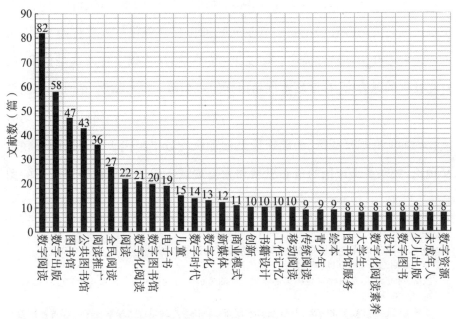

图 1－10　中国相关研究文献关键词呈现频次图（未包括港澳台地区数据）

为了更加深入地把握中国儿童数字化阅读相关研究文献各主题发展脉络与最新进展，需要在以上热点主题聚类基础上，结合本研究的目标指向进行梳理和分析。

1. 关于儿童数字化阅读内涵与现状的研究

中国学者首先基于各自的研究旨趣和视角对数字化阅读的内涵进行了探讨，进而关注阅读主体的年龄差异。王佑镁、付金灵[1]认为，数字化阅读是指用户通过网络在线、智能手机、平板电脑、电子阅读器、MP4 等阅读终端和互联网平台，来获取包括文本在内的多种媒介合成的信息和知识的一种超文本阅读行为。韦妙、吴瑶[2]从媒介环境学视角，认为媒介不再是中性的传播介质，而是信息环境的塑造者。媒介固有的传播特性产生不同的传播偏向，继而对人的行为产生潜移默化的影响。数字化阅读的本质在于：媒介的具象偏向性产生参与式阅读，媒介的空间偏向性鼓励阅读的大众化，媒介的延伸性创造社交型阅读。吴瑶、何志武[3]认为，数字化阅读媒介的三大固有属性——全感官认知、认识流式超链接设置、交互性阅读决定了其对传统阅读行为的弥补与创新。其本质是遵循媒介演化的人性化趋势，满足人的某种内在生理特性需要。谢复玉、温平[4]则认为数字化阅读是技术、教育与社区的融合，是社区教育创新探索的一个切入点和抓手，是时代推动教育变革的突破口。王雨、李子运[5]认为，数字化阅读包括网络阅读和移动阅读在内的所有屏幕阅读，基础理论是被定位为数字时代学习理论的关联主义理论；关联主义理论的核心思想和主要观点适用于指导数字情境下的阅

---

[1] 王佑镁、付金灵：《基于知识图谱的数字化阅读研究热点与趋势分析》，《中国出版》2016 年第 8 期，第 55—58 页。

[2] 韦妙、吴瑶：《新媒介 新阅读——媒介环境学视角下的数字化阅读革命》，《图书馆论坛》2015 年第 8 期，第 84—89 页、第 119 页。

[3] 吴瑶、何志武：《回归数字化阅读的本质——阅读的人性化进化》，《出版广角》2015 年第 10 期，第 20—22 页。

[4] 谢复玉、温平：《数字化阅读：社区教育的创新——长春广播电视大学服务于长春市社区教育的实践》，《中国远程教育》2016 年第 9 期，第 53—56 页。

[5] 王雨、李子运：《"关联时代"的数字化阅读》，《现代教育技术》2013 年第 5 期，第 10—15 页。

读行为,我们要用关联的视角看待数字化阅读,并从知识观、学习观、能力观、工具观和资源观的角度提出优化数字化阅读的策略,以期用科学的、符合时代背景的理论指导数字化阅读发展。朱呭渝、史雯①从阅读的本质入手,认为阅读作为人从符号中获得意义的一种社会实践活动,随着媒介的变化而不断变化。大众阅读方式一直在变迁,每个时期都有其特点。数字化阅读是充满个性的阅读,是声色俱全的阅读,是互动式的阅读。数字化阅读结合文字以外的声音、影像、气味和触感,让人重归综合运用各种感官的认知经验。杨木容②通过哲学思辨,认为数字化阅读就是阅读数字化的读物,数字化阅读属于阅读的一种,数字化阅读是社会和科技发展的必然,它是传统阅读和现代技术结合的产物,是最新的一种阅读,也将是最重要和最普遍的一种阅读。数字化阅读与传统阅读没有根本的区别。阅读介质由纸质到电子屏幕,只是载体的变化,阅读的过程与原理还是一样的,依然是人对世界认识的表达和传达。柯平③构建了数字化阅读的概念体系与数字化阅读空间,揭示了数字化阅读的主客体与过程等特性。

尽管中国的数字化阅读专著较少,但数据统计型的资料汇编几乎每年都有。比如由余敏主编的《2003—2004国际出版业状况及预测:国际出版蓝皮书》,郝振省、陈威主编的《中国阅读:全民阅读蓝皮书》,中国新闻出版研究院发布的《全国国民阅读与购买倾向抽样调查报告》,等等,都有对儿童数字化阅读发展情况的统计数据。其中,多篇资料关注数字时代儿童阅读的现状,尤其是儿童纸质阅读率下降和数字化阅读率上升这一现实。

研究者关注了数字时代阅读主体、阅读内容和阅读行为的变化。其中,多数研究者尤其关注某些特定群体的网络阅读现状与对策,例如陈鹏飞的《少年儿童网络阅读现象及对策》④、刘琨珊的《网络时代大学生阅读规律的

---

① 朱呭渝、史雯:《新媒体时代数字化阅读的审视》,《现代情报》2011年第2期,第26—29页。
② 杨木容:《数字化阅读的哲学思考》,《情报探索》2015年第12期,第10—13页、第19页。
③ 柯平:《数字阅读的基本理论问题》,《图书馆》2015年第6期,第1—6页、第36页。
④ 陈鹏飞:《少年儿童网络阅读现象及对策》,《大众文艺》(理论)2008年第10期,第192—193页。

研究》①和杨敏的《大学生网络阅读中存在的问题与对策探析》②等。低龄段也颇受关注,吴瑶③的实证研究认为,新媒介语境下,儿童数字化阅读已带来一场前所未有的阅读革命。在儿童数字图书中,多媒介符号的使用弥补了传统儿童图书静态图像与文字符号的单一;交互技术的嵌入改变了传统线性阅读的单向;增强现实技术的运用构建了一个"书"中的潜能空间。与此同时,儿童数字化阅读中"成人秘密"把控的缺失、"电子保姆"对家长的全职替代等问题逐渐凸显。

2. 关于儿童数字化阅读和传统纸质阅读的比较研究

研究者将儿童传统纸质阅读和数字化阅读进行对比研究。王佑镁等④以眼动仪对小学四、五年级学生的研究表明,在数字化阅读情境下,样本的阅读成绩高于传统纸质阅读,在理解、认知上无差别。同样,张义宾、周兢⑤认为,从形式来看,文字印刷媒介与屏幕媒介在文本属性、媒介特征、载体信息属性和交互性方面存在区别;从价值来看,屏幕媒介促进了儿童语言和读写能力的发展,但文字印刷媒介仍然存在优势。此类研究中带有乐观性的观点,认为数字化阅读与传统纸质阅读相互不可替代、共存共生。对读者而言,这意味着更宽泛的选择和差异化的需求。比如刘琨珊在《网络时代大学生阅读规律的研究》一文中分别阐述了网络载体和传统载体对大学生阅读的影响,认为传统载体的作用虽受到网络载体的影响,但现在仍然是相对独立的,传统载体依然占主导地位。在《电子书促使传统纸书回归静态深阅读》⑥一文中,董璐指出,随着电子阅读器在全球的推广和普及,电子书不

---

① 刘琨珊:《网络时代大学生阅读规律的研究》,《全国新书目》2008年第13期,第93—95页。

② 杨敏:《大学生网络阅读中存在的问题与对策探析》,《新西部》2008年第18期,第212—213页。

③ 吴瑶:《儿童数字阅读变革与反思》,《中国出版》2016年第2期,第40—44页。

④ 王佑镁、王娟、杨晓兰、伍海燕:《近二十年我国移动学习研究现状与未来趋势——基于中西方对比的研究综述》,《现代远程教育研究》2013年第1期,第49—55页。

⑤ 张义宾、周兢:《纸媒还是屏媒——数字时代儿童阅读的选择》,《现代教育技术》2016年第12期,第24—30页。

⑥ 董璐:《电子书促使传统纸书回归静态深阅读》,《国际关系学院学报》2011年第6期,第112—117页。

断彰显其在成本和信息易得性方面的优势,传统图书出版业则日渐式微。但她认为,传统图书出版业不会成为传媒业的"恐龙",电子书和纸质书由于其媒介特性的不同而分化出不同的特点和功能,以深度思考、启迪心智为功能的纸质书需要找到自己独特的位置,从而继续发展它的不可替代性。另一个观点则认为,数字化阅读将会强烈冲击传统纸质阅读。在《大众传媒对少年儿童阅读的影响及对策》①一文中,李新娥指出,一些网络载体已经开始对儿童的阅读产生冲击,图像化的数字媒介更容易被儿童接受,并极大地阻碍了他们接触传统媒介。

一些研究者采用实证的方式进行验证。比如周钰、王娟、陈憬、李永锋②采用行为实验和眼动追踪记录的方法,考察了不同信息载体对文本阅读的影响。实验结果表明,儿童数字化阅读与传统纸质阅读的文本理解效果无显著差异,不同信息载体间加工的差异会受到文本类型的影响。与电子阅读器和文字印刷媒介相比,在平板电脑上阅读说明文的注视时间明显长一些;与笔记本电脑和文字印刷媒介相比,在电子阅读器上阅读小说的注视时间明显长一些。总的来说,数字化阅读与传统纸质阅读会受到设备类型和文本类型的共同影响,但两者在阅读效果上并不存在显著的差异,数字化阅读可以在教育领域进行推广。姜洪伟、钱震敏、王娴婷③采用实验方法,对幼儿使用平板电脑与纸质书所体现的阅读能力进行比较研究。实验将阅读材料分为普通电子书、交互式电子书和纸质书三类,将幼儿分为有平板电脑阅读经验和无平板电脑阅读经验两组。进行交叉对比研究后发现,介质不是影响儿童阅读能力的根本因素,纸质书与交互式电子书对儿童阅读能力的影响没有明显的区别;不同类型的电子书对儿童阅读能力具有显

---

① 李新娥:《大众传媒对少年儿童阅读的影响及对策》,《网络科技时代》2007 年第 13 期,第 105—106 页。
② 周钰、王娟、陈憬、李永锋:《信息载体影响文本阅读的实证研究——基于数字阅读与纸质阅读的比较》,《中国远程教育》2015 年第 10 期,第 21—26 页、第 79—80 页。
③ 姜洪伟、钱震敏、王娴婷:《基于 Pad 和纸书的幼儿阅读能力比较研究》,《中国出版》2016 年第 13 期,第 55—59 页。

著的影响，使用交互式电子书的儿童比使用普通电子书的儿童所取得的阅读成绩更好；数字化阅读经验对儿童阅读能力没有显著的影响。另外，还有薛梅的《浅谈纸本阅读与网络阅读的开展》、袁静的《网络阅读与传统图书阅读的区别》等。刘艳妮在《数字化阅读对传统阅读的影响研究》[①]中，详细梳理了数字化阅读在阅读文本多样性、阅读过程互动性、阅读环境开放性等方面的特征，并分析了数字化阅读对传统纸质阅读的积极影响和消极影响。

3. 关于儿童数字化阅读资源与环境的研究

电子书，通常被称为"数字书"，是一种用电子文档形式呈现的出版物。樊敏生、武法提、王瑜[②]基于小学阅读课中使用电子书，设置了实验组和对照组，并对学生的阅读成绩进行为期一学期的实证研究，在研究中使用大量的电子书，结合教师自编测试题对学生的阅读成绩进行统计分析，验证了电子书对学生阅读水平的提高具有较好的支持与辅助作用。通过实验发现，基于电子书富媒体、强交互的数字化阅读环境，实验组学生在整体把握和组织分析两个维度的成绩有显著的提高。杨聪仁和林巧雯[③]、王李莹[④]探究了体验设计应用于儿童电子书设计的关注点，在多终端、多平台的背景下，提出应将儿童数字化阅读相关产品品牌化。王帆[⑤]提出儿童图书移动应用程序发展框架，针对儿童图书移动应用程序现存的版权和盈利模式问题提出了建议。管珏琪等研究者[⑥]在研究中将电子书包与具体学科结合，结果显示数字化阅读对师生实际教与学的影响都是正面积极的。毕秋敏、曾志勇、

---

① 刘艳妮：《数字化阅读对传统阅读的影响研究》，硕士学位论文，辽宁大学，2011 年。
② 樊敏生、武法提、王瑜：《数字阅读：电子书对小学生语文阅读能力的影响》，《电化教育研究》2016 年第 12 期，第 106—110 页、第 128 页。
③ 杨聪仁、林巧雯：《儿童电子书服务平台使用因素探讨》，《出版科学》2014 年第 2 期，第 12—16 页。
④ 王李莹：《多终端儿童数字读物的品牌塑造》，《出版广角》2013 年第 4 期，第 70—71 页。
⑤ 王帆：《儿童教育 App 的质量评价体系建构》，《课程教育研究》2012 年第 34 期，第 26—29 页。
⑥ 管珏琪、苏小兵、郭毅、祝智庭：《电子书包环境下小学数学复习课教学模式的设计》，《中国电化教育》2015 年第 3 期，第 103—109 页。

李明①将数字化阅读界定为一种社会化阅读，分析了其对阅读资源的内容聚合模式和个性化推荐模式，提出了界面人性化、功能齐全化、呈现多媒体化、内容丰富化、终端最优化和服务离线化等数字资源整合方向。

4. 关于儿童数字化阅读素养框架体系的研究

中国研究者关于"数字化阅读素养"的概念莫衷一是，类似的有信息素养、计算机素养、网络素养和数字素养等，这些拓展多是对概念内涵的界定和框架体系的构建。比如王健等研究者认为："数字化阅读素养是新媒介时代公民的一种必备素养，可以将其概括为一种在数字化阅读中能通过合法方式快速高效地获取、辨别、分析、利用、开发信息等方面的素养，这一素养可以通过教育养成和提高。"②学者武永明认为阅读素养可根据儿童不同年龄段的不同心理特征，确立一个有递进关系的纵向的主系结构，包括认读能力、理解能力、评价能力和创造能力。③ 也有研究者将阅读素养定义为：为了实现个人目标、发展知识和潜能，以及参与社会活动，对阅读文本进行认读、理解、评价、应用、思考和创造的能力，此处的阅读文本涵盖纸质文本和电子文本。④

中国学者⑤⑥⑦对国外有影响力的阅读素养测试，比如经济合作与发展组织开展的国际学生评价项目、国际教育成就评价协会（International Association for the Evaluation of Educational Achievement）组织的国际阅读素

---

① 毕秋敏、曾志勇、李明：《移动阅读新模式：基于兴趣与社交的社会化阅读》，《出版发行研究》2013 年第 4 期，第 49—52 页。
② 王健、张立荣：《新媒介时代大学生数字化阅读素养的内涵与培养》，《现代远距离教育》2011 年第 6 期，第 73—77 页。
③ 武永明：《阅读能力结构初探》，《语文教学通讯》1990 年第 9 期，第 10—13 页。
④ 王佑镁：《像素的悖论：中国未成年人数字化阅读实证研究》，北京：中国社会科学出版社，2017 年，第 219 页。
⑤ 邹一斌：《PISA2012（上海）：从传统阅读到数字阅读》，《上海教育科研》2015 年第 2 期，第 10 页、第 16—19 页。
⑥ 李余仙、王晶莹：《国际阅读素养进展研究项目概述》，《世界教育信息》2011 年第 11 期，第 44—46 页、第 54 页。
⑦ 马世晔：《阅读素养与国家竞争力——国外阅读素养测试对我们的启示》，《教育测量与评价》（理论版）2010 年第 7 期，第 13—15 页。

养进展研究项目(Progress in International Reading Literacy Study)和美国的国家教育统计中心(National Center for Educational Statistics)组织的国家教育进步评价项目(National Assessment of Educational Progress),进行了相关介绍和研究。国际学生评价项目中的阅读素养一开始关注的是学生在生活情境中使用书面信息的能力。从 2000 年到 2015 年,其内涵随着相关理论研究的推进,以及社会、经济、文化等方面的变化,尤其是终身学习观的形成,得到了相应拓展。国际学生评价项目关于阅读素养的理解源于国际教育成就评价协会的阅读素养研究和国际成人素养调查,同时受到当时强调互动与建构的阅读理论的影响。由国际教育成就评价协会发起并组织的国际阅读素养进展研究项目,产生于 2001 年,用来监测学生阅读水平的现状和发展趋势。国际阅读素养进展研究项目关于阅读素养的理解是以"国际教育成就评价协会 1991"对阅读的研究为基础的。国际教育成就评价协会起初将阅读素养界定为理解和运用社会需要的或个人认为有价值的书面语言形式的能力。之后由阅读发展小组拟定,由各国协调员经多次会议修改后最终确定。"国际阅读素养进展研究项目 2006"指出,阅读素养是理解和运用社会需要的或个人认为有价值的书面语言形式的能力,年轻的读者能够从各种文章中建构意义,他们通过阅读来进行学习,参与学校和日常生活中的读者群体,并进行娱乐。该定义认为读者在阅读时是以不同的方式来建构意义,他们带到阅读中的知识和经验背景直接影响对文本的理解。"国际阅读素养进展研究项目 2011"对阅读素养的定义没有发生改变,却对未来进行了展望——国际阅读素养进展研究项目网络阅读倡议,积极探索扩展未来代表文本信息阅读的基于网络的阅读在国际阅读素养进展研究项目中的可能性。此外,由美国国家教育统计中心所组织的国家教育进步评价项目源自 1969 年,该项目曾作为美国唯一一个跨越时空持续监控学生的项目,到现在已有五十多年历史。该项目定期评价美国学生在四年级(10 岁左右)、八年级(14 岁左右)和十二年级(18 岁左右)时在阅读、数学和科学三门学科上的进展,内容为美国学生"应该知道,以及能做到"的学科项目。

其中,四年级和八年级每两年测评一次,而十二年级则每四年测评一次。美国的国家教育进步评价项目主要是以各门学科的课程纲要为基础,参照美国建立的学生成绩标准(分为三个级别:基础、熟练和高级),反映美国学生必须掌握的有关知识、技能和能力,并要求学生在不同年级对这些学科都有深入的了解。美国的国家教育进步评价项目对阅读的理解建立在三个理论基础之上,分别为兰德报告、国际阅读素养进展研究项目和国际学生评价项目中对阅读素养的定义。美国的国家教育进步评价项目在2009年之前并没有直接对阅读素养或者阅读进行界定,美国的"国家教育进步评价项目2009"在无数研究者、政策制定者和教育者工作的基础上,对阅读有了一个明确的界定。美国的"国家教育进步评价项目2009""国家教育进步评价项目2013"都认为阅读是一个动态的、复杂的认知过程,它包括理解书面文本,发展和解释意义,恰当地运用意义来满足不同的文本类型、阅读目的和阅读情境的需要。美国的国家教育进步评价项目更强调从一般意义上对阅读进行理解,将其视为一个动态的、复杂的认知过程。在阅读评价实践中,不能用统一的"阅读"或者"阅读素养"概念作为所有阅读评价的基础,而应结合评价目的、评价对象的特点进行具体的分析和界定。

5. 关于儿童数字化阅读教育的研究

由于学界对"数字化阅读素养"概念的界定不一致[1],因此造成对儿童数字化阅读素养的教育机制也莫衷一是,但总体来说,都是从阅读意识、阅读能力和阅读道德三个方面来阐述。

有研究者从脑科学的角度,例如管晶晶、胡鑫、王文静[2]梳理了儿童阅读的脑科学研究新成果并提出儿童阅读是一个多系统的复杂认知过程,儿童阅读过程是循序渐进的,不同的发展阶段受不同脑机制的调节;儿童阅读

---

[1]　王健、陈琳:《补偿性媒介理论视角下的网络阅读》,《图书馆理论与实践》2009年第11期,第42—44页。

[2]　管晶晶、胡鑫、王文静:《理解"阅读脑"　提高儿童阅读素养——儿童阅读的脑科学研究及其教育启示》,《教育学报》2012年第4期,第55—61页。

困难在脑机制层面也有新的解读，为儿童阅读中的问题解决提供了新的角度，解释并澄清了传统阅读研究中出现的很多争议，为相关问题解决提供了科学证据。由此，我们应遵循儿童阅读过程中的脑活动规律，分阶段设定阅读教学目标；基于儿童阅读的脑与认知科学规律，选择恰当的教学方式；结合儿童阅读困难的脑机制研究，开展差异性阅读教学。陈铭、姜洪伟[①]基于访谈与问卷调查，分析了儿童利用数字媒介阅读的需求，以及数字媒介与阅读需求的关系。

孙益祥、陈琳[②]认为儿童数字化阅读能有效消除数字鸿沟，提出了情境创设—自主阅读—互动探究—意义建构的网络合作小组阅读模式，帮助儿童数字化阅读向自主性、开放性和创造性发展。贺子岳[③]在韦斯特利-麦克莱恩(Westley and Maclean)传播模式的启示下，构建了一种新的数字化阅读模式，包括数字文本资源、直接读者(阅读中介)、二级读者、互动和技术因子五个要素，揭示了数字化阅读的主流应该是不对等的传播。

王健、陈琳[④]从补偿性媒介理论视角系统分析了数字媒介形态下的阅读相对于文字印刷媒介形态下阅读的优势，总结了中国数字化阅读存在的一系列问题，比如在数字化阅读素养的特征方面，学生主要表现为阅读心理意识淡薄、阅读注意力涣散、阅读想象力水平低下、阅读思维缺乏深度和阅读创造能力较弱。褚晓琼[⑤]提出应该强化数字化阅读的调控与指导，尤其要加强数字化阅读素养的培育，优化整合资源，加强网络道德教育，提升网络阅读技能。另外，余训培[⑥]系统提出了网络阅读指导的四种形式：意见领

---

① 陈铭、姜洪伟：《数字媒介使用与儿童阅读需求的关系研究》，《图书馆理论与实践》2015 年第 4 期，第 11—14 页。
② 孙益祥、陈琳：《青少年的网络阅读及其模式》，《出版发行研究》2010 年第 4 期，第 10—13 页。
③ 贺子岳：《论网络阅读模式的构建》，《武汉大学学报》(人文科学版)2006 年第 3 期，第 378—382 页。
④ 王健、陈琳：《补偿性媒介理论视角下的网络阅读》，《图书馆理论与实践》2009 年第 11 期，第 42—44 页。
⑤ 褚晓琼：《青少年网络阅读指导之图书馆作为》，《图书馆研究与工作》2010 年第 3 期，第 66—67 页、第 74 页。
⑥ 余训培：《网络阅读指导研究》，《图书情报知识》2005 年第 4 期，第 16—18 页。

袖型网络阅读指导、基于统计的网络阅读指导、把关人型网络阅读指导和阅读社区的网络阅读指导。赵先政[①]指出了文学阅读向"后现代"文学阅读转型的新形势,全面阐释了"后现代"文学阅读的特征;并认为,基于"后现代阅读"范式,当下的文学教育应与时俱进,建构适应"后现代阅读"时代的文学教育新理念和新模式,以便积极应对"后现代阅读"时代给文学教育带来的挑战。王佑镁[②]提出,许多国家比如英国、美国、澳大利亚等开始意识到数字化阅读对国家整体发展的重要性,纷纷开展阅读运动,以促进儿童的阅读和写作能力,并强调数字化阅读和素养的重要性。澳大利亚则将数字化阅读列为教育政策。这些举措均强调,数字化阅读是国民素质、国家文化力量提升的关键。也有研究者从家庭应用的路径出发,比如许莹[③]提出数字化阅读在家庭中的应用将改变分享阅读的亲子互动模式,而且阅读能力测试方式也应与之相适应。钟志贤[④]在考察和分析了数字化阅读现状的基础上,从"特征不变量"的角度揭示了数字化阅读中存在的六大陷阱——"多、快、浅、碎、轻、躁",其后果是"多则惑、快则眩、浅则薄、碎则散、轻则浮、躁则乱";针对六大陷阱的特点,从理论和策略框架的角度提出了四字规避方略——"少、慢、差、费"。他认为数字化阅读是不可逆转的趋势和数字生存的重要构成,理想的数字化阅读效果主要取决于人机关系的性质和数字公民的信息素养。李佳悦、孙宏艳[⑤]基于6省12县48所中小学5 679名儿童的数字化阅读调查发现,儿童的数字化阅读与其学习成绩有密切的联系,成绩好的儿童使用网络的态度和行为更积极,成绩不好的儿童从阅读目的到阅读内容、阅读行为都更缺乏理智。数字化阅读并非学习成绩的"杀手",

---

① 赵先政:《"后现代阅读"时代的文学教育策略》,《文学教育》(上)2011年第10期,第26—27页。

② 王佑镁:《国内外数字化阅读发展及阅读服务创新研究》,《中国信息界》2011年第12期,第42—43页。

③ 许莹:《数字环境下的阅读教育新模式——学前儿童电子书应用带来的启示》,《中国电化教育》2014年第10期,第29—35页。

④ 钟志贤:《数字阅读的陷阱与规避》,《电化教育研究》2016年第12期,第15—25页。

⑤ 李佳悦、孙宏艳:《数字阅读是中小学生的"成绩杀手"吗——基于5 679名中小学生数字阅读状况的思考》,《中小学管理》2016年第9期,第48—51页。

数字化阅读素养才是影响学习成绩的重要因素。学校和家庭应以积极开放的心态，为儿童建设优良的数字化阅读环境；加强指导，培养中小学生的数字化阅读技能，提高其数字化阅读素养；虚实结合，多为儿童创造接触真实世界的机会。许莹①认为数字教材进入基础教育已是大势所趋，并逐步向学前教育阶段延伸，认为学前儿童电子书的应用、普及将引发阅读教育模式的改变。她指出儿童电子书具有鲜明的"娱教"特征，和儿童的心理与认知特点相契合。她论述了电子书如何促进儿童的早期阅读发展，包括提升阅读技能和培养良好的阅读习惯两个方面。她还讨论了儿童电子书的教育应用，其在家庭中的应用将改变分享阅读的亲子互动模式，而将其整合进幼儿园课程则会引发阅读教学模式的变革。

　　研究者注意到了阅读范式改变的深层次思考。此类研究尤其关注数字化阅读所带来的浅阅读倾向，并在如何恢复深阅读方面提出各自的意见和建议。当然，也有学者肯定了数字化阅读的影响，认为数字化阅读是社会发展的必然现象，也是一种有效的阅读形式。比如王佑镁②指出，数字化阅读是数字时代阅读方式多元化的重要变革。数字化阅读具有交互性、多媒体化、开放性等优点。我们应该超越保护主义，积极引导数字化阅读，形成数字化阅读与传统纸质阅读协同共存的阅读新生态。陈薇③梳理了纸质深阅读向数字化浅阅读转型过程中，人们的观念由最初的文化危机意识逐渐转变为对新型阅读的肯定，还提到部分学者提出的"中阅读"策略。她认为，无论如何，只要在阅读，就是一个好的开端。

　　中国学者在数字化阅读素养的培育方面也有一些实践研究。例如，江苏省某小学开展的一对一数字化学习中小学生阅读素养培育的实践研

---

① 许莹：《数字环境下的阅读教育新模式——学前儿童电子书应用带来的启示》，《中国电化教育》2014 年第 10 期，第 29—35 页。
② 王佑镁：《Web2.0 时代阅读方式的传承与嬗变》，《中国信息界》2011 年第 11 期，第 39—41 页。
③ 陈薇：《"深阅读"濒危》，《新疆新闻出版》2011 年第 5 期，第 79—80 页。

究①,但这只是将数字化阅读作为激发学生的学习兴趣、增强学习的丰富性、帮助学生解疑的工具,并没有上升到数字化阅读素养培育的高度。

(三) 相关研究评述

通过阅读、浏览、整理和分析相关研究文献,研究者对文献资料做了进一步分析和对比。

国外数字化阅读研究不仅重视理论基础,而且重视应用性和实践指导性研究,研究成果比较丰富且多样,研究范式包括逻辑思辨、实证分析、社会批评等多种,学科涵盖新闻传播学、图书馆学、情报学、文献学、教育学、文化学、艺术学和计算机学等,研究对象的分布涉及学前教育、基础教育、高等教育、职业教育和成人教育等,且实证研究数量很大,多采用控制实验法进行大规模分组对比。但是,国外的研究多基于其文化背景和实际,研究对象的文化差异性很大,许多研究成果对中国不具有一般指导意义。

相比之下,中国的相关研究起步晚,研究学科集中在图书馆学、出版学,教育学和传播学的相关研究还较为薄弱,而且由于立场的差异,学界尚未形成具有共识意义的研究成果。正如王佑镁提出的:"数字化阅读现象早已经成为一道美丽的风景,而相关研究却相对滞后。"②另外,相比国外数字化阅读研究非常关注低龄儿童,相关成果数量庞大,中国的相关研究要么不区分对象,将儿童与成人的差异置之不理,要么将研究对象偏向以在校大学生为代表的成人。其研究方法要么是理论剖析,实证研究较少且多采用控制变量法测量同一组研究对象;要么主要以定性分析为主,分析数字化阅读的内涵、特点,对内容和形式提出相关改进意见。

因此,本研究认为有必要对相关研究进行系统梳理,对概念体系做进一步界定,将研究对象设定为更具特殊性的儿童群体,考虑儿童与成人的差

---

① 王友芳:《一对一数字化学习中小学生阅读素养培养的实践探索》,《小学教学参考》2011 年第 18 期,第 53 页。
② 王佑镁:《数字化阅读的概念纷争与统整:一个分类学框架及其研究线索》,《远程教育杂志》2014 年第 1 期,第 38 页。

异,进一步反思儿童数字化阅读的理论和现实问题,分析影响中国儿童数字化阅读的内外部因素,尝试建构一个更具理论探索和实践指导意义的培育模型,以便更好地认识并指导儿童的数字化阅读。

三、 概念界定

基于研究需要,本书重点对"儿童"、"阅读"和"数字化阅读"的概念进行界定。

1. 儿童

长期以来,儿童的年龄范围存在争议,导致很多人都不清楚儿童是指多大年龄的人。本研究基于文献梳理,认为造成"儿童"概念不清的原因是研究视角的不同。在古代,凡年龄大于 1 岁而且尚未成年的人都是儿童;在现代,只指年龄小于 10 岁的幼儿。在生理学和医学领域,研究者的关注点是人的身体处于生长发育、尚未成熟的状态。在法律意义上,儿童跨越的年龄段比较长,联合国《儿童权利公约》第一条中规定儿童是指 18 岁以下的任何人。在文化意义上,"儿童"是一个文艺复兴之后才被发现的概念,相对"成人"这个概念而存在,表达的是一种人未成熟的状态。因而,从研究视角考虑,本研究主要采用文化学视角的"儿童"概念,认为儿童是处于未成熟状态的人,且是一个持续不断的、个体性差异比较大的过程性概念。本研究在理论分析与探究中,均以此"儿童"概念进行论述,指向应然状态的儿童数字化阅读。在现状调查中,由于低龄儿童(9 岁以下)参与调查的能力较弱,不便于收集真实资料,加之儿童成长具有个体连续性,后期的发展状态与其前期的生活、学习息息相关,通过一定年龄段的划分和统计,能够在一定程度上把握儿童生活的基本方面;因而本研究在调查取样时,将研究对象设定为四年级(9 岁或 10 岁)至八年级(13 岁或 14 岁)的中小学生。

2. 阅读

"阅",原义为"具数于门中也。具者,供置也。数者,计也。计者,会也,算也。云于门中者,以其字从门也"①。"读",原义为"诵书也"②。"诵",原义为"从也,以口从其文也"③。可见,"阅""读"在古文中的含义不同。在西方,"read"一词源自荷兰文"raden"和德文"rat",古义为"early senses included 'advise' and 'interpret'"④。可见,在西方文化中"阅读"有"建议、意见"和"猜测、猜想"的含义。现代研究者关于"阅读"概念的界定可分为宏观阅读、中观阅读和微观阅读。宏观阅读即对周围世界广泛的认知性阅读,比如阿尔维托·曼古埃尔在《阅读史》中对阅读进行泛化理解:阅读是"辨读与翻译符号的技巧"⑤。中观阅读,是对人类知识生产和成果的摄取、加工和传承,即人们对周围世界文化符号的识别与领悟。微观阅读,即传统纸质阅读,比如《辞海》中的定义:阅,看;读,照文字念诵。⑥ 以互联网为核心的数字媒介的兴起和繁荣,让人们对阅读的理解出现了较大的差异。2000 年以后出生的儿童,被称为"数字原住民""数字世代"等,他们在数字环境中成长,与父辈不同,他们一出生就生活在数字化的大环境中。对这群成长于崭新语言环境的儿童而言,阅读是一种整合的经验。"阅读是多层次的,不论我们读法律条文、饶舌歌曲、学术论文、超人英雄漫画或任何其他形式,都不仅仅是解读这些作品本身,阅读还包括行事、思考、解读的方式,以及和他人互动的方式。在任何情形下,如果人们不能够了解阅读能力是社会规范的一部分,那么阅读也就一文不值了……"⑦因而,阅读对儿童来说,内容和载体是丰富和多元的,体验的成分较重。由于本研究的实际研究对象均是 2000 年以后出生的儿童,本研究采用中观阅读的定义,即指作为文化主体的人,在社会中通过媒介渠道进行文化符号信息

---

① 中华书局编辑部编《中华大字典》,北京:中华书局,1978 年,第 2571 页。
② 同上书,第 2374 页。
③ 中华书局编辑部编《中华大字典》,北京:中华书局,1978 年,第 2338 页。
④ Oxford Dictionary of English (2nd Edition). https://www.oxforddictionaries.com.
⑤ [加拿大]阿尔维托·曼古埃尔:《阅读史》,吴昌杰译,北京:商务印书馆,2002 年,第 7 页。
⑥ 《辞海》编辑委员会编《辞海》(中),上海:上海辞书出版社,1979 年,第 901 页、第 2017 页。
⑦ James Paul Gee. *What Video Games Have to Teach Us About Learning and Literacy* (2nd Edition). St. Martin's Griffin, 2007, p. 18.

获取并内化为自身文化生命体系一部分的行为，包括传统纸质阅读和数字化阅读。

3. 数字化阅读

随着媒介技术和通信技术的不断发展，业界对不同于传统纸质阅读的新型阅读方式的称谓经历了从电子阅读到网络阅读再到数字化阅读的改变，且随着时代的飞速进步，新的称谓不断出现，比如超文本阅读、屏幕阅读、电脑阅读和虚拟阅读等。本研究认同国内学者王佑镁提出的概念框架：面对数字化阅读这个不断演化的新领域，需要充分考虑数字化阅读研究的动态性和发展性，兼顾学术研究的规范性，将数字化阅读进一步细化为阅读形态、阅读载体、阅读对象和阅读方式四个属性，从而涵盖已经出现或者即将出现的以数字形式进行的阅读。[①] 因此，本研究认为，数字化阅读泛指依靠各种数字化平台或移动终端，以数字化形式获取信息文本并进行信息加工的过程。值得指出的是，由于本研究对阅读持文化视角的宏观认识，考察的焦点是作为主体的儿童本身，而不是文本本身，重在考察外界数字媒介传递给儿童的信息对作为主体的儿童产生何种意义和效果，信息在主体中的内化是核心，而信息的文本样式在本研究中并非最为重要；因而本研究所指的信息文本不仅指文字符号，而且包括图片、声音、影像，以及融图片、声音、影像、文字为一体的多媒体文本。

四、 研究设计

（一） 研究目的与研究意义

1. 研究目的

本研究以观照数字时代的儿童阅读与发展为主旨，以人—技术—文化的统合为视角，以发现并解决儿童数字化阅读中出现的问题为目标，将儿童

[①] 　王佑镁：《数字化阅读的概念纷争与统整：一个分类学框架及其研究线索》，《远程教育杂志》2014 年第 1 期，第 33—39 页。

数字化阅读研究放在儿童与数字媒介互动过程中的多个维度进行探究。本研究旨在通过实地调查,检视现实中儿童数字化阅读的现状,分析其中存在的问题和产生问题的根源,进一步构建良好的儿童数字化阅读的文化机理,从而寻求改进和优化儿童数字化阅读的路径与策略,使儿童更好地利用周围的数字媒介来建构意义,提升数字生活的内在价值与自我发展能力,让儿童学会数字生存,让儿童在密切联系现实世界与虚拟世界、在探究自我世界与数字世界的和谐互动中生活得更美好。

2. 研究意义

（1）理论意义

本研究拟系统、深入地探讨儿童数字化阅读的本质和价值诉求,探讨当下数字化阅读对儿童的价值和意义,分析影响儿童数字化阅读的外在文化因素,建立独特的儿童数字化阅读文化生态,旨在弥补现有研究对儿童数字化阅读缺乏关注之不足,并丰富儿童阅读理论和基础教育理论。此外,本研究综合语言学、传播学、教育学等多门学科的研究视域和研究理论,在此基础上审视儿童数字化阅读问题,从人—技术—文化的统合视角分析影响儿童数字化阅读的因素,希望对现有研究范式的选择提供有益补充。

（2）实践意义

数字化阅读作为一种新的社会现象,受到越来越多的关注,但社会大众尤其是家长和一线教师对此莫衷一是。本研究将从人—技术—文化的统合视角,全方位厘清儿童数字化阅读的问题,并剖析其文化根源。笔者希望本研究建构的文化机理、提出的改革路径和教育建议,能够为我国一线教师、家长,以及教育资源提供者、研发者和管理者提供启示与借鉴,帮助他们更新理念、加强认识、寻求依据和获得策略等。另外,也希望本研究中对样本地区现实状况的调研和相应的分析建议,能够为相关学校的教师和家长提供直接参考。

（二）研究问题与研究内容

1. 研究问题

儿童的发展并非"单一因素决定论",因为任何一个因素都不能决定人的发展和教育的发展,并非只有投入更多的"钱"才能解决问题。[1]由此,本研究试图从人—技术—文化的统合视角,实证调查、检视现实中儿童数字化阅读的现状,剖析存在的问题,并系统地揭示儿童数字化阅读问题的本质、价值诉求,从而提出能够优化儿童数字化阅读整体生态的策略。研究主要回答:现实中的儿童数字化阅读是怎样的?其中存在哪些问题?儿童阅读与数字媒介的文化关系是怎样的?儿童数字化阅读的本质是什么?在数字媒介下怎样的儿童阅读是符合儿童发展和社会要求的?造成当下儿童数字化阅读出现问题的根源和影响因素有哪些?改进和优化儿童数字化阅读的理念、路向和策略是什么?

2. 研究内容

基于研究目的,本研究的内容主要为:

(1)检视当下儿童数字化阅读的现状,分析存在的问题;

(2)缕析儿童阅读与数字媒介之间的文化关系;

(3)厘清儿童数字化阅读的本质和价值诉求;

(4)分析当下儿童数字化阅读的文化机理,找出产生问题的根源;

(5)提出系统优化当下儿童数字化阅读的理念、路向和策略。

(三)研究思路与研究方法

1. 研究思路

前文所述的 5 个研究内容具有逻辑上的联系,后面的研究内容以前面的研究内容为基础,整个研究的设计思路如图 1-11 所示。

本研究以人—技术—文化的统合视角,将儿童数字化阅读研究放在儿童与数字媒介互动过程中的多个维度进行观照。本研究整体遵循实然—应然—可然的逻辑思路,先通过实地调查分析儿童数字化阅读的现状,揭示当下儿童数字化阅读存在的问题,从实践层面掌握儿童数字化阅读的现实轨迹,以明晰实然面目;再从整体上探讨数字媒介环境下儿童阅读的本质和价值诉求,构建儿

---

[1]　褚宏启:《论教育发展方式的转变》,《教育研究》2011 年第 10 期,第 3—10 页、第 15 页。

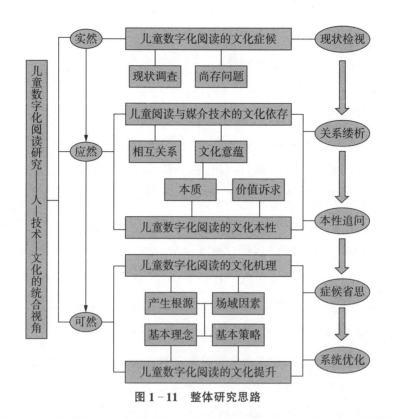

图 1-11　整体研究思路

童数字化阅读的理论框架和理想愿景,以确立应然路向;然后通过理论与实践整合,分析当下儿童数字化阅读的文化机理,进而提出改进当下儿童数字化阅读的理念、路向和策略,回归具有情境性、操作性的可然路径。

2. 研究方法

本研究坚持解释主义为主、实证主义为辅的融合型研究立场,在方法上体现为定性方法为主、定量方法为辅的混合型研究方法。儿童在数字媒介中的阅读行为的一部分结果可以用量化的方法进行评估和测试,但其行为的其他结果,比如行为的价值取向、行为的实现过程等则更多地需要采用定性方法去考察。基于研究需要,本研究除了对研究对象进行一部分定量数据采集,还收集了研究对象的部分文字和图画作品,并与研究对象进行充分互动。本研究在人物访谈和活动体验中,与数字媒介中阅读的儿童和"重要他人"深入沟通,获取了活生生的研究案例,以期通过综合化的数据采集更充分地理解和分析儿童数字化阅读的真实景况,给予儿童数字化阅读的文化生态比较全面的解释性理解。

具体而言,本研究主要采用文献法、问卷法、访谈法和作品分析法。

(1) 文献法

文献法是指以文献的收集与整理为研究支撑,包括文献的查阅与收集、文献的鉴别与整理、文献的解释与分析等具体阶段。本书研究者通过多种途径获取国内外相关主题的论文、专著和研究报告,围绕儿童阅读、数字化阅读、文化生态等主题的研究文献,进行了基于主题的文献分类与梳理,形成了确定问题、文献收集与归类、整理文献、文献解读、文献理论分析、创新与建构的文献梳理和研究思路。在研究中,研究者试图体现该领域的最新研究成果与研究动态,借鉴、吸纳国际上相关领域的最新研究成果。

(2) 问卷法

问卷法是指通过问卷来搜集资料的一种研究方法,具有标准性、匿名性和间接性等特点,追求的是普遍性、规律性的结果。本研究所采用的问卷属于自编问卷,有30个问题,分为两个部分,第一部分主要是被研究者年龄、年级、性别、学校所在区域这些基本信息;第二部分是关于儿童数字化阅读现状的问题,在参阅相关文献和结合实际的基础上共同确立阅读工具、阅读时间、阅读场所、阅读行为类型、阅读内容和阅读动机6个基本维度[见附录(一)儿童数字化阅读调查问卷]。

在问卷的调查对象上,由于低龄儿童(9岁以下)参与调查的能力较弱,不便于收集真实资料,加之儿童成长具有个体连续性,后期的发展状态与其前期的生活、学习息息相关,通过一定年龄段的划分和统计,能够在一定程度上把握儿童生活的基本方面。因而本研究在调查取样时,将研究对象设定为四年级(9岁或10岁)至八年级(13岁或14岁)的中小学生,并以立意取样的方式,在全国范围内选取了6个省(四川、福建、甘肃、浙江、河南和云南),2个直辖市(北京和重庆),每个省(市)随机选取2所小学和2所中学,每所学校随机选取1个班级,共计选取了16所小学和16所中学的32

个自然班级的中小学生作为研究对象。本研究共发放问卷 1 000 份,回收问卷 984 份,其中有效问卷 946 份,问卷回收率为 98.4%,问卷有效率为 94.6%。调查对象的情况如表 1-1 所示。

表 1-1　问卷调查对象基本情况

类别	项目(946 人)	所占百分比(%)
性别	男(453 人)	47.9
	女(493 人)	52.1
就读年级	四至六年级(488 人)	51.6
	七至八年级(458 人)	48.4
年龄	9—11 岁(444 人)	46.9
	11—13 岁(397 人)	42.0
	13 岁以上(105 人)	11.1
区位	农村(238 人)	25.2
	城镇(406 人)	42.9
	都市(302 人)	31.9

(3)访谈法

访谈法是指通过与被调查者面对面进行交流、讨论而收集研究资料的一种方法。这种方法具有强烈的目的性,过程呈现个别化的特点。本研究采用非结构性访谈的方式,主要收集与儿童数字化阅读相关的"重要他人"对儿童数字化阅读的观点、态度和行为表现等,访谈维度主要包括认可程度、参与方式、参与效果、自我责任认知、实际困惑与期望等方面[见附录(二)儿童数字化阅读访谈提纲]。访谈对象包括 6 名儿童家长、6 名学校教师和 3 名数字媒体工作者。他们的基本情况见表 1-2、表 1-3、表 1-4。

表 1-2　被访儿童家长情况

编号	性别	与儿童关系	儿童年龄	学历	职业
P1	男	父子	9 岁	本科	工程技术员
P2	男	父子	10 岁	研究生	高校教师

续表

编号	性别	与儿童关系	儿童年龄	学历	职业
P3	男	父女	11 岁	本科	医生
P4	女	母子	11 岁	专科	办公室文员
P5	女	母女	12 岁	研究生	私企员工
P6	女	母女	12 岁	高中	务农

表 1-3　被访学校教师情况

编号	教龄	学历	职务
T1	22 年	本科	副校长
T2	13 年	本科	班主任
T3	10 年	研究生	班主任
T4	8 年	专科	语文教师
T5	3 年	本科	语文教师
T6	2 年	本科	计算机教师

表 1-4　被访数字媒体工作者情况

编号	工龄	学历	职务
M1	13 年	研究生	网站技术总监
M2	6 年	研究生	移动应用程序开发人员
M3	4 年	本科	数字在线服务人员

（4）作品分析法

作品分析法是指对调查对象的各种作品,比如笔记、作业、日记、文章等进行收集并分析的研究方法。这种方法有助于研究者对研究对象的情况进行综合了解,从中发现问题,把握特点。本研究基于问卷调查的研究对象(表 1-1),在他们的班主任或语文教师的帮助下,给研究对象布置了写作任务[见附录(三)儿童数字化阅读作品收集提纲]。本研究收集到关于儿童数字化阅读的不记名作文、周记、日记等文字作品 1 026 份。对这些作品按照作品编码—提取本土概念—分类整理—联系相关理论的程序进行整理与分析,作品编码按照省(市)—区位—性别—年龄—年级的方式进行,比如四川—城镇—男—10 岁—四年级。

第二章
现状检视：儿童数字化阅读的文化症候

当我们将目光投向儿童数字化阅读这一人类社会实践活动，以期更好地理解和实现人们所赋予它的职能时，就必须把考察和审视业已存在的儿童数字化阅读现实景况作为前提。因此，本章力图把握和展现当下儿童数字化阅读的真实场景，并剖析其中隐藏的问题。

在研究资料的收集与整理上，本研究试图融合解释主义和实证主义两种相对立的方法论倾向，以期获得更为全面的研究资料。一方面，本研究通过问卷法，抽样调查了全国范围内8个省（市）的16所小学和16所中学的共计32个自然班级的四年级（9岁或10岁）至八年级（13岁或14岁）中小学生的数字化阅读现状，调查维度包括阅读工具、阅读时间、阅读场所、阅读行为类型、阅读内容和阅读动机[见附录（一）儿童数字化阅读调查问卷]，共发放问卷1 000份，回收问卷984份，其中有效问卷946份，问卷回收率为98.4%，问卷有效率为94.6%。通过量化统计析出当下儿童数字化阅读的整体状况。另一方面，基于"社会科学中的'规律'都是有条件的，都受到一定时空的限制，适合宏观层面的'规律'不一定适用于微观层面"[①]，本研究又收集了研究对象关于数字化阅读的不记名作文、周记、日记等文字作品1 026份，运用作品分析法进行整理[见附录（三）儿童数字化阅读作品收集提纲]，对15名儿童数字化阅读的相关人

---

① 陈向明：《质的研究方法与社会科学研究》，北京：教育科学出版社，2000年，第4页。

员,包括儿童家长、学校教师和数字媒体工作者进行了非结构性访谈,收集了与儿童数字化阅读相关的"重要他人"对儿童数字化阅读的观点、态度和行为表现等,访谈维度主要包括认可程度、参与方式、参与效果、自我责任认知、实际困惑与期望等方面[见附录(二)儿童数字化阅读访谈提纲],运用访谈法进行资料分析。通过量化的整体描述和质性的个体解释的结合,以期更为全面地揭示现实情境中儿童数字化阅读的真实景况,并从儿童主体视角剖析当下儿童数字化阅读中存在的问题。

一、 群体性"狂欢"：儿童数字化阅读现状调查

（一）儿童数字化阅读的参与频度：普遍化、热衷化

1. 儿童数字化阅读的接触率

数字化阅读是全民阅读的重要组成部分,近年来呈逐步上升趋势,且低龄化趋势非常明显。本研究对儿童数字化阅读现状的量化调查显示,绝大多数儿童接触过数字化阅读方式。其中,通过手机、电脑(包括台式和平板)和 MP4/MP5 进行数字化阅读的比率较高。如图 2 - 1 所示,有 61.3%的儿童接触过手机阅读,52.2%的儿童接触过台式电脑阅读,54.7%的儿童接触过 MP4/MP5 阅读,28.1%的儿童接触过平板电脑阅读,12.4%的儿童接触过电子阅读器阅读,8.9%的儿童接触过光盘阅读。

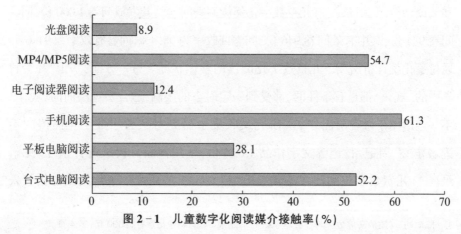

图 2 - 1　儿童数字化阅读媒介接触率(%)

对不同学龄段、不同性别和不同区位的儿童数字化阅读接触率进行比较可以发现，如图 2－2 所示，从学龄段来看，七至八年级的学生比四至六年级的学生，在各种数字化阅读方式的接触率上都有所提高。其中，手机阅读接触率四至六年级学生为 41.3%，七至八年级学生为 87.4%，七至八年级比四至六年级高出 46.1 个百分点；MP4/MP5 阅读接触率四至六年级学生为 38.7%，七至八年级学生为 79.4%，七至八年级比四至六年级高出 40.7 个百分点；台式电脑阅读接触率四至六年级学生为 45.2%，七至八年级学生为 68.7%，七至八年级比四至六年级高出 23.5 个百分点；平板电脑阅读接触率四至六年级学生为 23.1%，七至八年级学生为 37.5%，七至八年级比四至六年级高出 14.4 个百分点；电子阅读器阅读接触率四至六年级学生为 10.4%，七至八年级学生为 19.7%，七至八年级比四至六年级高出 9.3 个百分点；光盘阅读接触率四至六年级学生为 8.9%，七至八年级学生为 17.5%，七至八年级比四至六年级高出 8.6 个百分点。可见，随着年龄和年级的增长，儿童数字化阅读接触率在提高，儿童所能接触到的数字化阅读方式的数量随其年级的增长逐渐增多。从儿童性别来看，男生的光盘阅读接触率（男生为 24.2%，女生为 16.7%）和台式电脑阅读接触率（男生为 62.7%，女生为 43.8%）高于女生，但是男生的手机阅读接触率（男生为 61.4%，女生为 75.4%）、电子阅读器阅读接触率（男生为 9.4%，女生为 11.6%）、MP4/MP5 阅读接触率（男生为 21.9%，女生为 45.2%）和平板电脑阅读接触率（男生为 31.4%，女生为 37.1%）低于女生。可见，男生在数字化阅读的载体上，更倾向于台式电脑阅读和光盘阅读，而女生则更倾向于手机阅读、MP4/MP5 阅读、平板电脑阅读和电子阅读器阅读。从儿童所处区位来看，都市儿童数字化阅读方式的接触率都要高于城镇儿童和农村儿童，尤其是手机阅读接触率（都市儿童为 82.8%，城镇儿童为 61.5%，农村儿童为 54.4%）、MP4/MP5 阅读接触率（都市儿童为 52.6%，城镇儿童为 38.7%，农村儿童为 19.5%）和平板电脑阅读接触率（都市儿童为 37.7%，城镇儿童为 21.2%，农村儿童为 19.8%），而农村儿童数字化阅读方式的接触率都要低于都市儿童和城镇儿童。这说明不同区位下的不同经济、社会、文化发展水平营造的不同的儿童生活环境,制约着儿童对数字化阅读方式的接触。

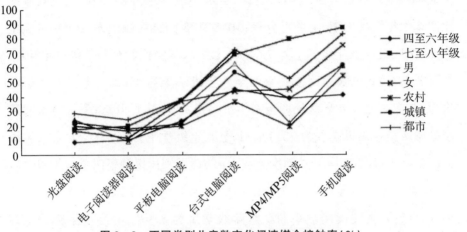

图 2-2　不同类别儿童数字化阅读媒介接触率(%)

2. 儿童数字化阅读的热衷度

在质性材料的整理中,也可以看到数字化阅读方式在儿童日常学习和生活中频繁出现,数字化阅读已经成为儿童日常生活中必不可少的一部分。

一个星期六的早上,手机闹钟把我叫醒,我窝在被子里看了看手机上有没有同学给我留言。起床,吃完早饭,我开始做作业。遇到不会做的题,我会在网上查找一下,找到后看一看解题过程,然后抄在作业本上。中午,写完作业,我就开始玩电脑,主要是和同学聊天,和他们一起玩游戏,边聊边玩,一直到下午4点。我觉得有一点儿累,就睡了一小会儿。起床后,我用平板电脑继续看高尔基的自传体小说《童年》,里面写了阿廖沙(高尔基的乳名)小时候的悲惨遭遇,让我十分感动,也让我体会到要好好珍惜现在的生活。晚饭之后,我用手机拍下我们云阳县的火烧云,分享到朋友圈。晚上,我开始玩微信,有的人在朋友圈分享了自己的快乐一刻,有的人分享了自己去山清水秀的地方玩,还有的人开始发微信红包,我就抢微信红包,玩得很开心。这是一个美好的星期六。

（重庆—城镇—男—10 岁—五年级）

我在平板电脑上下载了很多电子书，我最喜欢的一本电子书是比尔·盖茨的传记。那本书我看了好几遍，网络天才的故事深深吸引了我，比尔·盖茨成了我的偶像，同时他让我对电脑产生了浓厚的兴趣。

（北京—都市—男—10 岁—五年级）

手机中的小说对我有巨大的吸引力。每一本小说，都有自己独特的灵魂，也是一个独立而完整的世界。从最初的《绝世唐门》，到现在流行的《斗罗大陆 3：龙王传说》《爵迹》等，都非常新奇有趣。我无法描述手机里阅读过的一个个精彩的故事，它们带给我的信息真是十分庞大。

（云南—都市—女—13 岁—八年级）

我只要一打开电脑，就会马上点击"书店小屋"。我是一个书呆子，在电脑上看了不少书，比如《山海经》《中华上下五千年》《寻梦》《草房子》《根鸟》等。我觉得在电脑上看书非常方便。我觉得历史书是世界上最好看的书。

（北京—都市—男—11 岁—五年级）

手机是我现在必不可少的工具。我时常在手机上了解时事新闻，学习科普知识，背单词，看贴吧。每天我要玩一玩微信，了解家人和朋友的生活状况。手机给我带来了信息便利。

（四川—都市—男—14 岁—八年级）

这些儿童被称作"数字原生代"，他们一出生就生活在数字媒介所营造的文化生活环境当中，对各种数字媒介具有天然的亲和力。数字媒介的发展尤其是互联网的蓬勃发展，使这些儿童从小就切身体会到了移动互联网的巨大便利性。网络资源丰富、获取便捷，这些区别于传统纸质阅读的特点，让儿童主动面对数字化阅读的时代浪潮。

我最喜爱的，就是网上丰富的图书资源。以往在书店徘徊很久才能找到一本令我感兴趣的图书。在网上就不同了，选好类别，就可以找到自己心仪的图书了。而这些图书大多数是免费的，少数图书只要支付一两元钱就可以看整本，非常方便，也非常便宜。我还可以找到很多志同道合的书友，现实生活中找书友太难了，而在网上的图书评论区，你可以看到别人写的读后感，也可以发表自己的意见，有人认同你，就会为你点赞，不认同的地方大家可以继续讨论，有思想上的碰撞。我很享受网上阅读的过程。

（北京—都市—女—14 岁—八年级）

我非常喜欢用手机看小说，价格非常便宜。有一天，我用爸爸的手机看小说，看得津津有味，天黑了，我也不知道。

（重庆—农村—女—10 岁—五年级）

以前，为了阅读更多的图书，只能去图书馆，或者去书店购买，或者找同学借……现在，只要在网上输入图书的名称，立刻就可以找到，而且很多图书可以下载到我的 MP4 上看，真是太方便了。

（重庆—都市—女—13 岁—八年级）

数字媒介具备声、光、电等多重效果，能够对读者的多种感官进行刺激，相比文字印刷媒介，具有更加明显的刺激效果，能给读者带来更加立体的阅读体验，这些对好奇心强、渴求探究世界的儿童而言，具有强大的吸引力。这也导致数字化阅读能够更加紧密和牢固地吸引儿童的注意力、引发兴趣点，将儿童带入更加丰富的阅读世界当中。

我在电脑上经常使用的一款软件是《×××》。它是一款大型学习软件，里面有很多跟我们的学习和生活相关的知识，其中很多知识我之前都不知道。通过它我了解了很多新东西，知识面有了很大的扩展，而且它很有趣，每次我都要把其中的一个章节看完之后，才依依不舍地关上电脑。

（云南—都市—男—12 岁—七年级）

我十分痴迷一款文字游戏。在那里，你可以"一统天下"，可以"纵横江湖"，千万种剧情能让你身临其境；不论你是倾国倾城，还是正义热情，这里有古风和现代等背景供你选择；不论是鬼神传说，还是仙侣神魔，这里有奇幻的秘密等待你来发掘。上百种不同结局和高自由度的阅读设置，让我疯狂地迷恋上这一款文字游戏。

（云南—都市—女—12 岁—七年级）

自从我的手机能够上网，我就有了一个最大的爱好：坐在窗边，一边戴着耳机听歌，一边通过手机看书。我常常听得如痴如醉，看得废寝忘食，似乎手机中的世界才是我真正的世界。纸质书我很少看了，一些书被我遗忘在窗台上，被阳光晒得封皮褪了色，我也浑然不知。

（云南—都市—女—12 岁—七年级）

互联网将数字媒介的各种终端连接在了一起，也相当于将处于不同物理时空但都在数字媒介面前的儿童联系在了一起。这种强大的交互性往往使得儿童在数字化阅读过程中是与许多人在一起阅读，而不是孤单一人。在这里，儿童的阅读和写作交织在一起，经验的交流随时出现，犹如一场盛大的阅读派对，散发着数字化阅读的魅力。

贴吧对我来说是一个重要的东西，是一个全新的世界。在那里，我可以大胆地批评，勇敢地发言，进入自己的兴趣圈；在那里，有我想看的文字；在那里，我想说的话、想发的牢骚，都可以写上去；在那里，还有许多人帮我排忧解难。在现实中，我有家人；在网络中，我也有朋友。可以说，贴吧和亲人一样，都是必要的。

（北京—都市—女—11 岁—五年级）

我的 QQ 里有好几个学习群，里面大多数人都是我的同龄人。在没有作业的时候，我们会在学习群里聊天。比如昨天他们在讨论一些地理问题，我也跟他们一起讨论。大家互相提问，互相切磋。过了一会儿，一个女学霸出现了。我提问她，她对答如流，而且毫无破绽。后来她提问我一些外国的地理问题，比如，非洲哪个国家的矿产最多？世界上最小的科技国家是哪个？等等。我被她问得不知所措。她见我回答不上来，就依次告诉我答案。哦，原来如此。女学霸真不简单啊。

（重庆—都市—男—13 岁—八年级）

　　"新传媒技术不仅决定性地改变了日常生活，而且改变了政治生活、社区生活和社会生活。"①这种改变创造了一种新型的媒介文化样式，即参与式文化。此媒介文化的特点是自由、平等、包容和共享。人们依托虚拟平台，积极主动地创作媒介文本、传播媒介内容、进行媒介交往，共同掀起新媒介环境下的群体性"狂欢"。在这场"狂欢"中，儿童群体正逐渐成为活跃的力量。据统计，截至 2013 年 12 月，中国青少年网民规模已达 2.56 亿，且呈逐年增长之势。6—11 岁网民在青少年网民中的占比增至 11.6%，也呈逐年增长之势。② 可见，以互联网为主体的新媒介正在儿童群体中加速普及，并加速向低龄群体渗透，新媒介环境已经成为儿童的现实生存语境。作为"数字原生代"，当今儿童对数字媒介具有天然的亲切感，不用刻意培养就能欣然接受数字化阅读，而且数字媒介运用图片、视频、音频等一切可利用的文化符号，超越单纯的文字符号，提供给儿童更加直观和丰富的阅读体验。这些都造成当今儿童数字化阅读的接触率逐渐上升，数字化阅读已经成为儿童生活中不可或缺的一部分。

（二）儿童数字化阅读的时空分布：碎片化、分散化

1. 儿童数字化阅读的时间分布

　　数字媒介尤其是智能手机、平板电脑等的出现，使阅读的文本资源更易被获得、携带和更新，于是数字化阅读逐渐摆脱时间的限制，随时随地可以

---

① ［美］J. 希利斯·米勒：《现代性、后现代性与新技术制度》，陈永国译，《文艺研究》2000 年第 5 期，第 137 页。

② 中国互联网络信息中心：《2013 年中国青少年上网行为调查报告》，2014 年，第 9—10 页。

进行阅读。从本研究量化调查发现,如图 2-3 所示,儿童数字化阅读的时间虽然仍集中在假期(83.4%)、周末(70.4%)和放学后(68.7%),但睡觉前(43.1%)、用餐时(12.4%)和课间休息(11.3%)也有儿童进行阅读。另外,也有少数儿童在上课时(5.6%)进行数字化阅读。可见,儿童数字化阅读的时间分布特征为碎片化、分散化。

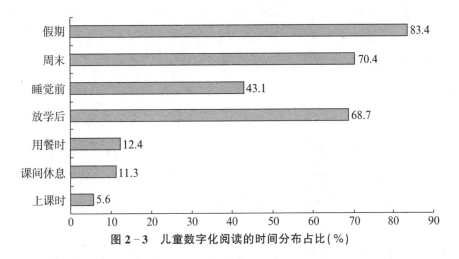

图 2-3 儿童数字化阅读的时间分布占比(%)

值得注意的是,儿童在睡觉前进行数字化阅读的比例达到43.1%,这意味着近一半的儿童在睡觉前选择进行数字化阅读。通过质性材料我们发现,睡觉前的数字化阅读,不仅发生在家里,而且发生在学校的宿舍,往往是偷偷摸摸进行。

住校的学生都知道,当宿舍关灯之后,是学生的"天堂"。我们人手一部手机,各自乐翻天。

(四川—城镇—女—13 岁—七年级)

手机是我每天晚上看小说不能缺少的利器。每当夜深人静的时候,我轻轻地从枕头下拿出手机,怀着紧张而兴奋的心情打开它,熟练地找出玄幻小说点进去。因为怕生活老师发现我偷偷看小说后批评我,我看小说时会缩在被窝里,被窝里又闷又热,我还得留一条缝透气。不过,与小说世界的妙不可言相比，这点苦不算什么。

（甘肃—都市—女—13 岁—七年级）

妈妈制订了一张玩平板电脑的时间表。可是我太喜欢平板电脑了，于是我跟妈妈玩起了"躲猫猫"游戏。月亮慢慢爬上夜空，大楼里闪烁的灯光变得稀稀落落。我蹑手蹑脚地打开卧室门，心想妈妈肯定睡了吧。我转动眼睛寻找着平板电脑。啊！找到了！我轻轻地走过去。"咔"一声，灯突然亮了。完了，被妈妈发现了。她用似笑非笑的表情看着我。我嘿嘿一笑，风一般地逃走了。

（浙江—都市—女—11 岁—六年级）

爸爸对我玩电脑管得很严，可是我真的很想玩。有一天晚上，我悄悄地从床上爬起来，穿上拖鞋，慢慢地把门把手轻轻扭了一下，把头探出去，四下张望，发现没有人，就走进放电脑的小房间，把电脑打开了。我小心翼翼地坐在椅子上，害怕发出什么声响。那种感觉就像一个小偷。我戴上耳机，开始悠闲自得地在那里上网。我很快就忘记了时间，后来不知怎么地，靠在椅子上睡着了。早上，妈妈帮我把电脑关了，叫我回房间，别被爸爸看到。妈妈没有责怪我，可是我心里挺惭愧。

（重庆—都市—男—13 岁—八年级）

从儿童数字化阅读时间量来看，如图 2-4 所示，儿童每周进行数字化阅读的时间在 2 小时以内的占 35.2%，2—4 小时的占 24.3%，4—6 小时的占 21.1%，6—8 小时的占 10.4%，8—10 小时的占 6.3%，10 小时以上的只占 2.7%。可见，多数儿童每周的数字化阅读时间在 6 小时以内，只有少数儿童每周的数字化阅读时间超过 10 小时。

2. 儿童数字化阅读的空间分布

从不同年级儿童数字化阅读的发生空间来看，如图 2-5 所示，不论是四至六年级儿童还是七至八年级儿童，进行数字化阅读的主要场合是家里和学校，其中四至六年级儿童在家里进行数字化阅读的比例（69.4%）略高

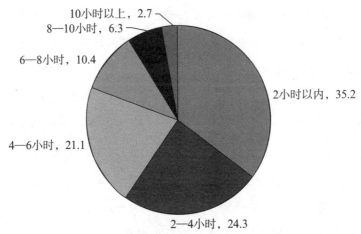

图 2 - 4 儿童每周数字化阅读的时间量占比（%）

于七至八年级儿童在家里进行数字化阅读的比例（65.1%），七至八年级儿童在学校进行数字化阅读的比例（41.8%）略高于四至六年级儿童在学校进行数字化阅读的比例（32.5%）。另外，四至六年级儿童和七至八年级儿童在图书馆、路上、食堂和其他地方进行数字化阅读的比例都分别在两成以下，但总人数仍然不低，不能被忽视。尤其是在路上、食堂和其他地方进行数字化阅读的比例，随着儿童年龄的增长和年级的提升，也说明数字化阅读空间分布的碎片化、分散化特征已在儿童群体中有所显现。

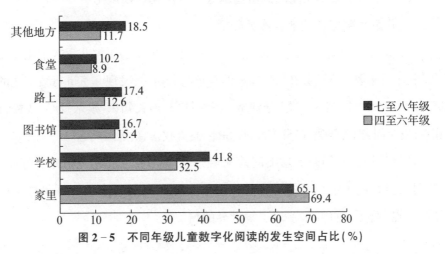

图 2 - 5 不同年级儿童数字化阅读的发生空间占比（%）

在家里，我喜欢独自躺在沙发上，一边听音乐一边在电脑上看小说。最近，《狼犬罗依》这本书引起了我的兴趣。故事讲的是主人公救了一只狼犬，这只狼犬一直跟着他并报恩，非常有趣。

（福建—都市—男—12 岁—七年级）

吃晚饭前，我抱着平板电脑看一本很有趣的故事书。妈妈在做饭。过了一会儿，妈妈说："你看着锅，别让饭烧煳了。"我若无其事地说："好。"结果我看书太入迷把这件事忘记了。妈妈一回来就闻到了煳味，大声喊："女儿，我叫你看着锅，饭怎么烧煳了呢？"我吓了一跳，才想起妈妈叮嘱的事情。哎呀，当时我脸都红了。看书也要注意时候呀。

（重庆—城镇—女—10 岁—五年级）

数字媒介让阅读变得容易、便捷。数字化阅读超越了时空界限，随时随地，掏出手机，打开电脑，海量信息自由选择，这逐渐改变了人们的阅读习惯和阅读模式，也影响了成长中的儿童。儿童数字化阅读呈现碎片化和分散化的时空分布态势，其产生的阅读随意性和快捷性在带给儿童阅读享受与交互快感的同时，在客观上改变着儿童的生活方式和学习模式，这是值得注意的。

（三）儿童数字化阅读的价值偏好：实用化、娱乐化

1. 儿童数字化阅读动机聚类分析

阅读动机影响着儿童进行数字化阅读的内容和方式，了解儿童数字化阅读的动机十分重要。本研究在质性材料的整理与分析中，发现儿童进行数字化阅读的动机大致可以归为五类，分别是：拓展见识，增长知识；娱乐身心，放松自我；打发时间，充实闲暇；修身养性，提高能力；查找信息，解决问题。

拓展见识，增长知识，这类阅读动机是基于儿童对世界万物充满好奇，渴望探究世界、了解世界的心理特点。数字媒介海量的信息资源和易于操作的特点，给儿童打开了一扇了解世界的窗。

自从妈妈给我买了平板电脑，它就成为我最好的朋友。我对它爱得深

况。它带我走进五彩缤纷的花海，带我走进奇幻惊异的海洋世界，带我领略世界各地的风土人情，带我了解地心深处的复杂结构，带我领略九万里高空的风采，带我遨游神秘莫测的银河星际，带我走进原子碰撞的化学世界，带我领略生物细胞的多姿多彩，带我与相隔千里的朋友会面。它给我的太多太多，而我给它的只是一元二角一度的电。

（四川—都市—男—13岁—七年级）

我每天最盼望的是放学回家，可以在电脑上随心所欲地看一些东西。我每天想到电脑，心里痒痒的，两只手不耐烦地拍打着腿。一回到家，便三步五步爬上楼，开门，扔下书包，跑进房间，按下开机按钮，整套动作一气呵成，似乎我要见的是一位久别重逢的朋友。电脑真好，我可以尽情地看我喜欢的动漫，还有那些新闻，其中有我喜欢的明星代言的广告……我的手机械地点击网页，一目十行地浏览一篇篇文章……

（四川—都市—女—14岁—八年级）

网络就像一位无所不知的智者，带给我很多信息。在这个时代，如果许多新名词你不尽快了解，就会被时代抛弃。比如，刚发生的让你揪心的爆炸事件情况怎样了？你想去的城市有没有在下雨？明天出行交通情况怎样？我们可以随时在网络上查询自己想知道的内容，无论是诗词歌赋、人生哲理，还是八卦新闻、交通天气，万事了然于胸。

（四川—都市—女—14—八年级）

我喜欢在百度贴吧了解关于电脑的知识，许多专业术语我都知道，比如显卡、主板、散热、分体式水冷、一体式水冷、超频、锁倍频、双卡交火和四卡SLI等。学习这些知识之后，我就经常拆卸并重新安装我的电脑，差不多隔几天就拆一次。

（云南—都市—男—12岁—七年级）

我是一个喜欢浏览淘宝网的小学生，每天都要在淘宝网上停留1小时以上。我不买，只是看。许多人说我是一个"奇葩"。我很想反驳他们。我在淘宝网上，虽然不买，但是我从那里知道了许多新奇的东西，我的好奇心得到了满足。同学要买什么东西，我可以给他们提供很多建议。我觉得这不是一件坏事。

（北京—都市—11 岁—五年级）

娱乐身心，放松自我，这类阅读动机是基于儿童在繁忙而规律的学习生活之外渴望获得身心愉悦的心理特点。数字媒介里分门别类的信息资源、交互式的阅读体验，以及信息资源的自由获得，这些都对渴望放松的儿童具有极大的吸引力。

作业做完后我一身轻，掏出手机，先是打开微博，看一看最新、最热门的八卦新闻，了解最新的话题；然后我登录 QQ，打开 QQ 空间，逛逛留言板。我还喜欢浏览百度和淘宝网，可惜我没有开通网络银行。对了，我还经常浏览哔哩哔哩。它是一个神奇的网站。

（浙江—都市—女—12 岁—七年级）

我上网喜欢聊天，觉得这是一件快乐的事。我在网上结识了一个叫"谈笑风生"的网友。因为其他人一看到我的网名，就问："你是喜欢吃骨头吗？"只有那个网友说："你是因为喜欢看《花千骨》吧。"我终于遇到知音了，后来我总是跟他聊天。网络让陌生人变成最好的知己。

（北京—都市—女—10 岁—四年级）

我有一部手机以后，就在手机上一天到晚看笑话书。越搞笑的我越喜欢看，什么游戏、音乐我都不感兴趣。

（重庆—农村—男—12 岁—六年级）

在他人眼里，我是一个沉迷虚拟世界的"手机控"；但我觉得，我其实是在享受。人为什么不能享受自己喜爱的东西呢？虽然阅读的是你们所说的"鸡汤文"，但我在这种阅读中感受到了快乐。我不是逃避现实，而是在享受手机提供的服务。

（四川—城镇—女—14 岁—八年级）

　　我在网上主要是听一听英语对话，记一记单词，练一练口语。当然，我也喜欢追星。虽然很多人认为这会耽误学习，但万物都有好坏。我追的偶像是学习上的榜样、人格上的楷模。每次阅读完偶像的视频和照片，我像打了鸡血一样，有充足的能量去好好学习了，而且心里很开心。我认为这对我是有益的。我不疯狂。

（重庆—城镇—女—13岁—八年级）

　　打发时间，充实闲暇，这类阅读动机是基于儿童在成长过程中，对时间管理的能力有限。数字媒介的便捷易携和交互性，使得数字媒介能够在儿童的学习和生活中，充当一种情感寄托物，成为儿童的伙伴。

　　爸爸、妈妈常年在外地工作，我在奶奶家居住。白天虽说无趣却不会感到孤单。到了晚上，我独自一人待在屋里，窗外一片漆黑，风把窗户吹得震动了起来，我全身颤抖。这寂静带来的恐惧感每天都在我身上周而复始地发生。幸亏有手机，一旦打开音乐，伴着手机的光亮读一些自己喜欢的东西，我会感觉好很多。手机带给我快乐和安全感。

（重庆—农村—女—13岁—八年级）

　　刚开始住校的那几个月，我每天都与手机相伴。我在微信上听到妈妈那一句"幺儿"，顿时泪如雨下。我每天都和妈妈通过手机聊天。妈妈忙工作的时候，我就在手机上看小说。可以说，是手机陪伴我度过了那一段难熬的日子。

（四川—都市—女—13岁—七年级）

　　修身养性，提高能力，这类阅读动机是基于儿童在具备一定的自控能力之后，渴望在某种场合发挥自己的主动性、创造性，能够有主见地表达自己，并主动获得文化知识，提高个人能力。数字媒介不仅提供海量的资源，而且具备简单易操作的交互功能，可以让儿童获得良好的创造空间，满足其表达自己的意愿。

手机阅读让我开阔了视野。我最喜欢的一个文字部落叫"文雅文字"，里面有许多文采很好的文章，而且我可以发布自己的文章让大家评价。

（北京—都市—女—11 岁—五年级）

我的手机里最多的是英语阅读移动应用程序。我每天要背 10—15 个单词，现在我已经背了 400 多个单词，我的英语成绩有了很大的进步。我相信这样一直坚持下去，能积累更多。这是手机的功劳。

（北京—都市—女—11 岁—五年级）

我在电脑上学会了很多关于电脑的知识，我一边查一边看一边操作。我七八岁的时候就能打字，9 岁就能上网查资料。后来我还学习编程，能编五角星、八角星等。我还用电脑制作动画片。这些都是从电脑上学的。10 岁时，我申请了 QQ 号，在网络上与同学聊天，还在贴吧发表一些文字，并画了像素画。同学都叫我"电脑大师"。

（福建—都市—男—11 岁—五年级）

三年级时我有了自己的电脑。我在妈妈的指导下，注册了福建小记者网的小记者。在这个平台上，我读到了很多优秀文章，获得了很多知识，受到启发后我乐此不疲地坚持写作，由开始的实习小记者，成长为后来的金牌小记者。电脑让我受益匪浅。

（福建—都市—男—11 岁—五年级）

网络的好处是我不仅可以读别人写的东西，还可以写自己的文字。现在我有什么想法或者烦心事，不想与爸爸、妈妈和朋友说时，我喜欢在网络上写一篇文章或者写一段心情文字，不多久就会有人回复我或者跟我讨论。于是，我跟网络相处的时间越来越多。

（四川—农村—女—12 岁—七年级）

我觉得在网络空间里不仅可以阅读到很多东西，而且可以实现我很多有创意的想法，给我成就感。就好比在一个混沌世界里，你就是那个造物主，你可以把那个世界改造成你想要的样子，而不会被现实束缚。网络带来的创新是永无止境的，只要你有能力，你就能随心所欲地驾驭它。

（北京—都市—男—14岁—八年级）

查找信息，解决问题，这类阅读动机是基于儿童在日常生活中遇到的问题。由于儿童在现实中获得的支持和帮助较少，或不易获得；而数字媒介，尤其是操作性极强的检索工具，加之超链接形式带来的实用信息，使得数字媒介的工具性功能发挥得淋漓尽致，也使得儿童逐渐学会利用数字媒介为其获得解决现实问题的信息。

生活中我有两个"妈妈"，一个是生我养我的妈妈，一个是手机上的百度。我有什么难题，只要写在百度的搜索框中，点击搜索按钮，它就会立即给我答案，而且总是正确的。

（重庆—农村—男—9岁—四年级）

我手机里最重要的一个东西是百度，我叫它"百事通"。为什么呢？因为我随时随地有什么问题了，只要在百度上一搜索，就会有答案。它对我的帮助特别大。

（甘肃—农村—男—12岁—六年级）

我的手机是一个"万能宝"！它什么都知道。凡是我不懂的，就去手机上查一下。比如，"唐宋八大家"是谁？李白、杜甫、王安石和柳宗元等，他们有哪些著名的诗词？手机上的在线翻译还能把中文翻译成日文、英文等。手机很厉害。

（重庆—城镇—男—10岁—五年级）

网络阅读比纸质阅读更方便，因为不会的东西可以马上上网查询，一查就知道了。不管是答题分析，还是知识整理，应有尽有。任何时候，总是给人一种名师在旁边指导的感觉，让人不禁恍然大悟。

（浙江—都市—女—12岁—七年级）

我做作业是万万离不开手机的，因为在家做作业难免会遇到一两道令人绞尽脑汁也无法解决的难题。这时候点击手机"咔嚓"一拍，传上网，便有了答案，有时候还会有视频讲解，这样可比自己抓耳挠腮做作业强多了。如果白天上课没有学懂，打开移动应用程序找到相应的课程，就可以在手机上再学一遍。

（甘肃—都市—女—13 岁—七年级）

我有了手机以后，做作业就不怕了，也不用请教爸爸、妈妈，因为他们可能也不会。我可以直接找移动应用程序，很方便，都是正确的，还有视频讲解。在手机的帮助下，我的各科成绩都有了一些进步。

（甘肃—农村—女—12 岁—七年级）

电脑对我来说就是一个"师长"，遇到难题时，打开电脑，上网一搜，网络上全面的解析会教我解决难题；做手抄报时，打开电脑，上网一搜，网络上各种版式、图样和相关知识会指导我完成一份精美的手抄报；想了解世界时，打开电脑，上网一搜，网络上最新资讯会帮助我拓宽知识面，纵观天下。

（云南—都市—男—12 岁—七年级）

根据以上归类和分析，儿童数字化阅读动机具有很大的差异性。这说明，儿童进行数字化阅读的动机多样，不仅利用数字化阅读来进行文学体验，还用来获取信息，同时利用数字化阅读来满足学习和生活的需求、拓展个人的知识和见识、丰富个人的精神世界和发展个人的能力，并通过阅读参与社会交往等。本研究根据动机层次，将儿童数字化阅读动机所展现的境界进行排序，依次为较低级（打发时间，充实闲暇）、中低级（娱乐身心，放松自我）、中级（拓展见识，增长知识）、中高级（查找信息，解决问题）和高级（修身养性，提高能力）。

2. 儿童数字化阅读的动机分布

在量化调查中，本研究发现，如图 2-6 所示，儿童进行数字化阅读的动机主要集中在中级以上，被选率从高到低依次为拓展见识，增长知识（75.3%）；查找信息，解决问题（67.2%）；修身养性，提高能力（59.8%）。不过，娱乐身心，放松自我被选率也达到 45.5%，打发时间，充实闲暇被选率为25.1%。可见，儿童进行数字化阅读，多出于自身两个方面的需要。一方面是学习和生活的知识需要，儿童通过数字化阅读，获得信息，开阔视野，提高自身解决问题的能力；另一方面，儿童通过数字化阅读，满足自身获得身心舒适的需要，儿童需要数字媒介的陪伴，也需要数字媒介的娱乐。儿童进行数字化阅读的实用性和娱乐性共存。

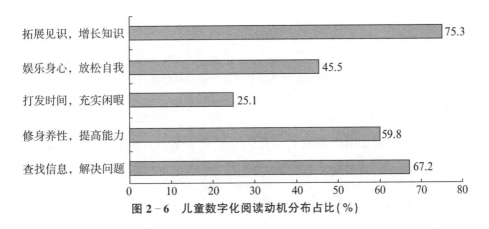

图2-6 儿童数字化阅读动机分布占比（%）

在不同学龄段的儿童数字化阅读动机分布上，如图2-7所示，四至六年级儿童和七至八年级儿童在"打发时间，充实闲暇"、"查找信息，解决问题"和"拓展见识，增长知识"上差异不大。这说明在数字媒介的陪伴下，儿童数字化阅读的实用性已经被更低龄段的儿童所熟知，儿童虽然年龄小，却也了解数字媒介的便捷、实用。而在"修身养性，提高能力"和"娱乐身心，放松自我"的阅读动机上，七至八年级儿童的比例要高于四至六年级儿童的比例。这说明随着儿童年龄的增长和年级的提升，儿童更加了解和熟悉数字媒介的功能，能力拓展和娱乐身心的动机更加强烈。也就是说，儿童年龄越大，越会"利用"数字化阅读，越会"学"，也越会"玩"。

出于不同的阅读动机，儿童数字化阅读的内容呈现实用性和娱乐性共存的现象。在儿童数字化阅读内容分布上，如图2-8所示，学习资料占比78.5%，也就是说，近八成的儿童会通过数字媒介阅读与个人学习相关的资源，这彰显了数字化阅读的实用性。同时，分别有62.6%和59.2%的儿童选择在数字媒介上

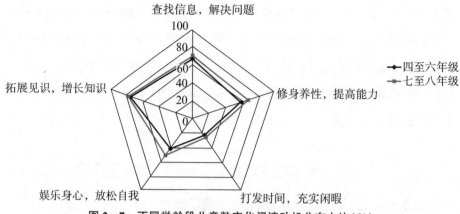

图 2-7　不同学龄段儿童数字化阅读动机分布占比(%)

阅读娱乐资讯和幽默笑话,数字化阅读的娱乐性显露无遗。另外,儿童在数字化阅读中,对青春文学作品、魔幻动漫作品、经典文学作品和连载小说的阅读比例都在两成以上,儿童数字化阅读内容呈现了个性化和多元化。

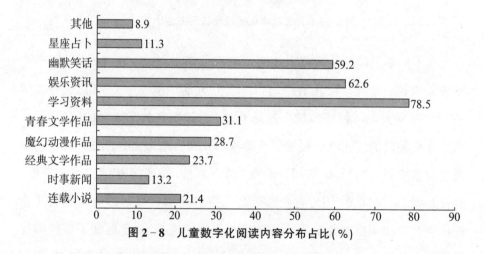

图 2-8　儿童数字化阅读内容分布占比(%)

在不同学龄段儿童数字化阅读内容分布上,如图 2-9 所示,除了幽默笑话,七至八年级儿童在学习资料、青春文学作品、魔幻动漫作品、经典文学作品、时事新闻、连载小说、娱乐资讯、星座占卜和其他内容上的比例都高于四至六年级儿童的比例,尤其是青春文学作品(高 43.3 个百分点)、连载小说(高 22.9 个百分点)、娱乐资讯(高 19.7 个百分点)和时事新闻(高 18.5

个百分点）；而四至六年级儿童的幽默笑话阅读比例高达62.2%，七至八年级儿童的幽默笑话阅读比例为54.9%。这说明，低学龄段儿童在数字化阅读的内容选择上更倾向于娱乐身心，随着年龄的增长和年级的提升，儿童对数字化阅读的内容需求越来越丰富，其在阅读内容的选择上更加多元，阅读文本的长度也逐渐增加，既保留了大量娱乐身心的内容，也增加了一些文学性和思想性的内容，这反映了儿童成长的需求。

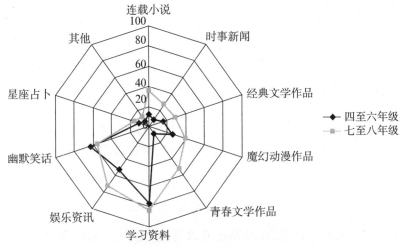

图 2 - 9 不同学龄段儿童数字化阅读内容分布占比（%）

数字媒介以其强大的信息处理功能吸引着包括儿童在内的人们。利用数字媒介进行目的性阅读，以获得自身所需的信息，这是当今人们的基本生活方式之一。儿童作为正在接受教育与文化熏陶的生命体，其数字化阅读的首要动机与最重要的阅读内容都指向对实用性信息的获取。另外，阅读的娱乐性值得关注。比尔·盖茨曾预言，从人采取数字生活方式开始，网络就凭借其强大的影响力进行一场不可阻挡的生活革命，而这场革命无疑助推了娱乐业的繁荣。随着新媒介的发展，网络与电信系统等高科技手段的结合，数字化娱乐的功能越来越强大。儿童由于其身份和年龄特征，在保持着较高的网络使用率和活跃的网络娱乐应用的前提下，其数字化阅读的娱乐性特点十分突出。以网络使用为例，据权威调查，城市未成年人上网活动排在前三项的分别是玩游戏、听音乐和 QQ 聊天，而且城市儿童和农村儿童没有显著差异。① 可见，儿童接触和使用各种新媒介对比成人有更多的自由和个性，在数字媒介上开心地阅读，其目的可能更多是出于娱乐消遣而非像成人期望的那样都是为了学习。很多时候，儿童在电子屏幕前力图获得的，只是愉悦和快感。

（四）儿童数字化阅读的行为趋向：游戏化、消费化

1. 儿童数字化阅读与游戏

数字媒介在提供丰富信息资源的同时，提供了大量数字化游戏来满足儿童的娱乐需求。这些游戏不同于传统游戏，它们具有鲜明的时代特色，打破了游戏者的时空限制、游戏材料的限制和游戏环境的限制，往往具有精美的画面、悦耳的背景音乐和多感官的刺激，对儿童具有极强的吸引力。研究数据显示，儿童在进行数字化阅读的过程中，极易受到数字化游戏的吸引，即使是在将要进行资料查找和作品阅读的动机下，也可能会不知不觉中就进入游戏进程。如图 2 - 10 所示，儿童上网玩游戏的比例高达 42.9%，也就是说，近一半的儿童上网是在玩游戏，在游戏五彩缤纷的虚拟符号中获得体验，而不是进行传统意义上的文字阅读。儿童数字化阅读面临着游戏的诱惑。

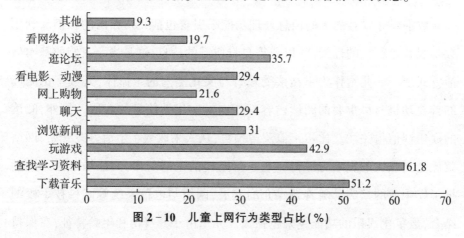

图 2 - 10　儿童上网行为类型占比（%）

---

① 中国少先队事业发展中心等：《第七次中国未成年人互联网运用状况调查报告》，2014 年，第18 页。

通过质性材料的整理与分析可以发现，儿童由于年龄小、自我控制力较弱，而好奇心又十分强烈，往往对新奇事物充满兴趣，这会导致他们在数字化阅读中专注力不足，无法抵挡游戏的诱惑，从而一不留神进入游戏的世界，分散了注意力，偏离了阅读的初衷。

爸爸、妈妈给我买了手机后千叮咛万嘱咐，不要玩游戏，不要拿手机抄答案，不要长久地玩微信和QQ。可对我这样一个好奇心强的人来说，游戏、音乐、QQ、微信……为什么不玩呢？

（甘肃—城镇—男—12岁—七年级）

当时有一款叫《×××》的游戏，几乎全城的小学生都在玩，我也是其中一员。我每天回家就打开电脑玩那款游戏，好像只有游戏才能丰富我空虚的精神世界，才能使我每天的生活充满乐趣。

（四川—都市—男—13岁—八年级）

据我了解，同学大多数用手机来玩游戏、聊天和听音乐，而只有在真正无所事事的时候才会在手机上阅读一些有益的书籍。

（重庆—都市—女—13岁—八年级）

一天，我拿着手机玩游戏。妈妈阴沉着脸把我手机没收了，喊我快去把作业做完再玩。我恳求了半天也没有用。于是我冲进房间，猛做作业，三下五除二就做完了，然后冲到妈妈面前，手机又到手了，我接着玩游戏。

（北京—都市—男—11岁—五年级）

2. 儿童数字化阅读的消费行为

调查表明，尽管数字化阅读的一大优势是获取信息资源的便利，但由于优质信息资源的匮乏和在线游戏商家的盈利性，儿童在数字化阅读过程中也有付费阅读行为。本研究发现，有26.4%的儿童曾以付费方式进行数字化阅读；他们每月的花费如图2-11所示，31—50元的占35.2%，51—100元的占25.1%，10—30元的占21.4%，10元以下占11.7%，100元以上占

6.6%。可见，大多数儿童每月数字化阅读的花费在 100 元以下，以 31—100元为主。

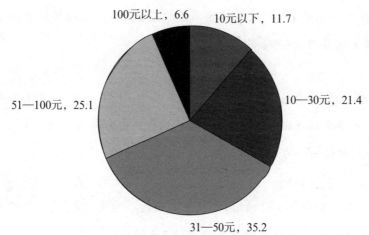

图 2-11　儿童每月数字化阅读花费占比（%）

当我们转变立场，从数字媒介的信息资源提供者角度来看，数字化阅读收费的问题有其背后的商业逻辑。数字媒介的信息资源提供者面临多重利益的博弈，这就造成了它们提供优质数字化阅读内容的能力被限制，这是数字化阅读内容鱼龙混杂的原因之一，也是产生某些数字化阅读内容付费的原因。

我们采取的是 VIP 会员收费阅读的方式，并没有限定读者的年龄。收费价格为包月和单本。单本印刷图书标价 30 元以下的阅读费为 2 元，单本印刷图书标价 30 元以上的每增加 10 元阅读费增加 1 元。包月费用暂时为5 元，当内容库增加到 1 000 本后包月费用将提高至 10 元。文本内容分为两个部分，一部分完全免费阅读，另一部分只能由 VIP 会员收费阅读。

（M3—4 年—数字在线服务人员）

可见，数字化阅读内容提供商也会"见风使舵"，根据内容的不同类别决定是否收费，以夺人眼球的免费社会热点新闻吸引读者浏览、积聚人气，而对那些专业性强的数字化阅读内容收取一定的费用。

　　另外，值得指出的是，尽管在数字化阅读上花费的金额不大，但是数字化游戏的商业属性对儿童的数字生活具有巨大的诱惑力。如果把儿童在数字媒介上的游戏花费和通过数字化阅读延伸到现实生活中的花费也算在内，其金额不容小觑。另外，由于儿童金钱概念薄弱，防范意识较差，很容易在不经意间掉入商业消费的陷阱，从而加重儿童在数字媒介上的经济付出。

　　自从玩网络游戏以后，我就不断往里面充值，开始是用自己的零花钱，后来变成了拿家长的钱，一直不停地充值。

（四川—都市—男—11 岁—五年级）

　　我们班男生最喜欢玩的游戏叫《×××》，我也喜欢玩。不过我已经看透那款游戏了，它就是想坑我们的钱。我们班很多同学都陷入了那款游戏。有些已经往里面充了几百元钱，我也往里面充了六元钱。

（重庆—都市—男—12 岁—七年级）

　　我得到自己的第一部手机时特别开心，从抽屉里拿出爸爸的家用手机卡，插进手机里就开始通过手机上的移动应用程序学习。我什么都想点开看看，结果我东看西看，一不小心下载了好多东西。妈妈回来的时候，发现那部手机上有一条短信，说："您的手机已欠费一百五十四元。"她非常生气，差点儿打我。我也搞不清楚怎么就欠了那么多钱。

（四川—农村—男—12 岁—七年级）

　　我喜欢在电脑上读书，里面很多书可以试读。我一般会先把挑中的书试读一下，再决定要不要买。每次书寄到我家门口的时候，爸爸、妈妈总会说："鑫，你怎么又买书啦！"

（重庆—都市—女—10 岁—五年级）

　　姑姑的手机上有很多我不知道的软件。有一次我玩姑姑的手机，看到了一些游戏软件，于是我玩起了游戏。当我玩得正开心的时候，突然屏幕上跳出来一条消息，说我要付费才能玩下一关。那时候我什么都不知道，只想接着玩，于是我点击付费。后来姑姑批评了我一顿，也不让我玩她的手机了。

（重庆—农村—女—11 岁—六年级）

　　现代媒介环境是建立在消费社会的模型之上的，文化商品化是消费社会最基本的特征。技术和媒介正化身成文化的一部分，甚至是文化的代言人，为儿童讲述资本与技术的"神话"。以在线娱乐消费为例，随着网络公司从最初"儿童教育"的定位转向"儿童娱乐"，以网络游戏为主体的全产业链正在构成当代儿童乐享的"亚文化圈"。据统计，中国儿童网络游戏用户规模近年快速增长，从 2008 年的 3 093 万人，迅速增长到 2012 年的 5 055 万人，2016 年增长到 6 939 万人。① 儿童已悄然成为互联网大军中一支声势浩大的队伍。商家关心利润。研究发现，网络消费已经成为儿童群体中常见的消费模式，网络文化具有形塑儿童网络消费行为的作用。② 儿童数字化阅读已被作为互联网"掘金"新热点。这既让人欢喜又让人忧虑，正如儿童教育学者赵霞、方卫平所说，"消费文化参与建构着新的童年面貌。……消费文化使儿童能够以消费主体的身份进入社会经济文化的过程之中，其主体性因此大为加强。但与此同时，当儿童的主体性透过自主消费行为获得极大的解放时，童年的自由与风险被同时增加了"③。

二、 主体迷失： 儿童数字化阅读中可能的隐忧

　　研究资料具有开放性和不确定性，它们的客观意义不是来自文本本身，而是来自解读者。"各种意义事实上是在同一文本和意义的解读过程中交织在一起的，即复杂的复杂，是一种文本和意义的超循环形式的复杂性。"④

---

① 艾瑞咨询集团：《中国儿童网络游戏行业研究报告》，2017 年，第 32 页。
② 张苏秋、王夏歌：《反向驯化：网络文化与儿童网络消费行为》，《少年儿童研究》2022 年第 10 期，第 41—48 页。
③ 赵霞、方卫平：《论消费文化背景下的儿童文学创作与出版》，《南方文坛》2011 年第 4 期，第 44 页。
④ ［意］安贝托·艾柯等著，［英］斯特凡·柯里尼编《诠释与过度诠释》，王宇根译，北京：生活·读书·新知三联书店，1997 年，第 11 页。转引自吴彤《复杂性范式的兴起》，《科学技术与辩证法》2001 年第 6 期，第 22 页。

教育研究者"在带有对价值的基本判断和行动介入的领域内"对文本进行解读，其"目的源于对人的爱与责任"。① 本研究对儿童数字化阅读的实证资料进行检视，发现信息技术的飞速发展与进步，互联网络的不断升级与更新，数字媒介的不断涌现与普及，智能手机、平板电脑和电子阅读器等设备走进儿童的阅读世界，使阅读变得触手可及，无处不在。如前文所述，儿童数字化阅读总体呈现普遍化、热衷化、碎片化、分散化、实用化、娱乐化、游戏化和消费化的特点。其中，儿童作为成长中的文化个体，其求新、求异、求索的个性得到了充分释放，数字媒介营造的泛在文化环境满足了他们对新、奇、异、轻松化、娱乐化事物和信息的需求。但是，在数字媒介为儿童打开一扇崭新阅读大门的同时，使相当一部分儿童深陷工具理性制约下的虚拟世界而不能自拔，甚至偏离了借助数字媒介进行阅读、求知的本意，在自我确认、与现实世界联系、人际交往、意义生成和审美情趣等方面显示出自身生命的异化，在其文化生命成长的道路上陷入危机。

（一）自我确认迷失的可能

人作为有文化意识的人，必然把保持并优化自己的生命存在作为最高价值。优化的前提是保持，若要保持自己的生命存在，首先要确认自身的生命存在是实在的，即验证自身生命存在的感性确定性。这依赖我们自身的感官。我们能够通过感觉把握自身并非抽象的词语，而是实在的感性实体。我们具有形体，占据空间，同时可以对自己的生命历程进行确定性描述。一般而言，人们不会怀疑自己是否真实，因为日常的时空环境和人们对自己感官的熟悉使人们获得一种经验的自信，只要仍然存续于日常环境中，且形体未发生重大变化，人们都不会对自己的生命存在加以自我证明。

儿童作为独特的生命实体，其生命存在的保持和优化是基于儿童心智尚未发育和成熟的前提，因而更具特殊性。在心智尚未成熟的儿童那里，生命是存在的还是非存在的，则可能成为一个重要问题。关键在于，儿童在成

---

① 巴登尼玛：《论教育研究者的视阈与责任》，《教育研究》2008 年第 12 期，第 29—30 页。

长中是逐渐学会将自身与周围世界区分开来的。儿童年龄越小,越倾向于将世界视为以自我为中心的一个整体。在儿童眼里,自己和世界万物并没有什么实质性差别。儿童在生长过程中,他们努力地追求意识意向性活动的澄明,不断强化自我意识对身体活动的控制水平,即活动相对意识的一致与有效程度。阅读活动恰恰提供了这样一种契机:儿童通过将文本符号纳入意识意向性的对象,并将符号映射于自身的感官,形塑自我意识,进而确认自身生命的本体性存在。

1. 网络迷失现象和危害

儿童在阅读的世界里,通过与文本符号的交互作用,保持并优化儿童的生命存在。儿童通过识别自身生命存在和外在环境,确定自身的时空属性,构筑并调适自我的澄明性意识,获取自身的意识对自己在阅读媒介中身体活动的控制性。然而,我们发现,儿童在数字化阅读的过程中,可能会迷失自身真实存在的状态,坠入符号世界的浩瀚海洋,茫茫然不知自己身在何处,从而失去了自身澄明性意识的把控能力,任由信息符号牵着鼻子走。

打开电脑,网页五花八门,我都不知道应该看什么了,如果要查询一个东西,注意力很容易就被网页上的其他内容给带走了。等我回过神来,已经过了很久,而且自己不知道这段时间自己到底看了什么。手机也是,打开应用商店,游戏纷杂多样,看得我眼花缭乱,但能记住的寥寥无几。

(四川—城镇—男—13 岁—七年级)

一开始我上网浏览信息的时间都不超过 1 小时,后来网络对我的吸引力越来越大。我上网时间慢慢增加,从 1 小时变成 2 小时、3 小时,甚至一不留神就是一下午。到了晚上,更是如此,我经常会上网到深夜。

(四川—城镇—男—12 岁—七年级)

儿童在进行数字化阅读时,会因多次跳转而偏离原来的阅读主题,茫茫然不知自己身在何处，要去哪里。这种现象被称作"网络迷失"。其产生的主要原因在于数字媒介提供的信息是以非线性的超文本形式呈现。超文本具有灵活的结构，将离散的且相关的信息以动态交互的形式提供给读者，使读者能够自由地选择自己要阅读的文本。这原本更加注重读者自主性的方式，却由于儿童自身缺乏在超文本系统中浏览的经验，对超文本的网络结构或概念组织形式也不熟悉，更缺乏检索的知识和能力，从而在阅读中无法抵御各种具有诱惑力的信息的牵引，很容易丢掉自我的初衷，陷入大量空洞、零散的信息中，被分散了注意力，时间就在一次次的点击中消耗殆尽。突然清醒时，却发现自我迷失已久。如此，数字化阅读中的文本符号就无法发挥为"活生生"的作为人的真实的儿童所使用的作用，阅读作为儿童"向文而化"的功能遭到破坏。长此以往，不仅造成时间的浪费，而且会降低儿童独立思考的能力，减缓儿童自我生命成长的进程。

2. 身体的损伤

在儿童的成长过程中，保持自身生命存在是前提，更主要的是不断优化自身的生命存在。阅读即基本的优化路径。若要掌握这种优化，最简单、最直接的方法就是考察儿童身体的变化和动作。"人的意识活动总是要通过人自身的行为（身体的变化、动作等）'表现'出来，从而使文化从'内在性'的意识指向转化为'目的'的外在的实现过程。"[1]儿童的身体不同于一般动物的身体，不仅具有感官的刺激，而且具有生命自我意识的觉醒，是一种有意识性的自在存在。然而，我们发现，当儿童进行数字化阅读时，网络信息夹带着文化工业和现代价值，深刻刺激着儿童的感官，使儿童成为信息的追随者和膜拜者，就可能出现儿童自我意识迷失、身体遭受损伤的现象。

我晚上看手机到很晚，虽然眼睛有些痛了，有些睁不开了，但是这本小说或者这部电影还没看完，就强迫自己的眼睛不能休息。我告诉自己，差一

---

[1] 李鹏程：《当代文化哲学沉思》（修订版），北京：人民出版社，2008年，第111页。

点点,过 10 分钟再休息,可是很多时候都不是 10 分钟就能结束。

(四川—农村—男—12 岁—七年级)

上初中后,我开始沉迷网络小说。每次看小说都看到深夜,导致第二天学习质量很不好,甚至在第一节课就打起了瞌睡。不仅没有听到老师讲课的内容,还被老师发现,被叫到办公室批评了一顿。由于沉迷网络小说,我每天都无精打采,爸爸、妈妈以为我生病了,带我去医院检查,医生说我睡眠不足,而且用眼过度,眼睛近视程度加深了。

(浙江—都市—女—12 岁—七年级)

有一天放学回家路上,我边走路边在手机上看小说,走着走着,一只乒乓球拍不知从哪里飞过来,砸在我的脑袋上。当时我并不觉得痛,可不一会儿,我的头发已经被血染湿了一大片,血滴了下来。这时我才慌了,急急忙忙跑去医院。后来妈妈也来了。我头上缝了好几针。我听到妈妈的哭泣声,心里很不是滋味。要是当时我没有边走路边在手机上看小说,能及时躲开该多好呀。

(四川—城镇—男—13 岁—八年级)

上小学时的一天,我看到姐姐拿着手机在看小说,惊奇之下我也发现了它的奥秘,从那天起我陷入了对网络小说不能自拔的迷恋中。每天,我的课余时间都在用手机看小说。我几乎每天晚上都会看到很晚,为了避免被奶奶、爷爷训斥,我开始一个人睡。我每天都不想出门,即使出门,也是"身在曹营心在汉"。上初中后,我换了一部智能手机,看小说更便捷了。七年级那个夏天,由于我天天熬夜看小说,视力严重受损,妈妈带我配眼镜的时候,没收了我的手机。不过,我又费尽心思从其他地方寻了一部手机,继续遨游网络世界。不过从那之后,我偷偷摸摸地看,假装做作业,实则是在手机上看小说,在夜里更像做贼一样。我知道这样做很不好,可我控制力弱。我希望有一天,我能善用手机。

(重庆—城镇—女—14 岁—八年级)

尽管多感官刺激是数字化阅读的优势,但它主要依赖人的视觉感官——眼睛。数字媒介依靠光、电效应，吸引儿童长久地沉浸在面前的大屏幕或手中的小屏幕，首先对儿童的心灵之窗——眼睛造成巨大伤害。据教育部进行的调查统计数据，2010 年，我国 7—12 岁小学生视力不良率为40.89%（其中城市为 48.81%，农村为 32.98%）；13—15 岁初中生视力不良率为 67.33%（其中城市为 75.94%，农村为 58.74%）；16—18 岁高中生视力不良率为 79.20%（其中城市为 83.84%，农村为 74.59%）。[①] 国家体育总局明确指出，2014 年学生身体素质继续呈现下降趋势，视力不良检出率仍然居高不下，继续呈现低龄化倾向，各年龄段学生肥胖检出率持续上升。[②] 儿童视力不良可能有多种原因，但数字媒介运用不当，是主要原因之一。国外研究显示，把儿童长期置于剧烈的声音刺激、视觉图像刺激和数字媒介暴力刺激中，他们视觉和听觉系统的发育方式将可能被改变，有可能产生视力不良、肥胖症、心血管疾病和糖尿病，还有可能造成脑损伤、脑肿瘤和发育迟缓等。[③]

（二）与现实世界割裂的可能

现实世界的丰富性和多样性为人类主体精神的发挥提供了资源和土壤。生活中不仅有思辨、理性和逻辑等理性因素，还有情感、意志、体验和感受等非理性因素。回归现实世界，就要直面人本身，以个体的实存性为基础，关注人的生存境遇和生活图景，让个体在拥有幸福的现实生活的基础上形塑合乎人性的生命成长方式。对儿童群体而言，现实世界是每一个成长中的儿童赖以生存和发展的基础性存在。然而，调查发现，儿童在数字媒介营造的阅读生活中，自身与现实世界的联系可能会被割裂，造成日常生活经验积累的减少，亦有部分儿童沉迷于虚拟世界而不能自拔。

---

① 中华人民共和国教育部：《教育部关于 2010 年全国学生体质与健康调研结果公告》，参见 http://www.moe.gov.cn/srcsite/A17/moe_943/moe_947/201108/t20110829_124202.html。

② 国家体育总局：《2014 年国民体质监测公报》，参见 https://www.sport.gov.cn/n315/n329/c216784/content.html。

③ Dimitri A. Christakis, Jill Gilkerson, et al.. Audible Television and Decreased Adult Words, Infant Vocalizations, and Conversational Turns. *Archives of Pediatrics and Adolescent Medicine*, 2009,163(6), pp.554-558.

1. 日常生活经验积累的减少

儿童阅读，构筑儿童与现实世界建立联系的核心通道，必然要求儿童与日常生活的世界亲近。只有这样，儿童阅读才会在真正意义上拓展个体生命与现实世界的开放性联系，进而为儿童个体的生命成长提供丰富的滋养与绵延的动力。正如 B.A.苏霍姆林斯基所说："一个人只有在其童年和少年时期同大自然和人们打交道的那种条件下使他的心灵不平静、忧虑、柔弱、敏感、易受刺激、温柔、富于同情感，他才会成为有教养的人。"①

一放假，校门外放眼望去一大群低头族，目不转睛地看着手机，有时还会撞到人，过马路的时候也盯着手机，根本不注意红绿灯和过往车辆，这样很危险。

（重庆—城镇—女—13 岁—八年级）

有一次我坐公共汽车，在车上用手机看小说，结果入迷了，该下车的时候没下车，坐到了终点站。

（北京—都市—女—11 岁—五年级）

一天，我在一家常去的面馆吃早饭。我用一只手拿着手机，一只手拿着筷子，眼睛盯着手机屏幕，同时嘴巴吃着面。当时我正在看笑话，可能是我笑点太低，突然"噗"的一声，我把嘴巴里的面喷到了手机上，还喷到了对面坐着的一个女孩身上。我赶紧道歉，然后飞快地付钱跑掉了。

（四川—都市—男—12 岁—七年级）

数字媒介的文本符号即便再生动形象，终究是抽象的理智化存在。因而，必须重视并解决儿童阅读越广越深则偏离生活愈远愈久这一问题。这意味着，儿童阅读亟待扩展自由陶冶的空间，诸如引导儿童自由阅读，扩展儿童对现实世界的细微洞察，包括对民俗、民情的幽微体验，增进儿童跟大自然的亲密联系，让儿童更多地以自己的方式去感受大自然与社会的奥秘，

---

① [苏]B.A.苏霍姆林斯基：《怎样培养真正的人》，蔡汀译，北京：教育科学出版社，1992 年，第 7 页。

产生对生命的敬畏之情。

2. 虚拟世界中沉迷的现象

儿童置身于世界中，初始阶段与现实世界混沌地融为一体，其生命被现实世界所裹挟、建构，并不断秩序化、理性化。这意味着，儿童的成长需要足够地蕴含个体与现实世界的混沌联系，必要而恰当地延缓个体置身世界的理智化进程，从而为个体随后而来的理智化生存提供充分的原初性质料。与现实世界的复杂性相比，人的理智化总是有限的，过早的理智化意味着先行减少了儿童与现实世界的复杂、丰富而细致入微的联系。只有在儿童生命成长的混沌与秩序、私密与公开、动与静、快与慢中保持必要的张力，儿童发展才会充盈着无限的可能性，儿童自由与创造的生命特质才会得以彰显。也就是说，儿童数字化阅读，仅仅是儿童在虚拟空间体验世界的方式，除此之外，还有更广阔的现实世界，需要儿童去阅读。但网络虚拟空间的强大诱惑力，使部分儿童忽视了现实世界，眼中只有虚拟世界。

自小时候起，我就对游戏非常痴迷。与父母的矛盾基本上都与游戏相关，那时我成绩一路下滑，老师精疲力竭，家长无能为力。上初中后情况更加糟糕，每天无论课堂上还是课后，我脑海中尽是刀光剑影，却对学习不闻不问，丝毫不在乎。当同学都在挥洒汗水时，我和几个朋友对游戏侃侃而谈。爸爸气得不想管我，这反而顺了我的意，于是我在全城各个网吧通宵玩游戏。

（四川—城镇—男—14 岁—八年级）

我有了一部手机后，玩游戏玩得过瘾——第一关、第二关、第三关……真爽呀！可是，作业一个字没写。好不容易把作业做完，脑海中又浮现一个念头——把手机带到学校去玩。早上，我悄悄地把手机放在书包里。上课的时候，我一直在想，怎么过第七十关，结果，老师讲课我一个字也没听进耳朵里。接下来的几天，我一如既往地想怎么抓紧时间玩游戏，有时还会张冠李戴地在数学课上拿着语文课的书。结果，考试成绩一跌再跌——第一单元从 98 分跌到 90 分，第二单元跌到 81 分，第三单元跌到 71 分。后来妈妈发现了,没收了我的手机,期末考试我得了 95 分。

(重庆—农村—男—12 岁—六年级)

　　国庆节假期第一天,我一回家就迫不及待地掏出手机看动漫《画江湖之不良人》(第二季),里面一个个人物生动形象,情节曲折,深深吸引着我。一集看完马上接着看下一集,永不疲倦似的。待我全部看完,已经深夜 1 点了。我放下手机,这时候才感觉眼睛非常胀痛,肚子也饿了。可是,为什么我在看动漫的时候毫无感觉呢? 第二天起床后,我发现黑眼圈很明显。

(重庆—都市—女—13 岁—八年级)

　　数字媒介提供的虚拟世界景致不仅来自现实世界,而且将人想象的景致可视化了。大量的信息符号通过屏幕传递给儿童,可能会造成两种后果。一是儿童"消化不良",较早地接触并生硬地接受不符合儿童生活经验的内容,将使儿童很难与信息符号建立联系,并产生疏离感。让需要大量直观经验的孩子面对一堆文字符号哇哇大叫,正如在孩子尚未长牙的情况下提前吃过硬的主食,未必好。二是由于数字化阅读中儿童的主动性被充分肯定,更可能出现的情况是儿童过度获取数字信息。据统计,我国儿童对数字媒介的依赖性逐步增强。很多自制力弱的儿童沉迷网络不能自拔,出现病态化的媒介依赖心理。《第三次网瘾调查研究报告》显示,我国存在上网行为的儿童中,网瘾比例高达 14.1%,人数为 2 404 万,网瘾倾向比例达 12.7%,人数约为 1 800 余万,且这些儿童出现抗压能力弱、偏执、冷漠、自制力差和自闭等问题的概率明显高于其他儿童。[①]

　　网瘾的本质是技术成瘾,是指由于习惯了技术产品的运用而发展到依赖或沉迷的程度。它把儿童与现实世界割裂开来,让儿童沉浸在技术产品所带来的亲密感和归属感之中。此时,一旦外力将技术产品与儿童进行强制断绝,儿童则会无精打采、难以控制情绪等。

---

① 李晓宏:《网瘾也是精神疾病》,《人民日报》2013 年 9 月 27 日第 019 版。

有一天我在家里做作业，爸爸、妈妈出门了。我看到摆在桌子上的手机，心想：正好可以用手机抄答案。手机设置了密码，不过我大脑高速运转，一会儿就把密码给试出来了。我刚想打开百度查询作业答案，就看到了手机上的游戏，忍不住玩了起来。我努力地玩，还是被"杀"死了。我愤愤不平，心里像火山即将爆发一样，开始对手机指指点点，嘴里还不停地骂着。"咔嚓"一声，手机屏幕碎了。我把它扔回桌子上，心里还是不解气，于是我到厨房拿了两把水果刀，对着手机使劲敲了起来，结果不小心把手给划伤了，痛得我哇哇大叫。爸爸回来后发现手机被弄坏，批评了我。唉，手被划伤，作业没做完，真倒霉！

（重庆—城镇—女—12 岁—七年级）

我喜欢在电脑上玩游戏。有一次我正玩着游戏，电脑突然"啪"的一声，全屏黑了，然后出现一串蓝色的字。我看不懂，当时很生气，一直在那敲打着桌子，然后敲打键盘，可电脑一直没好。我继续敲打，手都疼了，还是没好。

（云南—都市—男—12 岁—七年级）

有一次，我玩手机，玩了许久。突然，手机黑屏了，怎么也开不了机。我愤怒地把手机一摔，屏幕碎了。

（福建—都市—女—10 岁—五年级）

有一次，我在网上看钱锺书的《围城》，正看到精彩处，突然"叮"的一声，弹出来一个对话框，遮住了我要看的那部分文字，对话框上说什么电脑系统管理出现问题，然后就死机了。我气急败坏，手足无措，只能狂按键盘，疯砸鼠标。在一旁的妹妹见我这样，大叫："姐姐精神病发作了！"

（浙江—都市—女—12 岁—七年级）

可见，过度使用数字媒介，可能造成儿童与这些技术产品之间产生一种依赖关系，孤独、自闭、压抑和暴戾等情绪就像打开的潘多拉魔盒，肆无忌惮地吞噬着儿童的稚嫩心灵和生命活力，破坏着儿童的文化生命成长。

（三）人际交往阻断的可能

人类个体因为自身生命存在的发展需要，势必与周围的众多他者存在进行联系和交互。然而，个体的生存与发展不是在主客二分的基础上进行的主体构造和客体征服，而是主体间的共在，是自我主体与对象主体之间的交往、对话。人所交往的他人和自身所认定的关于他人的形象、人格等生命存在的各种基本特征相吻合，是人与他人有效交往的前提。因而，为了达成对对象主体的真正知悉和深度把握，单一的人类个体必须建立主体间性的方法论取向及其认识论视角。

1. 人机交互产生冲突

儿童作为成长中的文化主体，其活动的精神性和实践性之间的关系颇为复杂。我们常常会发现心口不一、言行不一的情况，即人的内心思想和行为表现相背离的现象，在儿童对数字媒介的态度和行为上，也可以看到这一特征。

> 我对网络很痴迷，但是也讨厌它对我眼睛的伤害，对我生活的侵占，不止一次地想要抛弃它。于是我用胶布把手机缠起来，放在我不常去的地方。唉，一天不见，十分想念。这个手，像是别人的手，难以控制，又将手机拿出来"亲热"一番。不多久，又厌倦了，于是又将手机封存，然后……
>
> （甘肃—城镇—男—12 岁—七年级）

这是由于在人类个体生命活动过程中，所创生的诸多文字符号与本体意义之间同构而疏离的永恒张力所致。换言之，内在的儿童精神意向同现实生活表现具有既统一又矛盾的性质。若儿童的阅读活动视数字媒介的文字符号为他者，虽然能建立儿童自身的意义视域，但这种阅读活动终究只是儿童自身意义的线性运动，实质上消解了文字符号本身的意义性与境遇性。在某种意义上，儿童自身在阅读中所彰显的自我主体性却瓦解了阅读作为一种交往活动的主体间性。调查也证实，儿童自身常常并未将数字媒介上的阅读交往视作主体间的深度对话。

我在妈妈的手机上发现了一个叫 Siri 的东西。我点击一下，手机屏幕就变成了一面录音墙。我说了一句："你是谁？"手机回答："我是 Siri。"我明白了，这是智能手机助手。我乐了，开始跟它对话，真是好玩。

（重庆—农村—女—10 岁—五年级）

有一次，我发现手机上有一个笑容表情包，它可以源源不断地发出信息。我仔细一看："我是由系统后台运行的一个对话机器人，如果你很无聊，可以跟我联系。"我愣了几秒，迅速打了几个字："你是男是女？"信息发送后，过一会儿，它就回复了一串让我忍俊不禁的文字："可男可女，任君选择。"我来了兴致，坐在床上与它闲聊。得知它也有梦想与目标，我渐渐发现它像人一样有思想。我和它聊到深夜 12 点多。

（四川—城镇—男—12 岁—七年级）

可见，数字媒介营造的广阔的虚拟世界，使主体之间的相互交往变得更加便捷畅快，也更加扑朔迷离。儿童并不能意识到，数字媒介中的任何符号，其背后都潜藏着作为文化创造者的主体，这就加大了儿童阅读活动中生命意义显现的复杂性。很多时候，数字化阅读并没有发挥将书写文字转变为实时的、互动的和开放式文字符号的优势。儿童同时具备读者和建构者双重主体身份，理应基于自己的创造性，主动地进行意义交互并趋于视域融合。这样的阅读体验才是儿童与这些可塑性强的潜在信息文本背后的社会他人进行的真正交往。儿童才能在这样的阅读体验中形塑批判性的阅读意识和能力，考量文字符号的复杂情境与潜在意义。

我喜欢边做作业边和同学在手机上聊天。我聊天的时候很放心，因为都是我的同学兼好友，不会得罪谁，就算得罪了也不怕，因为他们也不能把我怎么样。

（甘肃—城镇—男—12 岁—七年级）

美国《时代》周刊曾将年度人物颁发给了"YOU"，即使用互联网络的每一个人，意味着在这个共享空间里，无论男女老幼，每个人都可以是信息源，儿童亦然。相比学校和家庭等传统的社区环境，微信、博客、QQ 空间、人人网等新媒介形式打破了人们交往的时空障碍，并消除了人们社会等级、性别、年龄、种族和文化的差异，建立起人们之间的普遍交往。在家庭和学校处于弱势地位的儿童，往往能在虚拟世界打破成人的话语垄断，大胆发表自己的观点，从而获得极大的满足感。但同时，由于儿童文化体系和文化修养欠完善，以及相应监管机制欠健全，相比成人，儿童无法对自己传播的信息负责任，不真实、不可靠，甚至侮辱、诽谤的信息时常出现。

2. 现实社会交往可能被割裂

儿童个体生命成长是由自然人向社会人发展的过程，离不开现实社会交往。"儿童早期生活经历对儿童个性、社会性和情绪发展至关重要。为了获得尽可能高效的发展，儿童必须身处一个安全的、充满感情和具有鼓励性的环境，一个促进积极情感和社交技能进步的环境。"[1]数字媒介营造的虚拟阅读环境充满了来自数字化游戏等娱乐项目的诱惑，对个体发展不完善的儿童具有极强的吸引力。材料显示，在现实生活中不少儿童沉迷虚拟交互而淡忘现实社会交往，导致亲情、友情等现实情感被破坏。

我和弟弟是双生，小时候都是比较乖的孩子，可是一台电脑让我俩走上了不同的道路。弟弟表现为对电脑极度痴迷，我表现为对他助纣为虐。八年级那一年寒假，弟弟用他所有的压岁钱买了一台电脑，然后他就整天待在他的房间里捣鼓那台电脑，学习成绩直线下降。但好景不长，他"我的电脑我做主"的想法彻底激怒了妈妈。有几天他几乎没离开过电脑桌，叫吃饭不回应，叫做事不动。妈妈气坏了，直接把他的电脑摔碎了。"你凭什么摔

---

[1]　［英］约安娜·帕拉约洛戈主编《有准备的儿童：早期奠基阶段儿童的学习与发展》，易凌云等译，北京：教育科学出版社，2022 年，第 331 页。

我的电脑？""凭我是你妈妈！""我没有你这样的妈妈！"事情很快发展到不可收拾的地步。妈妈回房间后一直在哭。我知道她很伤心，我想要是没有电脑就好了。从那以后，谁也管不了弟弟，他经常跑到外面网吧去上网，没钱了就管我要，无非就是玩游戏要充值，或者上网要付钱。我怕他偷家里或者外面人的钱，我就像一个取款机一样，不断给他钱。后来他跟爸爸、妈妈闹矛盾，经常离家出走，其实我知道他就是去网吧。我经常去网吧找他。他脸上没有一点悔恨的表情。我把钱给他放下，就走了。我在网吧外面给父母报了平安，然后蹲在路边哭得撕心裂肺。这样的情况持续了近一年，弟弟的学业彻底落下了，他自己也对升学没了想法。现在，他在学校的时间就是混日子，等初中毕业。回家后与爸爸、妈妈交流也很少，偶尔给我发短信："姐，帮我充值 QQ 会员。"我恨电脑，我恨网络，我自己几乎不碰，这个世界要是没有电脑，可能要好一点。

（四川—农村—女—14 岁—八年级）

现在的我捧着手机，刷着朋友圈，却忘记了如何嘘寒问暖；看着手机上的文字，眼里却开出了灰色的烟花。我们到底得到了什么，又失去了什么？我百思不得其解。

（重庆—城镇—女—14 岁—八年级）

研究表明，易于沉迷虚拟世界的儿童，相比那些正常使用数字媒介的儿童，大多具有一定的孤独感和自卑感，且社交技巧较差。[①] 这些儿童往往在人际交往中处于劣势地位，于是寻求在虚拟世界里获得交往与被承认的满足感，沦为技术产品的奴隶，这就更加恶化了其在现实世界的人际交往，久而久之，就会渐渐失去与人交往的能力，致使其感到和现实世界中的人进行一次简单的交流都十分困难，其倾向于在虚拟世界里尽情表达和宣泄。

---

① Lily Ghassemzadeh, Mehrnaz Shahraray and Alireza Moradi. Prevalence of Internet Addiction and Comparison of Internet Addicts and Non-Addicts in Iranian High Schools. *Cyberpsychology & Behavior*, 2008(6), pp. 731-733.

　　我习惯了平时在手机上阅读家人和朋友的消息。然而有一次手机丢了，我发现我面对家人、朋友，不知道如何跟他们交流了，感觉自己跟他们的距离变得越来越远。离开手机，我觉得自己是那么孤单。也许，只有手机才能充实我的内心。

（四川—都市—男—12 岁—七年级）

　　有些人见面没话说，却在手机上整天整夜地聊。有一次，我姐姐和她的好朋友一起吃饭，在桌子上没说多少话，到了家里，却马上拿着手机，发微信，聊 QQ。我觉得很奇怪。

（重庆—都市—女—9 岁—四年级）

　　当面对面的人际交往被手指按键交流代替，现实世界中活生生的个体被虚拟世界的符号所替代，儿童痴迷在数字媒介上阅读他人，表达自我，久而久之，网络上的"交际达人"回到现实世界却是一个沉默、自闭的儿童。儿童的社会化将面临不足或者处于停滞状态，可能会困守在自我的世界里，拒绝加入生活圈子，难以融入集体生活，甚至与他人简单交流都很困难。严重地说，"人将不人"，成为技术产品的傀儡。

（四）意义生成虚幻的可能

　　儿童对自然事物秩序的探寻，旨在洞悉世界万物的相互关系，明晰自然环境的基本结构，进而形成一种与环境相适应的态度来对待世界万物。儿童阅读正是帮助儿童形塑自我、尊重自然和理解他人，进而建立完整的内在心理秩序链条的关键活动。各类阅读媒介在文化绵延跌宕的浩瀚历程中传递信息，沟通思想。儿童阅读则需要在与文字符号的互动中渐趋通过生命意义的显现而凸显对善的永恒追求。然而，材料显示，部分儿童在数字化阅读中，无力保持自身生命存在的现实生存性，不仅无法在与媒介信息交互中建构心理秩序，而且被破坏了既有的文化秩序，导致文化预设意义生成的虚幻。

1."刷作业"对学习秩序的破坏

对儿童而言,个体生命保持与优化是在自身主动性与创造性发挥的基础上,与外界文化交互作用并建构自身的过程,学习是其天职,阅读是学习的基础。人类社会几千年来积淀下的思想和文化通过教育传递给生命之初的儿童。儿童学习是儿童社会化、文明化的重要途径。然而,材料显示,儿童学习在数字媒介尤其是互联网络的影响下,出现了一些新的现象。

做作业有手机帮忙真是快多了,点击《××××》(移动应用程序名称),扫描题目,答案就出来了,抄下来,作业就做完了。然后可以随意地浏览网页,和朋友聊天。轻松归轻松,可是学习成绩在下降,视力在下降,做事的能力也在下降。

(甘肃—都市—女—13岁—七年级)

做作业的时候,我发现题目好难啊。我一直用手支撑着额头,草稿纸上画满了也解不出来这道题。后来我实在想不出来,就用手机搜索,答案一下子就出来了。我恍然大悟,像拨开乌云看见蓝天、白云一样。就这样,我很快做完了所有的作业。

(云南—都市—男—12岁—七年级)

拍照搜题是我常用的手机功能,遇到不会做的题,不用请教爸爸、妈妈,也不用找同学讨论,只需要拿起手机,"咔嚓"一拍,答案就出来了,拿起笔抄下来即可。虽然觉得这样做不太好,但是做作业的速度快多了。

(重庆—城镇—女—12岁—七年级)

有一天,老师让我们回家写作文。可是我发现自己不知道应该怎么写,我心急如焚。碰巧爸爸不在家,怎么办呀?我忽然发现桌子上的平板电脑,灵机一动:有什么不懂的可以问平板电脑啊。于是我拿起平板电脑,搜索我要写的作文,果不其然,真的有!我一边高兴地喊着,一边抄写作文。

(重庆—城镇—男—11岁—六年级)

手机学习,就是下载一个搜题应用程序,遇到难题不会解,可以用这个搜题应用程序，很方便。但是我看到一些同学，遇到会做的题，觉得解题过程可能有点复杂，就懒得去仔细想，仍然会用搜题应用程序。我觉得这种运用方式不得当。

（重庆—都市—男—13 岁—八年级）

手机是开学前一天必备的利器，下载移动应用程序，一会儿工夫，作业就做完了。

（重庆—城镇—男—13 岁—八年级）

手机可以为我提供素材。那个星期日，正好是母亲节，语文老师布置的作业，让我们给母亲写一封信。我在家想了很久，不知道应该写什么。突然手机响了，是中国移动发来的短信，上面写的是："母亲节要到了，您一定有很多的话想对您的母亲说吧……"下面是一封给母亲的信。于是我把这封信抄了下来，完成了任务。

（重庆—都市—男—13 岁—八年级）

遇到难题，拍照一搜，答案就出来了，慢慢地，凡是作业，只要拍照，不要思考，不要交流。这样的现象出现在教育领域，是数字媒介对教育秩序的破坏。当然，媒介本身并没有错，它的初衷是帮助儿童学习，但由于儿童的自控能力弱，外界诱惑又比较大，出现"刷作业"现象不可避免。针对这些现象，单靠儿童自身的自觉性去反思与自控是不够的，因为反思是基于儿童在经历了相关事件，尝到相应后果之后的一种主动省思。

网络是毒品，没有超强意志力的学生，千万不要靠近它，它会毁了你的学习成绩、你的骄傲和你的自尊。

（四川—都市—女—12 岁—七年级）

儿童对数字化阅读的滥用与泛用，破坏着学习秩序，也违背了阅读的本意。如何在数字化阅读的文化生态上进行调整与监控，防止和预防相应行为的发生，是从外向内进行调试的必由之路。

2. 对媒介信息无力建构的现象

儿童在面对阅读媒介所提供的浩如烟海、满足各种欲求的信息符号时，理应考虑自己的现实生存性，对自身的认识要比较清晰和准确，不能沉浸在意义的诉求中而忘却自身的生命存在。但是儿童的弱小与不成熟，往往无法承担文化主体的一些责任，成为任由信息符号牵着鼻子走的被动对象，待其自身发觉时，为时已晚。

> 网络像一只张着血盆大口的怪兽，等待着被引诱的猎物毫无防备地走上前来，把它一口吞掉。怪兽嘴角挂着残酷的冷笑，不，那应该是嘲讽的笑，嘲讽眼前猎物的无知，嘲讽它软弱的意志，嘲讽它那毫无防备等待被欲望撕裂的样子，嘲讽它的一切……
>
> （重庆—城镇—女—14 岁—八年级）

数字媒介提供的纷繁复杂的文本信息中，富含事物的发展规律，蕴藏事物性质的知识网络，也不乏大量儿童无法消化的繁杂的媒介内容。尽管为了让读者专注于页面，信息高速路上的信息不能太深奥，必须简短或被分割成容易阅读的小段落①，但是，儿童不仅利用数字媒介开拓自媒体圈子，还将目光投向视窗化的、全景敞开式的新媒介环境。信息无孔不入，且编码方式更加复杂，常常兼具音频、视频、图片和文字，这让参与其中的儿童视野得到极大的开拓。可以说，任何景致，不管它是否适合儿童，不管它是否真实可靠，都可能被儿童一览无余。淹没在信息海洋中的儿童，获得的信息是不可同日而语的，可以说与他们的祖父辈相比，已经活了几辈子了。也有些儿童沉浸在文本信息中不能自拔，一旦清醒，回到现实世界，就会有失落感和

---

① ［美］吉姆·崔利斯：《朗读手册》，沙永玲、麦奇美、麦倩宜译，海口：南海出版公司，2009 年，第229 页。

无意义感。

上小学时我迷上了网络游戏，每天用身上的零花钱，冲进每一个陌生而熟悉的网吧，付钱、开电脑等，动作有条不紊。网络游戏中的人物经过我每天的精心"呵护"、细心"照料"，等级一天天地提高，身上的衣服一天天地变得华丽，手中的武器经过一次次地精炼，威力越来越大。我天天沉浸在网络游戏的世界里不能自拔，在虚拟世界大杀四方，无人能敌。可是后来我有一种空虚感。御剑在天、万人膜拜的网络游戏世界总是和现实世界形成巨大反差。每次从网络游戏世界里出来，走出网吧，看着眼前熟悉又陌生的一切，心中总是有隐隐的失落感，恍若南柯一梦，无法留恋。

（四川—城镇—男—13 岁—八年级）

一些数字媒介提供的文本信息无法让儿童实现自身的主动建构。儿童过多、过早地面对一些超越其生理年龄和心理承受力的社会问题和现象，自身会变得异常世故，甚至行为怪异。这些儿童比传统媒介时代的儿童更需要习得一种在数字社会中生存、学习、生活而不迷失的文化调试能力，避免尼尔·波兹曼（Neil Postman）所说的"儿童的天真无邪、可塑性和好奇心逐渐退化，然后扭曲成为伪成人的劣等面目"[①]的悲观预言。

（五）审美情趣扭曲的可能

美作为文化价值的一项诉求，奠基于人类的普遍意识，是人类生命存在与延续的恒久的文化理想和文化旨归。人们如果使自己进入这样一种无功利的、无利害的审美境界，用求美的心态来体味世界和自己的生命存在，便可感觉自己得到一种冲破一切世俗界限的精神解放，获得无比广阔的生存自由。人之爱美、求美和审美，都是一种文化意识下将自身生命体验与外部

---

① ［美］尼尔·波兹曼：《娱乐至死·童年的消逝》，章艳、吴燕莛译，桂林：广西师范大学出版社，2009 年，第 164 页。

世界秩序相契合，从而产生精神愉悦感的过程。然而，信息爆炸式侵袭，加之筛选机制不健全，导致儿童数字化阅读中大量不适合儿童阅读的内容被儿童所阅读，从而破坏着儿童诗性童年之最初的纯净与美。

1. 信息超载破坏着童年之美

儿童数字化阅读呈现的娱乐化倾向，表征着尼尔·波兹曼的预言。"一切公众话语都日渐以娱乐的方式出现，并成为一种文化精神。我们的政治、宗教、新闻、体育、教育和商业都心甘情愿地成为娱乐的附庸，毫无怨言，甚至无声无息，其结果是我们成了一个娱乐至死的物种。"[①]他警示世人，在一个科技发达的时代，造成精神毁灭的敌人更可能是一个满面笑容的人，而不是那种一眼看上去就让人心生疑惑和仇恨的人。这也是奥尔德斯·伦纳德·赫胥黎（Aldous Leonard Huxley）多年前就试图在《美妙的新世界》中告诉我们的：人们感到痛苦的不是他们用笑声代替了思考，而是他们不知道自己为什么笑和为什么不再思考。

> 我家的电脑主要是用来给我学习和爸爸办公的。当时我们小学经常有征文比赛和手抄报比赛，我会用电脑查询相关资料，并给老师发送作文、邮件等。我一直奇怪的是，我身边有很多男生、女生热衷电脑游戏，他们大半夜偷偷起来玩游戏的行为，我有些不能理解。但是后来通过电脑我迷上了动漫，我就明白了，有些东西会莫名其妙地吸引你，每天在上面嘻嘻哈哈地过日子，挡都挡不住。
>
> （四川—都市—女—12 岁—七年级）

当前，为了迎合儿童的爱好，诸多传统媒介纷纷与新媒介结合起来，加强媒介内容和形式的游戏性、娱乐性和互动性，并宣称在游戏中阅读、在游

---

① ［美］尼尔·波兹曼：《娱乐至死·童年的消逝》，章艳、吴燕莛译，桂林：广西师范大学出版社，2009 年，第 5—6 页。

戏中学习，是儿童接受知识的最佳方式。于是，数字媒介上儿童选秀节目跟风模仿，争相搏出位；"明星儿女"等娱乐化标签人物粉墨登场……娱乐至死的时代，儿童在新媒介语境中并没有被当作受尊重和爱护的对象，成人对儿童的启蒙理想也在一片哗然中渐渐失落。而儿童自身并不能感受到新媒介环境下的隐忧。对不曾拥有乡土童年、多为独生子女的他们而言，数字媒介带来的是朋友、知识、乐趣和更多的东西，他们不会主动意识到新媒介对自己精神的裹挟，反而可能会因为不知道《中国好声音》、不会跳《小苹果》、不会玩《赛尔号》而担心成为同伴取笑的对象，被孤立和边缘化。处在这样一个新媒介环境中的儿童，在娱乐与被娱乐的浪潮中，会不会逐渐变得被动，失去验证和判断的能力，像奥尔德斯·伦纳德·赫胥黎担心的那样，毁于自己热爱的东西？

数字化阅读的过度使用也会对儿童的审美品位产生误导。如今，数字媒介已经使儿童的阅读环境从"读时代"进入"阅时代"，数字化阅读的方式让传统图书出版机构更新思维，图书的内在艺术含量已经不是最重要的了，图书包装、推广和与新媒介的结合等现实策略被推向台前。影音视频的新媒介技术和图像化、视窗化的新媒介文化风格嫁接到传统印刷文化上，同时线上线下媒介融合，出版网络文学作品、跟拍电视剧等，一切可以从儿童身上获得商业利润的文化产品都可以成为儿童的"精神伴侣"，"琳琅满目"地呈现在儿童眼前。可是，看花了眼的儿童已经无法从这种浅阅读中汲取真正的艺术养分，无法感受美的意蕴，反而会变得浮躁，在审美趣味、价值导向、伦理道德甚至人格形成上打上消费文化的烙印，童年生活的内在构造也随之发生断裂和变形，需要成人引导、澄清和拯救。

我在电脑上看到一款小游戏，我就点击进去玩了。游戏中的我接待的病人是一个心脏天生跳动比常人快的男生。我先用听诊器听了他的心跳，"怦怦怦"，然后他就进了手术室。我先用夹子把棉球夹起来，沾上消毒水抹在病人的胸口上，然后给他打一针麻醉剂。我接着用记号笔在病人心脏左边的位置画了一条虚线，然后拿起手术刀切了下去，好多血流了出来，当我拿起灼烧刀在流血的位置烫了一下，血就不见了。接着我又在指引下，用开骨器把胸骨打开，然后一根一根地夹下来，把一些乱七八糟的神经移开，开始对红色的心脏进行处理，把一根管子插进心脏，又将一种迷你的仪器接在管子的另一头。接着我又将神经移回原处，把胸骨接回，并用定骨器固定好，再用针线把皮肉缝好，游戏就结束了。我心想：这款游戏怎么这么恶心啊！

（福建—都市—女—10 岁—五年级）

正如并非所有的外部世界事物都应该进入人类的心灵世界，符号世界的信息也需要经历审美价值的过滤。当外部世界事物呈现出一种秩序上的和谐状态，并与人的心灵世界形成契合，使人产生愉悦感，审美方得以发生。阅读媒介尤其是数字媒介提供的虚拟信息中，不乏大量的"不和谐"的内容，即丑的、凌乱的、比例失调的和搭配不当的等。这些内容穿着美的外衣，刺激着儿童的感官，让儿童欲罢不能，沉迷其中。但是从本质上来说，它们并没有与儿童的心灵世界产生真正的契合，无法带给儿童真正的精神愉悦感，反而会有害于儿童的身心健康。

2. 商业气息侵蚀着儿童的诗性梦想

儿童的诗性逻辑是指儿童对世界的认识呈现出与成人不同的景象。儿童对外部世界和内心世界的把握是基于自己的自由和想象，透过一种直觉达成的。儿童在对世界的无边的好奇和无尽的探索欲望中，睁开打量世界的双眼，因而儿童是天生的探索者。在探索世界的过程中，儿童具有无限的创造力和勇气，因而儿童也是创造者。各类阅读载体打开了通往无边无际意义世界的大门，儿童看到了里面充满着琳琅满目的符号信息，其自然探索的天性受到激发。但是，消费化的数字化阅读倾向，同样可能异化儿童的诗性梦想，带来儿童精神和心理上的不适。

现在的学生追求时尚，盲目攀比，总觉得我的手机要买贵的，要是苹果，要是三星，要有平板电脑，要有 MP4、MP5，这在无形中增加了家庭的消费负担，也给家庭条件不太好的学生造成了心理上的压力。

（重庆—都市—男—13 岁—八年级）

从实质上来说，儿童在数字化阅读中的消费是一种符号化的消费。符号是一种指称系统，所传达的是自身以外的、不在场的东西。儿童精力充沛、思想活跃、好奇心强，具有冒险精神，他们选择消费，不仅由于商品的使用价值，更多的要表现其与众不同，以体现自身个性、品位、风格、社会地位和社会认同。但同时，儿童的心智尚未成熟，辨别能力和自控能力相对较弱，容易走向盲目消费，追求时尚也预示着有掉入消费主义陷阱的风险。加之现在的儿童基本上是独生子女，集万千宠爱于一身，目前许多中国城市的父母愿意将其大部分可支配收入花在他们的独生子女身上，且由于自身对新媒介的认识程度有限，甚至会把儿童过早地接触新媒介看作天资聪明的表现，从而在物质上给予支持，也间接强化了儿童在数字化阅读中消费的盲目性。

因此，儿童数字化阅读对审美的诉求和现实景况中可能带来的破坏，要求我们立足儿童自身世界和外部世界的关系，筛选出有秩序的、和谐的阅读媒介符号信息，与儿童探索世界的诗性逻辑特点相契合，使儿童的阅读活动能够内在体验到精神上的愉悦感，真正意义上体悟文化之美。

第三章

关系缕析：儿童阅读与媒介技术的文化依存

"概念引导我们进行探索。"①明确而清晰的概念和厘清概念之间的关系理所当然地成为问题研究的逻辑起点。② 在完成了儿童数字化阅读的现状调查与文化症候分析之后，接下来就是如何破题。破题的理论基础是对"儿童数字化阅读"核心概念进行人—技术—文化统合视角下的解释。其涵盖两个基本向度，即关系向度和本体向度。儿童数字化阅读作为儿童阅读与数字媒介的结合，我们必须厘清两者之间的关系。因此，本章主要解决儿童阅读和数字媒介的关系问题，即回答儿童阅读是什么，媒介是什么，两者在共时态和历时态视角下具有什么样的关系。

一、 儿童阅读的本质与价值

从人—技术—文化统合的视角观照儿童阅读，即将儿童阅读作为一种文化现象和文化存在，它指向的是儿童有灵性的生活方式。儿童阅读既是儿童从自然人走向社会人的过程中，借助外在媒介技术力量进行文化习得和文化适应的活动，也是儿童内发的精神生长的文化生成和文化创造的活动。

---

① ［英］维特根斯坦：《哲学研究》，陈嘉映译，上海：上海人民出版社，2001年，第235页。
② 陈振明等：《公共服务导论》，北京：北京大学出版社，2011年，第9页。

（一）儿童阅读的本质：主体灵性的生活方式

儿童被视为成长中的文化主体，阅读在其中扮演着符号化的文化表征的角色，儿童阅读意味着儿童诗意般的文化生活。就本质而言，儿童阅读是一种文化存在。

1. 儿童：成长中的文化主体

"什么动物早晨四条腿，中午两条腿，晚上三条腿走路？"著名的"斯芬克司之谜"已被俄狄浦斯解开，答案就是"人"。数千年来，人们对"人是什么""人何以为人"的追问却从未止息。从苏格拉底到笛卡儿再到马克思，从"人是万物的尺度"到"我思故我在"再到"人的本质是一切社会关系的总和"……追问永无止境，这种追问本身即表明人具有一种不同于他物的特殊性质：人既不是独立于世界之外的存在物，也不是一般的动物性存在，而是存在于一个世界当中却能够对这个世界进行探索、反思、创造和超越的一种存在物。这种存在方式就是文化，即人是文化的存在。

循着这一思路可以发现：生活在文化中的人，本身也是文化的创造者，人的整个生命历程都打上文化的烙印。恩斯特·卡西尔（Ernst Cassirer）认为，人与动物的根本区别在于"符号形式"的文化。人"在创造文化的活动中必然地把人塑造成了'文化的人'！这就是人的真正本质，这就是人的唯一本性"[①]。同样，作为特殊的人之存在的儿童也是文化的存在。哲学人类学家 M. 蓝德曼（Michael Landmann）将文化视作人类的"第二天性"，"每一个人都必须首先进入这个文化，必须学习并吸收文化"。[②] 社会中的每一个儿童，自出生时起，就不断受到周围符号世界——语言、习俗、宗教和礼仪等的影响。儿童在文化中生长，不断积累先辈留下来的文化因子，经由自身的积累而逐渐长成自己的"文化模样"。在这个交互过程中，儿童从自然人发

① ［德］恩斯特·卡西尔：《人论》，甘阳译，上海：上海译文出版社，1985 年，第 7 页。
② ［德］M. 蓝德曼：《哲学人类学》，彭富春译，北京：工人出版社，1988 年，第 223 页。

展为社会人，从生物人成长为文化人。

2. 阅读：文化存在及其外在表征

"文化是历史地凝结成的，在特定时代、特定地域、特定民族或特定人群中占主导地位的生存方式。"①古往今来，人类自身与周围符号世界发生互动的阅读行为已经成为一种共性的文化现象。大约在公元前1300年，古埃及人唱着："书卷胜于刻字的石碑。人之逝去：尸骨化尘土，族人别家园。是书卷让后人把他追忆，是读书人把他的故事传扬。"②阅读普遍存在于各个时代、各个地域和各个民族，具有真正的文化普遍性，是人类存在的基本方式。

阅读的文化存在性还体现在它具有一套自身的法则与规律，这套法则指向人之为人的本质。人要生存，就要探究周围世界，从周围世界中寻求规则，数千年来，阅读一直在承担这个使命。人能够通过阅读来了解周围世界，得益于阅读涵盖人类的知觉并对其加以开发利用，从而成为人类的"超级感觉"，且这种感觉是一种累积能力，呈几何级数递增，前面的阅读经验为后面的阅读做铺垫。因而，不管在何种时代、何种地域，阅读成就其文化规定性的都是读者，也就是人本身。从外部环境获得意义的是读者，把意义归诸一套符号系统，然后辨读它的也是读者。正如美国教育心理学家梅林·C.维特洛克（Merlin C. Wittrock）断言："要理解一个文本，我们不仅要读它……更要构建文本的意义。……读者……通过创造意象和进行文字转换来再现文本意义。最为重要的是，读者在阅读时，要把个人知识和经历与书面的句、段、篇章联系在一起，并以此生成意义。"③阅读关乎意义，此意义来源于读者自身。这是阅读作为文化存在的内在人本规定性。

阅读本身也表征着文化。第一，阅读是人类文化外在表现的中介。语言学家玛丽·莱昂哈特（Mary Leonhardt）说："从事学术研究或专业工作所

① 衣俊卿：《文化哲学十五讲》，北京：北京大学出版社，2004年，第21页。
② ［新西兰］史蒂文·罗杰·费希尔：《阅读的历史》，李瑞林、贺莺、杨晓华译，北京：商务印书馆，2009年，第5页。
③ 同上书，第305—306页。

需的复杂技能——理解多重情境或复杂事件的能力、对语调的敏感度、立即知道哪些文本重要和哪些语句可以略读的能力——这些都只能从经年累月的大量阅读中获得。"①阅读是人们与世界接触的一种工具，人之发展的途径。第二，阅读在材料和内容上表征着文化。从材料上来看，从口耳相传到文字记录，从手抄本到印刷本，从电子图书到互联网络，阅读所凭借的工具发生着翻天覆地的变化。这些材料凝聚着人们的文化历史经验和社会价值观，传达着人们的审美意蕴和艺术情操，在反映社会文化的同时具有传承文化的功能。从内容上来看，人们阅读的文本直接受到社会文化的制约，其主题、情节、角色和立场等无不含有文化因素，人们阅读的内容可以说是一个时期各个文化因子连接成的文化链条，也是主流社会文化的投射。

3. 儿童阅读：一种有灵性的生活方式

当儿童睁开双眼打量周围的一切，阅读就如一日三餐一样，成为他们的基本生活方式，一直伴随儿童的成长历程。

现代儿童观的进步，将儿童视作与成人平等的、独立的、自由的生命主体，儿童的自主性受到尊重。因而，儿童的生活方式应当是符合儿童生命本性、尊重儿童人格内涵和张扬儿童生命活力的生活方式，应当是一种和谐的、朴素的、整体的生活方式。福楼拜曾言："阅读是为了活着。"②对儿童而言，阅读的"活着"应该是一种富有灵性的生活方式。"灵性是儿童与生俱来的自然生长的力量，灵性的保持需要后天文化的良性熏陶。因此，儿童应该过一种有灵性的文化生活。"③

这种有灵性的文化生活突出表现在阅读对儿童身体文化和符号文化的意义上。在阅读中，儿童的眼、耳、口和手等器官综合协调运用，视觉、听觉

---

① ［美］斯蒂芬·克拉生：《阅读的力量》，李玉梅译，乌鲁木齐：新疆青少年出版社，2012 年，《导言》第 i 页。

② 转引自［加拿大］阿尔维托·曼古埃尔《阅读史》，吴昌杰译，北京：商务印书馆，2002 年，第 1 页。

③ 杨晓萍、李传英：《儿童游戏的本质——基于文化哲学的视角》，《学前教育研究》2009 年第 10 期，第 19 页。

和触觉等感官得以发挥功能，这使得儿童的生理器官和身体系统得到自觉运动和自然发展，彰显着身体话语的灵性。阅读让儿童进入符号世界，这个过程也是灵动的。幼年时期的阅读实际上提供了一种了解生活的视角。这些阅读会"让人身临其境、感同身受，与现实生活中灵魂得以升华的方式完全一致"[①]。在阅读中，儿童通过符号带给他们的生命成长，不断汲取前人的文化营养，感悟着自己的文化经历，他们可以充分地自我主张，可以宣泄种种情绪，可以探索符号世界的规则……正如英国文学家格雷厄姆·格林（Graham Greene）所说："孩提时，所有的书都是预言书，告诉我们有关未来的种种，就好像占卜师在纸牌中看到漫长的旅程或经由水见到死亡一样，这些书都影响到未来。"[②]儿童阅读作为儿童的基本生活方式，因其深刻的文化本质和内涵，展现出一幅灵性的文化景致，指向儿童充满希望的未来人生。

（二）儿童阅读的价值：文化的积淀和创造

1. 文化知识的累加

阅读是人类进入文化世界的通道。新西兰研究阅读史的学者史蒂文·罗杰·费希尔指出："事实上，阅读只有一种'归宿'，那就是知识。……不以知识为归宿的信息就如同海滩上的沙子——多而无用。"[③]这里的知识被理解为"在更广泛的文化范畴之内，在整个符号脉络和意义系统之内"[④]。人在阅读过程中，将外界的文化符号信息通过人理性地加工，整合进自己的文化体系。在这个过程中，人和文化通过阅读发生了直接的联系，达成了文化对人性的唤醒和人对文化的吸纳与再创造。

知识具有累加的特征，人要具有一定的知识基础才能进一步理解和创

---

① ［新西兰］史蒂文·罗杰·费希尔：《阅读的历史》，李瑞林、贺莺、杨晓华译，北京：商务印书馆，2009 年，第 299 页。
② ［美］吉姆·崔利斯：《朗读手册》，沙永玲、麦奇美、麦倩宜译，海口：南海出版公司，2009 年，第 17 页。
③ ［新西兰］史蒂文·罗杰·费希尔：《阅读的历史》，李瑞林、贺莺、杨晓华译，北京：商务印书馆，2009 年，第 316—319 页。
④ E. Doyle McCarthy. Knowledge as Culture: The New Sociology of Knowledge. The USA and Canada by Routledge, 1996, p. 5.

造知识。儿童作为特殊的人，其要成长，就要借助前人的经验与成就，就要置身于特定的文化氛围和文化背景之中，才能更多地利用其文化器官，发掘自己所需的文化营养，以用来构筑自己的文化体系。同时，使自己与所处的文化本体连接为一体，走出孤立而封闭的自我，融入群体和民族的文化激流之中。阅读是儿童最重要的文化知识积累方式。

儿童阅读的过程就是把外在文化重新解构为自己的文化的过程，其中存在一个重新理解和发现的过程，在这个过程中，儿童是最重要的主体，通过发挥自身的创造性来生成文化知识。墨西哥阅读教育学家瓦尔特·麦克吉尼(Walter McGinnis)认为，阅读材料只提供了表面的大意，其内涵则是要读者以独特的阅读心态去挖掘、改造。若阅读材料并没有改变读者固有的观念或者知识信念，或者原有的知识信息排斥、抵触了阅读对象潜在的新知识因素与科学意义，则阅读失败。① 因此，阅读作为沟通儿童与文化之间的桥梁，其本质指向人性的发挥，只有在儿童与文化相互作用时，阅读才具有生命活力，才能达成儿童文化知识的生成和积累。

2. 文化规则的适应

文化从深层次制约和影响人类个体的社会行为，使其不自觉地遵守相应的社会规范。儿童被称作"人类的未来"，世界上的诸多国家和民族，都把儿童阅读提升到本国家、本民族的文化传承的高度来进行宏观布局。

文化传承的前提是儿童对本民族文化的认同。文化认同是指对某个群体或某个文化的身份认同(感)，或者是指个人受其所属的群体或文化影响，而对该群体或文化产生的一种认同感。② 儿童在阅读中获得文化适应，指阅读的物质层面和制度层面在儿童主体感知上留下文化印记。物质层面包括阅读所涉及的空间、技术、媒介和载体等。不同的空间设置代表着不同的文化内涵。图书的样貌、文本的载体和交互的工具等也体现着传统纸质

---

① 皇甫晓涛、孟桂兰：《文化书写：阅读文化学概论》，北京：中国文史出版社，2014 年，第 9 页。
② 郑素华：《儿童文化引论》，北京：社会科学文献出版社，2015 年，第 167 页。

媒介和当下数字媒介之间巨大的文化差异。阅读文本的展现方式,图画的、文字的、图文并茂的和多媒体的,一般来说,年龄越小的儿童对文字符号的掌握和文化知识的积累越少,越倾向于以图画和多媒体形式呈现的阅读方式。儿童随着年龄的增长,对文本的多元呈现方式接受度持续增强。制度层面是指儿童在阅读中感受到的各种社会规则。每一个文本都自带价值观念和道德规范,儿童在阅读中感受到了什么是好,什么是坏,什么是被社会允许和鼓励的,什么是被社会禁止和排斥的。通过阅读,儿童对文本中发出的各种文化信号进行理解,加以吸收与反馈,从而逐渐适应文化世界并对其自在传承。儿童逐渐适应这些规则,进行社会化的转变。

3. 文化资本的积淀

"文化资本"是法国著名社会学家皮埃尔·布迪厄(Pierre Bourdieu)提出的概念,泛指任何与文化和文化活动有关的有形、无形资产,囊括作为人具体状态的文化能力、作为物体客观状态的文化产品和作为体制状态的文化制度。文化资本的积淀是人成为人的根本途径。

阅读是人类文化资本积淀的路径。"地球上最早的生命体通过进化形成了原始的交流机制,使物种、性别和意图等信息得以传递。如今人类早已超越了发音语言本身,超越了时空,而这一切都要归功于人类不同寻常的超感觉:阅读。"①儿童身上具备两种文化资本:一部分是其出生时所携带的人类演进所积累的文化基因;另一部分则是其出生后与周围环境交互作用所获得的文化积累。这两种文化资本在儿童阅读中相互统合,其过程就是儿童文化资本的积淀过程。正是在阅读带给儿童的这些文化资本积淀中,儿童得以"从无法言语到进入语言符号秩序的阶段""由纯粹的'动物的存在'进入到文化、'语言的存在'的过程阶段"②,从而从无文化经验到掌握文

---

① [新西兰]史蒂文·罗杰·费希尔:《阅读的历史》,李瑞林、贺莺、杨晓华译,北京:商务印书馆,2009年,第319页。
② 蓝剑虹:《儿童,一种文学动物——语言经验与符号中的儿童,从浪漫主义到后结构主义》,博士学位论文,台湾台东大学,2010年,第2页。

化逻辑秩序的状态,文化生命得以成长。

4. 文化意义的赋予

文化源自人的创造特质,文化的发生机制就是人的生成问题。人的生成是人与外在文化环境相互作用,从单纯的生物学存在向社会性存在转变的发展过程,人随时处在这个过程中的一个动态平衡位置。

人的生成牵涉到意义。对意义的追问是人对生命追问的内在精神传统与动力机制。海德格尔认为,人所栖居的世界是一个意义世界,只有人领会了意义,才有意义世界。[①] 意义和符号促使人获得文化生长。符号是表达意义的载体,而意义则是符号所蕴含的内容,意义才是符号的灵魂。人的生成,即在人与文化的相互作用中,对周围文化符号进行意义赋予的过程。

在阅读中,儿童扮演造物主的角色。第一,儿童在阅读中,不断对所读符号进行意义追问,进而达成所读内容的符号与意义理解的统一,即儿童阅读掌握了符号并依靠理解赋予其意义。这样的意义赋予过程是独特的,每一个文本都独立于儿童个体,但对同一文本的解读不会一成不变。没有哪一次阅读是终极的,儿童在每一次阅读中都在重塑自己。所谓"正确的""权威的"解读其实并不存在,它们只是获得了更多人的"共鸣"。第二,儿童通过阅读,赋予符号以意义,开始慢慢理解和构建整个世界的意义,进而体验自己的生活意义和生存意义,通过阅读感受到生命的愉悦、生活的幸福和人生的意义,从而建构起个人的文化体系,达到个人文化的形成。在此过程中,儿童与阅读,合二为一,"我即阅读,阅读即我",共同指向儿童的文化生长。

5. 文化生命的创造

人的生长,依托于人之为人最重要的特质——天生的创造力和内在的自由。这种天生的创造特质,使人能够应用所吸收的或所接受的知识与经

---

① [德]海德格尔:《存在与时间》,陈嘉映、王庆节译,北京:生活·读书·新知三联书店,2006年,第177页。

验,进一步增加其内涵与正确的知识和经验。

"文"的汉字本义是在某物上做标记、留痕迹。这个做标记的活动包括两层含义：其一,这是人有意识地改变、改造原有世界；其二,在这个过程中,原有的事物根据人的活动而发生变化,成为"属人的"。这个过程就是人通过主观创造性进行外部文化世界和内在精神世界的改造。

儿童阅读体现着人之创造特质的精神内核。儿童具有无边的好奇心与无尽的探索勇气,在与阅读文本的交互作用中,每一个细节都有可能激发儿童无尽的想象力,使其进入一个自己创造的文化世界。在这个世界中,儿童尽情地表达着自身生活境遇的诉求和渴望,实现着自身生命能量的抒发与宣泄,这个世界里的一切事物都"泛灵",都具有儿童所赋予它们的生命意义,儿童与它们进行对话、合作和分享,也在潜移默化中受到文本内容的文化熏陶和影响。这个过程是自发的、开放的和轻松的,是儿童倾注了自身生活活力和智慧的,也是能够带给儿童极大满足感的。因此,阅读是儿童内在自由地抒发,它超越了生存状态,成为一种文化创造。

儿童阅读作为一种文化存在,其超越性本身就体现在儿童自身的超越性上。许多思想家都不约而同地认识到儿童身上具有人类进化的原动力。英国诗人威廉·华兹华斯(William Wordsworth)写出"儿童是成人之父,我希望在我的一生里,每天都怀着(对儿童)天然的虔敬"之后,英国文化人类学的创始人、文化进化论的首创者爱德华·伯内特·泰勒(Edward Burnett Tylor),美国著名心理学家、心理复演说的倡导者格兰维尔·斯坦利·霍尔(Granville Stanley Hall),都在自己的著作中不约而同地提出"儿童是成人之父"的说法。[①] 他们认为,儿童的生命中蕴含着人类文化进化历程的精华,儿童将在这些文化基因的基础上构筑新的生命。在此基础上,现代思想家则更多地关注儿童与成人之根本性的不同。蒙台梭利认为,儿童可以造就成人。在她看来,儿童天生具有一种吸收文化并创造和更新文化的能力,他

---

① 刘晓东：《儿童精神哲学》,南京：南京师范大学出版社,1999年,第381页。

们积极主动地建设着自己，创造着成人，并超越着前人。"儿童是在塑造人类本身——不仅仅是一个种族、一个社会阶层或一个社会集团，而是整个人类。"①因此，儿童通过阅读等自身的文化活动，发挥着自身的潜能，以一种文化超越的方式存在于这个文化世界之中。

在阅读中，每一个时代的儿童自身的文化特质是不同的，且自身和外界环境都蕴含着前辈积淀下的文化资源，在内在的自由驱使和创造性发挥之下，儿童构建的符号意义随着社会文化的发展而发展，随着儿童精神生长的进程而不断超越。同时，外在的物质形态质料也在随着社会文化的逐步发展而不断变化，走向更加富足和便捷，这也给予了儿童文化超越的可能性。在内部文化积淀和外部文化资源的双重促进中，儿童通过阅读累积的文化资本愈发丰富和厚重，儿童个体的生命力愈发旺盛，所建构出的新的文化符号和意义带给世界新的解释和推动，这也必将带来文化的更新和超越。

二、 儿童阅读与媒介技术的关系

（一）媒介作为儿童阅读的场域

1. 媒介的本质：从工具论到生活论

"媒"，在先秦时期是指媒人，后引申为事物发生的诱因。"介"，则一直是指居于两者之间的中介体或工具。而"媒介"，在汉语中是指让双方（人或事物）发生关系的人或事物。② 最早出现在《旧唐书·张行成传》中的"观古今用人，必因媒介。"③这里的"媒介"就是指让双方发生关系的人或事物。西方文化里，"媒介"在英文中常用复数形式"media"，只在指代某一种具体媒介时用单数"medium"。而"medium"与"middle"同源，对应的拉丁文都是

---

① ［意］蒙台梭利：《蒙台梭利幼儿教育科学方法》，任代文主译校，北京：人民教育出版社，1993年，第335页。

② 中国社会科学院语言研究所词典编辑室编《现代汉语词典》（第七版），北京：商务印书馆，2016年，第887页。

③ 转引自李楠《新媒体的道德教育功能及其提升策略研究》，博士学位论文，华中师范大学，2019年，第15页。

"medius"，都有中介、中间之义。① 这说明，不管是东方文化还是西方文化，都认可媒介作为一种中介物，是联系其他事物产生相应关系的存在。

随着社会的发展和媒介的演变，媒介对社会进步的影响日益深远，人们对媒介的认识逐渐改变，媒介被赋予的内涵也在不断丰富和发展。

作为美国社会科学第一次繁荣的代表，芝加哥学派对媒介的研究具有开创性意义。他们在社会学研究中关注到了媒介，且是从宏观的、整体的角度。芝加哥学派的查尔斯·霍顿·库利（Charles Horton Cooley）这样认识媒介："手势、讲话、写作、印刷、信件、电话、电报、摄像术，以及艺术与科学的手段——即所有能把思想和情感由这个人传给那个人的方式"，"人类关系赖以存在和发展的手段——即头脑中的所有信号，以及穿越空间传送它们和在时间中保存它们的手段"。② 在这个定义中，媒介既涵盖人工物，也涵盖人本身；既有传播功能，又有存储功能。媒介是人生存和生活所不可或缺的存在。媒介的几个要点——包含什么、有什么功能、作用有多大，都有涉及，之后的媒介本质研究都绕不开这几个要点，只是观点有所不同。

紧接着，传播学中的实证学派和批判学派隆重登场。他们基于迥异的研究立场和研究方法，各自对媒介本质有不同的认识。实证学派是芝加哥学派的"直系后代"，其怀疑一切先验的结论，反对未经检验的设计，认为人能通过经验实证来认识客观存在，他们推崇量的精确分析，通过量的计算来逐渐接近真理。在传播学领域，实证学派研究的是传播内容及其社会影响，以及产生这些影响的条件变量。传播学之父威尔伯·L. 施拉姆（Wilbur Lang Schramm）认为："媒介就是插入传播过程之中，用以扩大并延伸信息传送的工具。"③因此，实证学派强调的媒介是一种工具，或者叫作通道，是传

① Oxford Dictionary of English（2nd Edition）. https://www.oxforddictionaries.com.
② Charles Horton Cooley, *Social Organization: A Study of the Larger Mind*. New York：Charles Scribner's Sons, 1967, p. 61. 转引自沈继睿《媒介技术的哲学研究》，博士学位论文，东南大学，2015 年，第 21 页。
③ 转引自刘宏宇、刘亚光、李婧文《虚拟性媒介研究范式导论——理解作为媒介基本属性的虚拟性》，《中国人民大学学报》2019 年第 2 期，第 149 页。

播"5W"要素中的一环。对媒介来说,传播过程即目的,媒介的用处就是传递信息,它只是一种中介性的工具,只要信息顺利通过,媒介的任务就完成了。

当实证学派在北美如日中天时,欧洲崛起了它的最大对手——批判学派。批判学派继承了近代人本主义的传统,强调人的因素,践行康德的著名论断——"人即目的","主要关心的是人文世界特别是人的内心世界,以及人生活的目的、信念和理想,人的情感、道德、审美等一系列关系到人生存和发展的根本价值"①。批判学派认识到媒介与人有关,而人有社会性和历史性,因此价值判定十分重要。因此,批判学派"主要研究大众媒介的所有权,尤其是政治和经济组织对媒介的控制及其在媒介内容的生产、销售和获取上发挥的重要作用"②。媒介的本质在于阶级社会的压迫性结构,是统治者推行文化霸权以实施社会管理的基本工具。虽然批判学派和实证学派都认为媒介是一种工具,但他们的立场截然不同。实证学派的工具没有价值立场,而批判学派认为媒介是意识形态控制的工具。两者的差异在于是否把媒介的所有权和控制问题考虑在内,经验主义研究者将其作为重要的研究问题域,而批评学派则更加重视媒介传播效果。

众所周知,20世纪原创媒介理论家马歇尔·麦克卢汉(Marshall McLuhan)以特立独行的风格开创了媒介研究的新视野。而真正对媒介进行哲学定义的,正是以马歇尔·麦克卢汉为标志之一的媒介环境学派。这一学派普遍持泛媒介论。马歇尔·麦克卢汉在其代表作《理解媒介:论人的延伸》中,将口语、字母、道路、服装、住宅、货币、时钟、轮子和游戏都纳入媒介范畴,并认为"媒介是人体和人脑的延伸:衣服是肌肤的延伸,住房是体温调节机制的延伸,马镫、自行车和汽车全都是腿脚的延伸。媒介即技

---

① 梅琼林:《批判学派与经验学派方法论的比较分析》,《当代传播》2008年第5期,第15页。
② 刘建明:《媒介环境学理论范式:局限与突破》,《武汉大学学报》(人文科学版)2009年第3期,第377页。

术，可以是人的任何延伸"①。马歇尔·麦克卢汉的媒介"是人的任何延伸"的定义，可以作为整个媒介环境学派对媒介本身做静态研究的纲领。在马歇尔·麦克卢汉眼里，媒介和社会的发展史同时是人的感官能力的延伸。从口语文化到书面文化再到网络文化，媒介延伸人的感官能力有一个统合→分化→再统合的历史。② 从这里可以看出，这是一种历史人本学的本质论，衡量媒介的根本标准在于人本身。紧接着，马歇尔·麦克卢汉通过对自我意识、体验的描述和分析，发现各种媒介提供的感知信息并不相同。他认识到，媒介并不只是一种装载体，内容也不只是被装载物，两者常常是不同形态的媒介本身的聚合。于是他提出了"媒介即讯息"的骇俗之论。他认为，我们过去认为是讯息（内容）的传播产生了效果——影响我们的思维和行动，但实际上是媒介形式本身在产生效果或影响，媒介形式的变革导致我们感知世界的方式和行为发生变革，甚至导致社会结构发生变革。每一种新的媒介都会改变我们过去的思维和行为习惯，加速并扩大人们的功能，即新的媒介导致我们在感知、思考与行为上引入了新的尺度、新的速度和新的模式。在马歇尔·麦克卢汉看来，我们通过媒介延伸我们的感知，媒介即构成了我们生存其间的知觉世界。"媒介是一种'使事情所以然'的动因，而不是'使人知其然'的动因。"③在这个意义上，媒介就不是通向世界的通道，媒介构成了世界本身，世界不是通过媒介来表现，世界就存在于媒介中，人不是透过媒介去认识世界，人就生活在媒介中，媒介在本质上是向我们呈现的世界。很明显，马歇尔·麦克卢汉这里所揭示的媒介的本质，已经跟通道论、工具论等存在根本的差异，可以称之为媒介的"生活论"。

关于媒介本质的论争并没有结束，迄今还没有一个公认的关于媒介本

---

① ［加拿大］马歇尔·麦克卢汉：《理解媒介：论人的延伸》（增订评注本），何道宽译，南京：译林出版社，2011 年，第 4 页。
② 郭庆光：《传播学教程》（第二版），北京：中国人民大学出版社，2011 年，第 121 页。
③ ［加拿大］埃里克·麦克卢汉、弗兰克·秦格龙：《麦克卢汉精粹》，何道宽译，南京：南京大学出版社，2000 年，第 266 页。

质的论述。但从人们对媒介本质认识的发展来看，这经历了一个从技术倾向向文化倾向的转变。越来越多的人认识到，随着技术的发展，媒介所产生的效应已经不可以仅仅用技术主义的观点来看待，已经不仅仅是传递信息的一种工具，媒介已经带来一种巨大的文化上的变异，其从根本上已经彻底地改变了人的面貌和生活。

2. 媒介的文化属性

媒介具有文化制约性，即文化的存在与发展对媒介具有规定性。这可以从技术与媒介的关系、媒介设备与资源的文化内涵、媒介发展受文化制约和媒介功能发挥的文化条件等方面来论述。

技术与媒介的关系密不可分。简言之，技术和媒介的关系就像大脑和思想一样。大脑和技术都是物质装置，思想和媒介都是使物质装置派上用场的东西。一旦技术使用了某种特殊的象征符号，在某种特殊的社会环境中找到了自己的位置，或融入了经济和政治领域中，它就会变成媒介。一种技术只是一台机器，媒介是这台机器创造的社会和文化环境。比如，当我们谈论电视时，我们不是指一种技术，而是指一种媒介。因此，技术是使媒介成为媒介的存在，它决定着媒介是否存在。媒介受技术发展的制约，具有技术规定性。法国著名哲学家让-伊夫·戈菲(Jean-Yves Goffi)说："技术的第一个标准是它的文化特征。"①技术的发展给人类文化带来了新的因素，丰富了原有的文化系统，同时，人类原有的文化系统也在调整、改进，以适应技术发展带来的新的文化因素。美国文化人类学家莱斯利·阿尔文·怀特(Leslie Alvin White)的文化公式能够清晰说明此问题。他把文化看作技术系统、社会系统和意识系统组成的一个整体，其中技术系统最重要，是决定性因素。对此，他用公式"$E \times T = C$"来说明，其中，C 表示文化的发展程度，E 表示每人每年消耗的能量数，T 表示能量消耗过程中所使用的工具的效

①　[法]让-伊夫·戈菲：《技术哲学》，董茂永译，北京：商务印书馆，2000 年，第 16 页。

能。① 可以看出，文化的发展与人们能量消耗所使用的工具的效能成正比，这表明文化的发展与技术所制约的媒介的发展程度是正比例关系。

媒介设备和媒介所承载的信息资源是文化的具体表征。无论是口头传播媒介、文字印刷媒介还是数字媒介，其本身的物理特性都受制于当时所处的社会文化环境，而它们本身所展现的信息资源，更是一种被当时社会价值体系支配的文化符号。符号是文化的核心要素。恩斯特·卡西尔认为，所有的文化形式都是符号形式，人是"符号的动物"②。这说明，符号既是具体实物或存在的，也可以是表示某种意义或抽象的，而这种意义就是人的文化意向性，即关于人的生命存在的文化信息。

不仅媒介的存在受文化制约，媒介的发展也打上文化的烙印。在人类历史发展中，信息传递受到人类自身感官的制约，尤其是语言作为人类的第一种媒介之后，人类感受到语言媒介的便利快捷、不易保存和传播时空有限。为了突破听觉感官的时空限制，人类探索了诸多媒介。比如最早作为人类实现从符号中获得信息的实物媒介——绳子、石头和陶片等，借以保存和传递文化信息。大约在 2 500 年前，人类发明了文字，并开始大量采用树皮、石头和龟甲等来作为媒介使用。随着文字的发展，其作为信息交流工具的功能不断加强，造纸术和印刷术的发展，使得可以大量承载符号信息又方便重复复制的纸质媒介出现，并在两千多年里成为人们传播、交流和保存文化信息最重要的媒介形式。进入数字时代之后，信息技术尤其是互联网技术颠覆了传统的信息传递与保存方式，社会文化发生巨变，由此带来的媒介形式也发生了翻天覆地的变化。因此，媒介发展史，实则是技术发展史和文化变迁史。数字技术的发展使科学与文化的融合同样成为新世纪人类文化整合的重要部分。技术发展催生了媒介形态的变化，新的媒介具有独特的传播特点，这些特点背后又代表着不同的文化背景。

---

① 应雪林：《怀特的文化决定论评析》，《浙江学刊》（双月刊）1998 年第 2 期，第 117—120 页。
② ［德］恩斯特·卡西尔：《人论》，甘阳译，上海：上海译文出版社，1985 年，第 34 页。

媒介的功能发挥与文化有着千丝万缕的联系。马歇尔·麦克卢汉认为，深入一种文化最有效的途径是了解这种文化中用于会话的工具。在1980年的最后一天辞世的马歇尔·麦克卢汉，来不及目睹计算机和互联网所带来的革命性变革，然而他创造的词语，比如"地球村""集体实时涉入"等，成为人们描绘信息科技时代的流行词语。马歇尔·麦克卢汉提醒人们：事实重要，讲述事实的形式也很重要。知识重要，提供知识的形式也很重要。对真理的认识是同表达方式密切联系的。真理不能，也从来没有，毫无修饰地存在。它必须穿着某种合适的外衣出现，否则就可能得不到承认，甚至可以说真理是一种文化偏见。一种文化认为用某种象征形式表达的真理是最真实的，而另一种文化可能认为这样的象征形式是琐碎无聊的。[1] 这样的观点让我们认识到，任何认识论都是某种媒介发展阶段的认识论。随着一种文化从口头语言转向书面文字，再从印刷术转向数字媒介，关于真理的看法也在不断改变。由于人通过媒介进入文化世界，其所看到的媒介世界往往就是他所认为的世界的面貌，而这往往是文化通过媒介进行改造后的世界。恩斯特·卡西尔说："人不再能直接地面对实在……人的符号活动能力进展多少，物理实在似乎也就相应地退却多少。在某种意义上说，人是在不断地与自身打交道而不是在应付事物本身。他是如此地使自己被包围在语言的形式、艺术的想象、神话的符号以及宗教的仪式之中，以致除非凭借这些人为媒介物的中介，他就不可能看见或认识任何东西。"[2]这说明，媒介是我们文化中存在的，了解文化的最主要方式。进入媒介，媒介中表现的文化世界便成为这个世界应该如何存在的模型。文化与媒介的这种密不可分的关系，最终将对人的存在构成巨大的影响。

3. 媒介作为儿童阅读的场域

如前所述，媒介在无形中影响文化，人们通过媒介看到文化世界的模样。

---

[1] [美]尼尔·波兹曼：《娱乐至死·童年的消逝》，章艳、吴燕莛译，桂林：广西师范大学出版社，2009年，第21—22页。

[2] [德]恩斯特·卡西尔：《人论》，甘阳译，上海：上海译文出版社，1985年，第33页。

但实际上，媒介作为一种人借以观察世界的工具，在服务人的同时往往会有自己的主张，对人所考虑的事情、人用以思维的工具和思想起源都会产生重要的影响。① 于是，媒介对人们文化活动的这种影响，应该受到足够的重视。

媒介的这种影响可用场域理论加以解释。场域理论源于物理学，在自然界中，客观存在着物理场域，置身其中，所有的物质存在都会受到影响，且自身状态和性质也会随之发生变化。在人类社会中，同样存在场域，皮埃尔·布迪厄把它定义为"在各种位置之间存在的客观关系的一个网络（network），或一个构型（configuration）"②。他认为，"在高度分化的社会里，社会世界是由大量具有相对自主性的社会小世界构成的，这些社会小世界就是具有自身逻辑和必然性的客观关系的空间，而这些小世界自身特有的逻辑和必然性也不可化约成支配其他场域运作的那些逻辑和必然性"③。所谓的小世界就是场域。这样一来，皮埃尔·布迪厄就用场域的观念把社会生活划分为一个个彼此独立又密切相连的空间：社会是个大场域，它由一个个相互独立又相连的子场域构成，每个子场域都具有自身特有的逻辑和规则。一个场域越是从社会场域和权力场域中获得自主性，这个场域的存在就越具有合法性。

在人的成长过程中，自然的人演化为文化的人，自然之物理场域也演化出人类之文化场域。人类社会中的文化场域是指在人与人之间相互碰撞和相互联系的过程中，通过文化发生作用的心理场域。人类社会的文化场域是自然之物理场域的子场域。文化场域通过对加入其中的人形成的文化影响力，不断强化着置身其中的人符合文化场域属性的行为，不断矫正置身其中的人不符合文化场域属性的行为，通过物质利益改变置身其中的人，从而使其形成符合该文化场域属性的品性，强迫人按照文化的轨迹运行，从而将自然人转化为文化人。

---

① ［美］尼尔·波兹曼：《娱乐至死·童年的消逝》，章艳、吴燕莛译，桂林：广西师范大学出版社，2009年，第185页。
② ［法］皮埃尔·布迪厄、［美］华康德：《实践与反思：反思社会学导引》，李猛、李康译，北京：中央编译出版社，1998年，第133—134页。
③ 同上书，第134页。

对儿童而言,阅读是儿童从符号中取得意义的一个过程。这个过程涉及一系列的行为主体和文化因素,用文化场域的视角来观察,儿童阅读的内因包括儿童身、心两个方面,在于儿童自身的主体发挥、行为意志和态度观念等;而儿童阅读的外因则可以用文化场域来形容。总体来说,儿童阅读行为的发生,涉及其所在的外部经济因素、政治因素、文化因素、社会因素和生态因素。具体而言,家庭、学校、社区和媒介等因素都会对儿童阅读产生重要的影响。

儿童阅读所涉及的文化场域分布可以分为宏观层面、中观层面和微观层面。在宏观层面,国家的法律政策、政治制度、文化传统、民族特征、主流价值观、宗教信仰、教育水平、社会结构和风俗习惯等都在潜移默化地指引着儿童阅读;在中观层面,儿童阅读的发生一般在家庭环境、学校环境和社区环境中进行,这三个环境中的人物、资源和结构等都直接与儿童的阅读行为产生关系;在微观层面,儿童阅读直接接触的是媒介场域,媒介的物质形态、内容资源和互动方式等文化因素都直接作用于阅读中的儿童,因此,作为儿童阅读最直接的场域,媒介场域的重要性不言而喻。儿童阅读必须依赖一定的媒介。儿童通过媒介走进阅读的世界,从而进入媒介的世界,也进入符号的世界、文化的世界。

（二）儿童阅读媒介场域的基本特征

1. 媒介场域与其他场域的共通性

前文所述表明,媒介作为儿童阅读的场域,在儿童阅读过程中形成了具有自身逻辑和必然性的客观关系空间。媒介场域作为一个独立的场域,其必然具有一般场域的基本特征。

第一,关系性。"场域"这一概念充分体现了皮埃尔·布迪厄关系主义的思维模式,其思想核心是贯穿于场域内不同因素间的力量对比及其紧张状态。"根据场域概念进行思考就是从关系的角度进行思考。"[①]作为场域

---

① ［法］皮埃尔·布迪厄、［美］华康德：《实践与反思：反思社会学导引》,李猛、李康译,北京：中央编译出版社,1998年,第133页。

范畴下的子概念，媒介场域也是一个关系性概念。媒介场域本身具有实体性要素，媒介机构、传播者，以及与传播相关的机构和个人构成了媒介场域的客观现实基础。对儿童阅读而言，媒介场域包括诸如创作人员、出版机构、印刷机构、编辑人员和发行人员，这些实体要素并非互不相干，它们彼此紧密结合成一个关系网络得以互相确认。比如创作人员和编辑人员的沟通，决定着媒介表征的内容的特质；出版机构和发行人员的关系，制约着媒介所承载的信息是否更加广泛地传播；等等。因此，媒介场域的关系性，是对儿童阅读中各种功能性关系的理解，是媒介作为儿童阅读文化场域的基本特性。

　　第二，相对独立性。在社会分化过程中，各个场域不断获得相对独立性，并逐渐形成一套自己独有的价值观和运行逻辑。根据这样的场域生成过程，可以看出，自身独有的逻辑和规则是一个场域存在的根本。在儿童阅读中，媒介场域也具有一整套相对独立的运行逻辑和内在价值观。比如在文字印刷媒介时代，普及科学知识、服务儿童成为媒介的重要价值追求。于是，媒介管理者、出版机构、创作人员和编辑人员等，都自觉恪守行业内的规则，做好儿童阅读的把关人。正是这些相对独立的媒介所特有的价值规范和行为准则，把媒介场域和追求利益的经济场域、追求权力的政治场域等其他场域区分开来，成为一个相对具有自身逻辑的空间。同时，媒介场域的独立性表现在它将这样的逻辑规范强加给新进入这个场域的人员，构成一种要求与影响。比如要求儿童阅读材料的创作人员拥有一些专业知识背景，要求服务儿童阅读的印刷人员必须采用特定的材质制作图书，等等。这些要求强化或者固化着儿童阅读的一些外在要求，代表着媒介本身的立场。但是媒介场域的独立性是相对的，这体现在两个方面：一方面，媒介场域边界是模糊的，其作用和影响仅仅停留在"效果停止作用的地方"，它与其他场域是相互渗透的；另一方面，媒介场域处于社会大场域之中，是儿童阅读直接接触的场域，其背后渗透着经济场域、政治场域等宏观场域的信息符号，也渗透着家庭场域、学校场域和社区场域等中观场域的影响和要求，因此，媒介场域独立发挥影响的功能比较弱小，它的独立性是相对的。

第三,斗争性。场域作为客观关系网络,并不是静态的,它是一个由各种因素通过较量和斗争形成的关系网络,是各种力量汇聚和较量的场所。场域运作和发展的原动力"在于它的结构形式,同时还特别根源于场域中相互面对的各种特殊力量之间的距离、鸿沟和不对称关系"①。这些特殊力量即各自的文化资本。场域的运行,源于场域中各种因素的文化资本的不同而在场域中占据着不同的位置,而随着各种因素各自文化资本的变化,其在场域中的位置也发生着变化。在儿童阅读媒介场域中,从创作人员到出版机构、编辑人员,因其手中文化资本总量的不同而在场域中占据不同的位置。比如在文字印刷媒介时代,出版机构和编辑人员对儿童阅读所占据的文化资本总量较大,它们的位置就比较核心和重要,儿童读物的创作人员和发行人员都要自觉或不自觉地跟它们保持一致。而随着信息技术的发展和数字时代的来临,出版机构和编辑人员在媒介场域中的位置愈发受到冲击,创作人员可以通过互联网直接联系到终端的儿童读者,甚至儿童自身能够便捷地成为创作的主体,这就使得儿童阅读媒介场域发生着剧烈的变化。为了占有更多的文化资本,掌握更大的符号权力,占据更有利的场域位置,不同的竞争主体在儿童阅读媒介场域中斗争,要么获得更多文化资本,要么改变场域规则。

2. 媒介场域不同于其他场域的特殊性

前文论述了作为儿童阅读文化场域之一的媒介场域,与社会大场域中的其他子场域的共通性。作为一个特殊的子场域,媒介场域也具有自身的特殊性,表现在三个方面。

第一,中介性。媒介本身属于中介性的公共机构,这一性质决定了媒介场域的中介性。媒介是政治、经济、文化和公众生活等作用于人的中介,因而媒介场域与政治场域、经济场域、文化场域和公众生活场域都存在密切的

---

① [法]皮埃尔·布迪厄、[美]华康德:《实践与反思:反思社会学导引》,李猛、李康译,北京:中央编译出版社,1998年,第139页。

关系,是连接其他场域以及连接这些场域和人的关系的纽带。媒介场域的中介作用有其两面性,其一,媒介场域受制于其他场域的作用;其二,媒介场域限制着其他场域的作用。在儿童阅读上,一方面媒介的信息表征是其他场域的价值观念、思想导向的体现。媒介在一定程度上反映的是其他场域,比如国家意识层面、学校教育标准的要求和家长的思想观念。另一方面,媒介的中介性又体现为它有一定的自我权力。媒介可以将自己巧妙地置换成权威角色,从而表达自我的意识。正因为如此,媒介"被授予独特的权力以进入并探察其他场域,然后与公众分享其发现——允许它能动地影响遍布当代社会的权力关系"①。由于媒介场域的这种巧妙的作用,儿童在阅读中对符号信息的理解有可能跟所谓的"权威"所期望的不一致,在毫不知情的情况下,接受着被媒介场域改造后的所谓的"权威"的教导。

第二,低自主性。媒介场域在社会分化的过程中获得自主性。这种自主性是相对的,没有完全自主的场域。媒介场域的低自主性在于,它比其他场域更容易受到外部力量控制,这和它的相对独立性是一致的。从媒介诞生到现在,媒介场域就处在经济和政治的张力之下,或依附于政治,或依附于经济。因而,媒介场域带有鲜明的依附性,其自主性往往是通过悄无声息的影响开展的。儿童阅读的媒介场域同样如此,在文字印刷媒介时代,儿童的阅读往往受制于以政治权力为代表的权威之引领,儿童的阅读材质往往是以国家意识进行的严格的统一制定。作为中介的媒介场域,其自主能力非常微弱,仅仅作为展示政治场域作用力的一个介质。进入数字时代,这样的情况就发生了巨大的变化,政治场域的功能在互联网络的交互作用下被稀释。然而,媒介往往在这样的情况下又偏向于经济场域的制约,由于经济场域的资本更加丰厚,其所占据的场域位置更为核心,于是,经济场域的作用力和意识形态就往往通过媒介场域表现出来。媒介场域的自主性是低下

_____

① ［美］罗德尼·本森:《比较语境中的场域理论:媒介研究的新范式》,韩纲译,《新闻与传播研究》2003年第1期,第4页。

的，这是媒介场域的一个非常重要却容易被忽视的特征。

第三，高强化性。媒介场域自身具有中介性，且独立性和自主性较弱，于是人们常常忽视媒介场域的功效。但是，媒介场域作为一种重要的文化场域，其最大的功效在于它的高强化性。高强化性是指媒介场域能够就信息所持立场对读者进行提示，而由此种提示达到对信息的聚焦与强化，从而使信息的表达效果得以加强，这就是媒介场域独有的优势。其一，在儿童阅读中，媒介场域的功能发挥受到社会宏观场域和家庭、学校、社区等中观场域的制约，表达这些场域经由媒介所表达出的信息，发挥其本职功能。其二，由于儿童在通过媒介进行阅读时，往往只关注媒介所表现的信息，对媒介的作用不加注意，这就成为媒介场域发挥功能的良好条件。通过媒介场域的某种筛选、放大，甚至扭曲，媒介场域所传递的信息往往会有或多或少的变形，儿童在这样的阅读中，不自觉地接受着媒介表达的意识形态，从而潜移默化地受到其影响和塑造。

（三）儿童阅读媒介场域的功能发挥

1. 媒介形态为儿童阅读提供基础性存在

媒介作为人类阅读行为产生的基础。媒介具有实体性的物质存在，称之为"媒介形态"，即媒介的生存状态（包括媒介的外部形态和作为内部结构的传播符号）、生存依据、媒介的传播方式和方法（包括受众接受媒介信息的形式和途径），以及由此展示的媒介功能与特征。[1] 自媒介史上第一次飞跃——口头语言媒介向书面文字媒介转变后，阅读就建立在一定的媒介形态之上。社会经济发展和人类文明程度决定着媒介形态的不同表征。历史上，龟甲、石壁、青铜器、莎草、羊皮、绢帛、竹简和纸张等都曾作为媒介用于承载信息和知识，如今的胶片、磁带、光盘、硬盘、数据库、平板电脑和手机等也是可供阅读的媒介形态。媒介形态的不同，其承载和展现的信息文本

---

[1]　杨军：《媒介形态变迁与阅读行为的嬗变——以印刷媒介与网络媒介为例的考察》，《图书馆工作与研究》2006 年第 2 期，第 90 页。

形式有很大的差异，由此造成阅读的行为方式和阅读文化也大相径庭。媒介的发展并不是单线替代式的，因而社会发展的同一时期往往存在着多种媒介形态共存的情形。

在儿童阅读世界里，文字印刷媒介形态以图书、杂志、报纸和打印文本为主，新兴的数字媒介形态主要有学习机、电子词典、台式电脑、平板电脑和智能手机等。媒介形态不同，儿童阅读行为就有差别。图书是两千多年以来印刷媒介存在的最重要方式，承担着传承文化的重要使命，为儿童提供最重要且持续时间最长的精神文化营养。由于儿童是发展中的人，其身心特点决定了他们阅读的行为方式，其自主建构性也随着其年龄和心智的发展而不断变化。因而儿童阅读的图书也有年龄段的差异。一般而言，越年幼的儿童阅读的图书越需要直观、图像化，以图像为主的儿童绘本是幼儿期儿童的主要阅读载体。一般而言，随着儿童年龄的增长，其阅读的图像化图书逐渐减少，文字类图书逐渐增多。入学之后，儿童的阅读生活里增加了教科书、练习册和辅导用书等。这些教育类图书具有特殊功能，肩负着引领儿童尽快走进社会文化的责任，因而颇具权威性。杂志和报纸成为人们的阅读媒介相对较晚，其即时性和周期性区别于图书，它们在专业性和前沿性上具有自己的特点，一些专门针对儿童的杂志和报纸，往往具有较为固定的儿童读者群，它们定期给儿童带来最新的资讯，丰富着儿童的阅读生活。此外，印刷媒介中还包括一些人们自主印刷的文本，比如儿童自行或者和老师、家长一起制作的"绘本书"，儿童打印的学习资料，等等。它们和图书、杂志一样可以批量印制，但最根本的区别在于这些媒介形态缺乏图书、杂志、报纸中的把关人——出版机构的编辑角色的管理和控制，因而打印文本不具备公开流通性，文本的流传范围一般不广，阅读时也就少了一种权威感。

进入信息时代，电子化、数字化、网络化的媒介发展极大地改变着人们信息传播、休闲娱乐和沟通交流的方式，数字化的媒介形态也越来越深入地融入人们的生活，甚至成为人们日常生活中不可或缺的内容，对儿童阅读生活也产生了不可小觑的冲击。学习机、电子词典打着优化教育的旗帜，首先走进儿童生活,海量的数据存储和娇小的物理形态,使得信息查询变得轻而易举。电脑和互联网络使得儿童阅读进入了超文本时代,无限的信息资源、非线性的信息组织方式和多感官刺激的表现形式,使得儿童的视野得到极大的扩展。进入移动互联网时代后,智能手机和平板电脑更使得儿童阅读可以随时随地发生,媒介以更加人性化的方式存在于儿童生活的方方面面,不仅和儿童的身心紧紧地拴靠在一起,而且在不知不觉中成为儿童生活的一部分。

2. 媒介环境对儿童阅读发挥场效应

文化世界与自然世界的根本区别在于:自然世界是一个"无人的"世界,而文化世界则是一个以人的生命存在为核心的、以人的活动为展现的,但仍然以自然世界为质料的世界。① 因此,文化世界的核心是人的生命存在。作为一种文化存在的儿童阅读,其核心是儿童生命的意义。在儿童阅读中,媒介场域的功能体现在对儿童生命存在发挥场效应。

心理学研究指出,人类大脑具有极高的可塑性,通过不断与环境和经验之间互动,大脑会跟着改变其联结的结构,使得即使是同卵双生,也会因彼此的经验而发展出不同的性格与行为方式。因此,每一个时代的儿童成长环境都有相当大的差异,使得他们偏好的思维与学习方式也有相当大的差异。一种媒介的出现,并非单纯代表着技术的进展,而是一整套的变革,不仅会塑造一种全新的阅读方式,而且会形塑使用者的思维、情绪、人际互动方式,甚至生活形态。同时,每一种媒介都在对文化进行着再塑造。每一种媒介都为思考、表达思想和抒发情感的方式提供新的定位,从而创造出独特的话语符号体系。在阅读中,媒介为儿童将这个世界进行分类、排序、构建、放大、缩小和着色,并且证明一切存在的理由。② 由于媒介具有以聚焦、放大效应为标志的媒介场域,其所展现的世界对阅读中的儿童具有不可轻视的作用,在媒介信息传递中,儿童完成对自身的确认、对文化的习得和对知

---

① 李鹏程:《当代文化哲学沉思》(修订版),北京:人民出版社,2008 年,第 23 页。
② [美]尼尔·波兹曼:《娱乐至死·童年的消逝》,章艳、吴燕莛译,桂林:广西师范大学出版社,2009 年,第 11 页。

识的生成，而其中往往蕴含着媒介的放大效应。

随着媒介的发展，媒介所涵盖的信息量越发巨大，传递信息的速度和效率也越发惊人。这给儿童阅读媒介的场效应带来巨大的变化。文字印刷媒介时代，以图书为代表的媒介场域所表达的往往是人类经验的总结和凝聚，是代表着前人的文化。用美国人类学家玛格丽特·米德(Margaret Mead)的话来说，即一种"前喻文化"。媒介场域所表达的往往是前辈向后辈传递的一种文化。而数字时代，儿童阅读的媒介场域发生了重大的变化。新一代的儿童在生活中往往拒绝从前辈那里找到人生的向导意义，或者缺乏与前辈沟通的有效渠道。于是，在新兴的数字技术中，他们发现可以与同辈进行交流，甚至可以与虚幻的理想形象进行交流。这个媒介场域带给他们无限的憧憬、新奇的幻想、惬意的超脱和心理的安慰。于是，借助于数字媒介自主互联的特点，新一代儿童能够自主地创造符合自己的文化形式，并且通过媒介场域传递给他们还生活在世上的前辈，即"后喻文化"的形成。

3. 媒介技术演进是儿童阅读文化变迁的动力

传播学认为，人类文明史同时是一部媒介发展演进史。人类迄今已经经历了三次根本意义上的媒介技术演进：口头传播媒介时代、文字印刷媒介时代和数字媒介时代。每一次媒介技术演进，都直接得益于传播技术的变革，同时是社会文化发展和大众传播方式交互作用的结果。尼尔·波兹曼认为，符号环境中的变化和自然环境中的变化一样，开始都是缓慢地累积，然后突然达到了物理学家所说的临界点。[①] 不管是从口头传播媒介到文字印刷媒介，还是从文字印刷媒介到数字媒介，其间都存在一个临界点，新兴的媒介以决定性的、不可逆转的方式，改变着周围符号环境的性质。而每一次媒介的演进都伴随着社会文化和传播者心理的相应变化，促使人以新的方式认识自己和看待世界，从而影响人的阅读世界。

---

① ［美］尼尔·波兹曼：《娱乐至死·童年的消逝》，章艳、吴燕莛译，桂林：广西师范大学出版社，2009年，第25页。

　　媒介物质形态的重要性不言而喻，儿童选择什么样的媒介或者儿童拥有什么样的媒介来获取信息，直接关系儿童对信息内容的理解，使用不同的媒介所获得的信息必然也会造成儿童对信息的不同解读。同时，媒介形态能使自身所承载的信息发生一定程度的改变。比如口传史诗、书本上记载的史诗和互联网络上传播的史诗，往往存在很大的不同，原因就在于媒介形态的差别。因而，某种媒介所承载的信息往往具有本身的特殊性，与其他媒介所承载的信息存在着很大的不同。即使是同一个信息文本，通过不同的媒介来表达，信息的传播效果不同，造成人们阅读的效果也不同，原因就在于媒介自身的特点不同。因此，不同的媒介，往往带来不同的阅读行为和阅读文化，媒介技术演进与阅读文化紧密相关。

　　此外，媒介技术演进对阅读文化变迁的影响还表现在对读者的潜在影响上。心理学相关研究发现，人类的大脑承担着不同思维功能，不同的区域掌管着不同的思维活动。右脑所进行的活动，往往是感性的、分散的，而左脑所进行的活动往往是理性的、联结的。这也就是我们常说的："右脑是艺术之脑，左脑是科学之脑。"而对儿童来说，阅读活动在一定程度上代表着对大脑的运用和开发，口头传播媒介时代和文字印刷媒介时代，儿童通过阅读记忆并理解大量的文本信息，这就造成对左脑的大量使用。而数字时代，超链接的文本样式和资源检索的便捷，使得儿童阅读更具发散性，且不需要大量识记，儿童的创造性和自我的建构性更强，因而右脑的使用更多。于是，媒介的变化在不知不觉中改变着儿童阅读的主体和核心，也在根本上推动着儿童阅读文化的变迁。

三、 媒介技术演进与儿童阅读文化变迁的历时态考察

　　一种媒介的跨越，是一种阅读方式的跨越，也是一种文化的跨越。在媒介发展史上，新媒介层出不穷，有一个新事物超越旧事物的过程，这个过程被称为"演进"或者"进化"。而与物竞天择的生物进化不同的是，媒介技术演进过程中，具有选择决定权的是人类。"媒介的进化不是自然选择，而是

我们人的选择——也可以说是人类的自然选择。"①人们的媒介选择实际上决定着媒介的兴衰，制约着媒介技术演进的方向。美国媒介进化论倡导者保罗·莱文森(Paul Levinson)说："我们不甘心让电视屏幕上喜欢的形象飞逝而去却袖手旁观，所以我们发明了录像机。我们不愿意在文字的沉重压迫下洒汗挥毫，让语词从构思那一刻起就被拴死在纸面上，于是我们就发明了文字处理机。"②

人类又是根据什么原则和标准来对媒介进行选择的呢？若从宏观技术视角审视媒介发展史，可以发现，人类对媒介进行选择时主要依据两条标准：一是媒介跨越时空的能力，表现在信息传播的自由度；二是媒介对信息的再现能力，表现在信息传播的保真度。人们总是在这两条标准的考量中作出媒介的选择。有学者将此模型称作"沉默的双螺旋"③，即媒介在对这两条标准的追求中不断迭代，正如 DNA 分子的性质是由不可分割的双螺旋链决定的一样。而保罗·莱文森则认为一切媒介都将无限趋近于模仿人类，越来越人性化，越来越像人"自然"加工信息的方式。④

媒介之间的竞争，依赖人类对媒介选择的标准，依赖人类对媒介本身是否更加符合自身感官所需的认定，凡是媒介的本质属性更加符合这条标准的，即在媒介技术演进中处于优势地位。媒介的本质属性，是指媒介基本的、不能变更和压缩的属性。在媒介的发展过程中，当媒介的本质属性发生创新性变革，更加符合人类对信息自由和保真的要求时，该媒介就可被称作"进化了的媒介"。语言、文字及其以后的各种媒介的演进，都围绕着媒介对人的感官能力的延伸和平衡。

媒介技术演进史就是媒介不断趋近于人的感官能力，不断突破时空限

---

① ［美］保罗·莱文森：《手机：挡不住的呼吸》，何道宽译，北京：中国人民大学出版社，2004 年，第 12 页。
② ［美］保罗·莱文森：《数字麦克卢汉——信息化新纪元指南》，何道宽译，北京：社会科学文献出版社，2001 年，第 287—288 页。
③ 崔林：《媒介进化：沉默的双螺旋》，《新闻与传播研究》2009 年第 3 期，第 42—49 页、第 107—108 页。
④ 胡翌霖：《技术的"自然选择"——莱文森媒介进化论批评》，《国际新闻界》2013 年第 2 期，第 77—84 页。

制，不断满足人性化需求的发展史。据此，我们综合其他学者的观点，并结合个人的态度，将媒介技术演进史划分为三个具有本质区别的阶段，即口头传播媒介时代、文字印刷媒介时代和数字媒介时代。每个时代的媒介特征具有极大的不同，随之带来的儿童阅读文化也差异显著。

媒介技术演进与儿童阅读文化变迁的关系

	产生与发展	媒介技术特点	对人的能力要求	儿童阅读文化特征
口头传播媒介时代	人类开口说话→文字的发明	依赖身体器官；即时交互；不易保存；传播距离十分有限	极其重视人脑的记忆能力	记忆能力非常重要；前辈具有绝对的权威性；儿童"小大人"地位；耳听脑记式文化传承
文字印刷媒介时代	文字出现→用纸张印刷→电磁场、电磁波被发现	信息扁平化：符号与符号所指相分离；信息保存稳定，自由跨越时空；信息保真度不高	信息创造者要具备文字表述能力；信息接收者要具备文字阐释能力；两者相分离	首先通过学习获得阐释能力；再重新对信息进行个体化加工；儿童"读书郎"角色；成人与儿童相隔离
数字媒介时代	用电子信号传播信息→互联网络普及→迄今	信息立体化：全媒介共存；保存与传播均简易便捷；信息呈发散式链接；回归即时双向交互	重新定义"人"（主体性可无限发挥）；重新定义"人的发展"（主体与周围文化符号的关系）	"儿童"之再认识（"电子人"的主体特征）；"儿童阅读"之再认识（"电子人"与周围文化符号的深度交互）

（一）口头传播媒介时代："小大人"的文化传承

1. 口头传播媒介的产生与发展

人类的传播从何时开始？我们无从知晓，但是可以明确的是，口语的产生形成了人类传播史上的第一个高峰。"语言是怎样产生的呢？我们只能猜测。"①经过数万年乃至数十万年的进化后，人类终于发明了语言作为交流和传播信息的工具。口语的发明使人类可以运用自身原有的发音能力和听觉能力，来实现对客观对象的指认和确认、主观思维的外化和表达。从家

---

① ［美］威尔伯·L.施拉姆、威廉·波特：《传播学概论》，陈亮、周立方、李启译，北京：新华出版社，1984年，第7页。

长里短的日常对话到波澜壮阔的口传史诗，人们在认识世界和改造世界的过程中，不断发展与丰富语言，使语言成为一套能够表达复杂含义的工具系统，并通过它完成对思维信息的传递和对世界意义的发掘。

口语产生以前或许还有一些传递信息的媒介，但口语的产生无疑是人类传播史上的第一个高峰。口语至今仍然是人类使用最频繁、在人类交往中普遍存在的一种传播方式。口头媒介传播时代大致从人类开口说话开始到人类发明了文字，这是媒介传播史上公认的第一个阶段，也是人类进行阅读活动的第一个阶段。

2. 口头传播媒介的传播特点

口语的产生大大加速了人类社会进化和文化发展的进程。基于人自身的发音器官和听觉器官，口语作为一种传播方式，最大的优势是便捷性。发声和听声都依赖人自身的器官，信息的处理在人脑中进行，不需要外部物体转换，声音的传播在无所不在的空气中即可进行，不需要借助外部平台，因此口语是方便快捷的信息交互手段。同时，口语能实现真正的即时交互，发出声音和接收信息几乎可以同步实现，并能得到人所意愿的最快的反馈，从而信息的交流是双向的、互通的。直到现在，口语交流依然是人类使用最广泛的传播方式。

然而，口头传播媒介并非完美。在媒介发展的双螺旋模型中，口语跨越时间和空间限制的自由度很低。这是由于口语基于人自身的器官和能力的发挥，必然受到人自身的器官和能力的限制。人的发音能力是有限的。根据现代科学测量的结果，人能发出的声音频率在 85—1 100 赫兹，多数人能够听到的声音频率在 20—20 000 赫兹，声音的传播速度在不同介质中有所不同，在 15 摄氏度空气中的速度约为 340 米/秒，每段声音的能量波是一定的，在传播的过程中随着传播距离的增大而逐渐损耗至消失。[1] 因而，声音

---

[1] 人民教育出版社、课程教材研究所、物理课程教材研究开发中心编著《义务教育教科书 物理 八年级上》，北京：人民教育出版社，2012 年，第 30—37 页。

跟时间流逝一样不可逆转,口语跨越时间、距离的能力就更低。由于空间和时间的限制,口语的传播范围被限定在一个鸡犬之声相闻的狭小地域内即时地发生,一旦超出这个时空界限,口语的传播功能就无法发挥。在口头传播媒介时代,人们要跨越这个时空界限,往往要付出极大的代价。在跨越空间方面,人们往往依靠自身的另一种能力——行走或奔跑。被西班牙征服前,印加帝国国王修筑了跨越整个国土的石板路,命令专人在这条路上交替奔跑,跑累了的人把信息说给追上他的人,并让他复述以确定他是否明白了信息的内容并记了下来,直到到达下一个驿站。消息就这样在这个帝国口耳相传,而跑完这 2 400 千米的石板路,大概需要 10 天的时间。这样的传播方式在现在看来不可思议,它耗费的人力、物力和时间都巨大。另一个著名的例子是通信兵菲迪皮茨(Phidippides)的故事,在公元前 490 年的那次语言传播中,他用自身的能量挑战跨越空间的极限,在跑完 42.195 千米后,他倒下了。在口头传播媒介时代,人们若要跨越空间,可能会付出生命的代价。至今,人们依然在用马拉松赛跑的形式向这位勇士致敬,这种敬意来自对人类在口头传播媒介时代跨越空间所能达到的极限的崇敬。与跨越空间限制相比,人们在口头传播媒介时代想要跨越时间限制,更是难上加难。一句话说完便无影无踪,人类对信息的记录和存储,只能依赖自身的信息处理工具——大脑。在其他媒介出现之前,信息要跨越时间,只能通过口口相传的方式进行。在世界各地都存在许多口口相传下来的古老传说和民间故事,比如我国少数民族地区举世闻名的"三大史诗"——《江格尔》、《格萨(斯)尔》和《玛纳斯》①,内涵丰富,气势磅礴,皆为几十万言。这些信息的传播,都依赖每一代传承者的大脑记忆和口头传播。

口头传播媒介除了受到时空限制而造成自由度较差,其保真度也仅限于即时交互。信息口口相传,其过程极不稳定,且传递者的主观因素容易造

---

① 　朝戈金:《口传史诗诗学:冉皮勒〈江格尔〉程式句法研究》,南宁:广西人民出版社,2000 年,第 1 页。

成信息的歧义和误解。另外，口头传播媒介的外部环境也给这种传播方式带来很大的限制。语种的不同形成了口头传播媒介发展的巨大鸿沟。

3. 口头传播媒介对人的能力要求

语言无愧为一种原始而不可或缺的媒介，它使我们成为人，保持人的特点，事实上还定义着人。但在口头传播媒介时代，人类离自由的传播还非常遥远，时间和空间的束缚使得传播行为只能在小范围内短时间地发生。传播的自由与时空束缚的现实之间构成的这一对人类传播的基本矛盾已经明显地表现出来，这种二元对立一直推动着人类传播向前发展。在深切地感受到时间和空间对口头传播的巨大束缚之后，人类在逐渐运用自己的智慧来突破这种时空限制，以期获得传播的自由。

在这样的信息交流环境中，人类大脑的能力被十分看重。人类在长期的发展中积累了大量的生产和生活经验，这些经验累积在语言符号里；而存储大量的经验在大脑中，是这个阶段人类能力超群的标志。

人类发展某些阶段的假说可以在如今的某些原始部落得到验证。比如西非的一个部落，没有书面文字，也没有法律文书可以遵循，一旦出现纠纷，他们就到部落首领那里陈述不满。而部落首领的任务是从他满脑子的已经约定俗成的谚语和俗语中找出一句最适合当时情形的话，以此作为判定的标准，达到伸张正义的效果。①

因而，在一个纯粹口语的文化里，一个人的能力高低常常跟存储警句的能力有关。由于没有书面文字流传，人们非常看重记忆能力，人的大脑要起"流动图书馆"的作用。

4. 口头传播媒介时代的儿童阅读文化

在没有文本文字、碑文记载的社会中，口头传播是人们之间交流的主要途径，记忆能力是人们最珍视的能力。于是，阅读和学习就被视为记诵这些

---

① ［美］尼尔·波兹曼：《娱乐至死·童年的消逝》，章艳、吴燕莛译，桂林：广西师范大学出版社，2009 年，第 18 页。

人类的生产和生活经验的能力发展。我们现在依然可以看到某些谚语和俗语用于解决儿童之间的矛盾，比如"先到先得""眼见为实""一言既出，驷马难追""拾到东西要交公"等。这可看作人类的发展在儿童身上得以复演。

这样的儿童阅读文化是一种直线传递的，是儿童通过耳听脑记的方式，快速将前辈的经验进行吸收和存储，是一种不含疑问和评判的吸纳。这种文化传递的方式完全依赖前辈向儿童的口耳相传，尽管"那些能够详细描述发生在以往相对稳定时期的事情的人，谈起发生在近来的不甚稳定时期内的事却可能漏洞百出"①，但此种文化传递方式具有绝对的权威性。前辈很少会对自身行为产生疑惑，晚辈也会将其获得的生活经验和各种知识看作理所应当，并心存感恩。在这样的阅读生活中，儿童被看作"小大人"——成长中的人，对前辈口头传递的文化，有着绝对的敬意和忠诚。"孩子们就能够在成长的过程中毫无疑问地接受他们的祖辈和父辈视之为毫无疑问的一切。"②通过这样的阅读，儿童在口头传播媒介时代，在前辈的严格掌控下快速获取前辈传递给他们的生产和生活经验，以及认识世界的方式、方法，从而逐渐成长，沿袭传统的生产、生活方式。

（二）文字印刷媒介时代："读书郎"的文化阐释

1. 文字印刷媒介的产生与发展

为了实现口头传播媒介所无法达到的自由传播，人类并没有停下探索的脚步，逐渐尝试借助人自身之外的种种介质来对所要传播的信息进行物化、固化或外化，比如结绳记事、岩壁绘画、点燃烽火和摇旗击鼓等。不过，这些尝试经过实践的检验后，人们发现，它们虽然都以一定的方式在一定程度上打破了时空的限制，但跨越时空的自由度依然十分有限。"在进入文字传播之前的漫长岁月里，人类在克服时空束缚上的种种努力已经使得一条传播的基本规律浮出水面：要使信息跨越空间必须花费时间，要使信息

---

① ［美］玛格丽特·米德：《文化与承诺：一项有关代沟问题的研究》，周晓虹、周怡译，石家庄：河北人民出版社，1987年，第44页。
② 同上书，第47页。

跨越时间必须占用空间，它们合起来构成人类传播发展中的一对基本矛盾：时间与空间互为成本。"①

从人类将口语的意义外化为物质的那一刻起，便不断寻求如何缩小这种时空成本。文字的出现成为人类传播史上的第二个高峰，原因是它在超越时间方面拥有独特而非凡的能力。这是文字最根本的优势。文字继承了语言符号的意义系统，既可以表达具体的场景，也可以表达内在的思想，同时随着文字符号体系的逐渐成熟，在意义传递的准确度上也有所保障。于是，文字与语言一样，都能自由表达、记录与传递。文字实现了符号和符号所指的分离，而且非常稳定，一旦人通过文字将信息或意义进行外化，固定在载体上，它就不太容易发生改变。比如至今我们还会说："空口无凭，立字为证。"文字的这种优越性，使得它能够将鲜活的场景和深沉的思想浓缩进看似简单的线条组成的小小字词之中，历经时间流逝，千百年后的人依然能够理解和感知。

文字在跨越时间限制上优势明显，在跨越空间限制上也随着承载文字的技术不断进步而不断发展。起初，文字符号被刻在岩壁、甲骨、青铜器和竹简等不易腐烂的物质上，但由于这些介质仍然需要占用大量的空间，或者要使它们发生空间位移仍然需要耗费大量的人力、物力。终于，人们发明了纸张——一种便于保存、易于携带、简于制作的介质，能够使文字符号在这上面只用很小的空间成本就能跨越时间，突破了数千年人们简单利用自然材料记载文字符号的局限，给文字符号找到了绝佳的物质载体。而印刷术的发明和印刷技术的不断提高，更使文字传播从手书抄写的状态进入批量印刷的状态，文字的复制变得更加稳定、便捷和高效，信息的受众群体也逐渐增大，文字印刷媒介正式成为人类传播史和文明史上的中流砥柱。

2. 文字印刷媒介的传播特点

文字印刷媒介在人类历史上具有重要的地位，在一段相当长的时期里，

---

① 崔林：《媒介进化：沉默的双螺旋》，《新闻与传播研究》2009 年第 3 期，第 44 页。

文字印刷媒介占据人类传播的核心位置，不仅是人们获取信息的最重要手段，也是文化传承的最重要手段。更重要的是，文字印刷媒介发挥信息传递功能时，也带来了人类文化的巨大进步。正如保罗·莱文森所说："这个知识炸药（intellectual dynamite）的冲击，便利性和持久性混合而产生的爆炸〔大卫·里斯曼恰如其分地称之为'思想炸药'（gunpowder of the mind）〕，无孔不入，在古今各种宗教中都可以感觉到它的威力。"①

文字作为一种文化符号，其最大的优势在于它的稳定性。文字通过符号与符号所指的分离来达到传情达意的目的，这样就实现了后人只需通过符号即可获得关于符号所指的信息，从而达到信息跨越时间限制的效果。但是，这个最大的优势也成为文字的劣势，为文字印刷媒介的发展埋下了危机的种子。

文字符号是抽象和概括的，它是符号所指在意义上的浓缩。在这个像压缩机一样的浓缩过程中，信息必然有一部分流失。因此，文字所承载的信息不可能是绝对具体和鲜活的，无论文字的创作者使用文字的手法多么高超，文字表述多么生动，文字创作者与不在同一时空的接收者之间，总是隔着一张"纸"。这些信息再现时，必须依赖接收者的主观加工，即依靠自己的经验和想象来完成对信息的复原，补充信息在浓缩过程中遗失的大量信息，而这个复原与补充的过程，就涉及接收者主观因素的参与。人的主观经验和价值观念存在不同，对文字符号的解读就会出现差异甚至截然不同，这就是所谓的"一千个读者就有一千个哈姆雷特"的效果。因而，在文字符号借助不断出现的技术逐渐实现着人们自由跨越时空限制的夙愿时，文字符号在信息的保真度上并不见长。

从这个角度来讲，文字印刷媒介对信息的保真效果甚至还不如远在它之前出现的口头传播媒介。在口头传播媒介中，存在着多种非语言符号，比如人的语音语调、神态表情等，其中也富含一些重要的信息。因而口头传播

---

① ［美］保罗·莱文森：《思想无羁》，何道宽译，南京：南京大学出版社，2003年，第167页。

媒介的信息传递是多通道的，作用于人的多种感官。而文字在由信息转化为符号的过程中，将口语交流中的多种非语言符号信息过滤掉了。同时，在后来出现的印刷术中，信息的损耗不但没有减轻反而更加严重了，文字被印刷成千篇一律的模样，手写文字中所携带的一些个性化因素也被过滤掉了。因此，文字印刷媒介在信息的传递上尽管功能十分强大，实现了自由跨越时空的突破，但在信息传递的效果上，依然存在缺陷。

3. 文字印刷媒介对人的能力要求

文字印刷媒介在推动人类文化发展之时，使人们日益依赖媒介的存在，从而在潜移默化之中形成了一系列文化秩序。马歇尔·麦克卢汉说："印刷术产生了第一种整齐划一的、可重复生产的商品。同样，它也造就了福特牌汽车、第一条装配线和第一次大批量生产的商品。活字印刷是一切后继的工业开发的原型和范形。没有拼音文字和印刷机，现代工业主义是不可能实现的。……西方机械文化的一切方面都是由印刷术塑造的。"[1]文字印刷媒介带给人类文化剧烈的变革和蓬勃的发展，人类随之建立的文化体系和内容都深受其影响。

在教育领域，文字印刷媒介推动了教育从非正式到正式的发展，促进了教育的正规化和专业化，图书的推广和普及使得知识和学问从少数人的特权走向了普通大众，民众的意识逐渐觉醒。"我们所知的学校和教室，是印刷书籍技术的直接延伸。印刷书籍是第一种教学机器。"[2]"公共教育的出现，特别是在初等教育的水平上，与印刷机有着更为根本的联系。"[3]概言之，文字印刷媒介为知识的普及与民众的觉醒奠定了信息基础，教育的产生、发展与媒介的这次飞跃有根本性的联系，从而推动人类改造世界、创造文化的能力的提升。

---

① [加拿大]埃里克·麦克卢汉、弗兰克·秦格龙：《麦克卢汉精粹》，何道宽译，南京：南京大学出版社，2000 年，第 369—370 页。
② 同上书，第 429 页。
③ 叶澜：《教育概论》，北京：人民教育出版社，2006 年，第 30—31 页。

文字印刷媒介联结的是信息的创造者和接收者。对信息的创造者来说，将自己的思想和观念通过文字印刷的形式展现出来，给无数的人观看并品读，这可不是一件小事！柏拉图曾在《第七封信》中写道："没有一个有智力的人会冒险用语言去表达他的哲学观点，特别是那种会恒久不变的语言，例如用书面的文字记录下来。"①但他还是写了许多著作，因为他清楚，用书面文字记录哲学观点，不是这些观点的终结，而是这些观点的起点。哲学需要批评。柏拉图的观念在后世得到验证。文字印刷媒介使得思想凝固下来，方便接受他人持续而严格的审视。因而，信息的创造者就要更加谨慎，要对思想的外化——文字进行更加严格的考量，尽量使即将批量印刷的文字更加具有说服力和感染力，才能保证自己的思想持续传播。

在通过文字印刷媒介传达真理的文化里，对信息的接收者来说，必要的能力是人要具备知识，对所看到的文字符号进行解码，尽可能地根据文字来判断创作者所写文字内容的意义和态度，并自觉或不自觉地结合自身经验对这些内容进行建构。尼尔·波兹曼将文字印刷媒介时代称作"阐释年代"："阐释是一种思想的模式，一种学习的方法，一种表达的途径。所有成熟话语所拥有的特征，都被偏爱阐释的印刷术发扬光大：富有逻辑的复杂思维，高度的理性和秩序，对于自相矛盾的憎恶，超常的冷静和客观以及等待受众反应的耐心。"②阐释能力或者叫作"解读能力"，成为文字印刷媒介时代人们非常重要的获取信息从而获得成长的能力。

4. 文字印刷媒介时代的儿童阅读文化

文字印刷媒介要求人们具备对文字符号的阐释能力，或称"解读能力"。这就意味着儿童必须掌握一系列文字符号的所指意义才能进入这个符号世界。因而，儿童阅读的首要任务是掌握这套文字符号，即我们平常所

---

① 高建平、丁国旗：《西方文论经典. 第六卷，后现代与文化研究》，合肥：安徽文艺出版社，2014年，第435页。
② ［美］尼尔·波兹曼：《娱乐至死·童年的消逝》，章艳、吴燕莛译，桂林：广西师范大学出版社，2009年，第58页。

说的认字。

儿童的认字需求催生了教育的正规化，也促使学校的产生。印刷术普及之前，苏格拉底提出的"唤醒"观是主流思想，认为人们要学习的这套符号系统是内在的，教育和阅读的任务是将沉睡在儿童灵魂中的知识唤醒，让儿童"不必通过水中的倒影或影像，或任何其他媒介中显示出的影像看它了，就可以在它本来的地方就其本身看见其本相了"①。印刷术广泛应用后，这种观念受到极大的冲击。人们认为，"教育与印刷并没有什么两样，它不过是一种传递过程"②。儿童的心灵是一块"白板"，人的阅读和学习就像印刷一样，将经过编码的有关"识字、理性、自我控制和羞耻感"的知识印在儿童这本"尚未写好的书"上，儿童因此才得以成为文明的成人。夸美纽斯曾将自己提出的教学法比作活字印刷术："知识可以印在心灵上面，和它的具体形式可以印在纸上是一样的。事实上，我们简直可以采用'印刷术'（typography）这个术语，把新的教学的方法叫作'教学术'（didachography）。"③在这种观念下，儿童的阅读和学习对图书、秩序和纪律就具有强烈的依赖性，是一种被动接受信息的、单线的接收方式。这种阅读也就有了一种神圣的因素，即使说不上神圣，至少是被赋予特殊意义的仪式。通过这种阅读，儿童能够快速并高效地掌握文字符号系统，从而进入成人世界。通过此意义，人们发明了现代意义上的"儿童"概念。"由于印刷和社会识字文化的出现，一种新的传播环境在 16 世纪成形了。印刷创造了一个新的成年定义，即成年人是指有阅读能力的人；相对地便有了一个新的童年定义，即儿童是指没有阅读能力的人。"④文字印刷媒介创造出一个把儿童和成人有效隔离开来的环境。成人掌握着用非自然符号整理和记录下来的文化秘密，儿童

① ［古希腊］柏拉图：《理想国》（权威全译本），郭斌和、张竹明译，北京：商务印书馆，2019 年，第277 页。
② ［法］亨利·J. 波金森：《三种不同的教育观》，周作宇编译，《比较教育研究》1993 年第 5 期，第31 页。
③ ［捷］夸美纽斯：《大教学论》，傅任敢译，北京：教育科学出版社，1999 年，第 232 页。
④ ［美］尼尔·波兹曼：《童年的消逝》，吴燕莛译，北京：中信出版社，2015 年，第 28 页。

则远离成人的秘密，只能读到成人为他们选择的适合他们年龄特征的读物，拥有所谓的"童年"。

随着文字印刷媒介的发展，人们获得的信息日渐增多，这种观点也受到了诸多批评并得以改进。人们认识到，随着儿童对信息解读能力的提高，儿童的个人主观能动性越发增强，个体经验在阅读和学习中的作用越发显现。卢梭开了为儿童说话的先河，而杜威等人更是看到文字印刷媒介给儿童带来的危害。他们认为，文字印刷媒介解决了人类交往受时空限制的问题，但它是以人的感官的弱化、整体观念的淡化和人与人之间亲密交流的缺失为代价的。图书是直观经验的物化和知识的载体，却是儿童身边鲜活的直观经验的对立面。儿童的阅读和学习，并非像等待印刷的白纸，而是活生生的有机体，具有自我经验的独立性，需要一个有机的生长环境。可以看出，他们的观点更加看重儿童在对文字符号进行阐释或解码之后，还要基于个体经验，对信息进行分类、推理、归纳和判断，这些能力也是儿童在文字印刷媒介日渐强大的环境下所需要具备的能力。

因此，在文字印刷媒介时代，儿童的阅读文化体现在两个方面。一方面，儿童要通过学习获得能够对抽象化的文字符号进行阐释或解码的能力。这意味着儿童通过阅读而掌握前人流传下来的符号系统和文化经验，这也是文化从前往后的传承过程。另一方面，随着儿童阐释能力或解读能力的增强，自身个体经验的增长，阅读还承载着儿童对文字信息的重新加工功能。儿童依据自身经验，对解码后的信息进行审视和建构，对文字所传达的文化信息进行批判性的加工和继承，即玛格丽特·米德所说的文化双向传递的"并喻文化"。

（三）数字媒介时代："电子人"的文化革新

1. 数字媒介的产生与发展

文字使信息跨越时间限制，承载文字的纸张成为信息跨越空间限制的主要媒介，但人们对自由传播的追求并没有停止。电磁场、电磁波的发现，让人们找到一种更加自由地跨越空间的方式——电子信号。19世纪三十年代，电报的发明宣告电力传播时代的来临，使得文字成为一个克服时空限制的全能符号。同样，在信息技术革命席卷全球，将人类传播提升到一个全新阶段的数字化、互联网时代，文字并没有因为各种新技术的发明而退居传播的二线，它始终是传播的主角。

文字传播技术蓬勃发展使得人们能够在更广袤的空间和更久远的时间范畴内实现信息的传递和获取，同时，人们梦想着对信息保真度的提升，渴望将信息在外化成文字符号的过程中所遗失的那一部分非语言符号信息加以补全。在声音信号方面，人们发明了电话机、留声机、录音机和 CD 机等；在影像信号方面，人们发明了照相机、摄影机和默片电影等，进而又将声音信号与影像信号加以融合，进入了电影时代。之后，经过时间积累和众多媒介形式的尝试，人类发明了电视——集聚了之前出现的几乎所有的语言符号与非语言符号，不仅跨越空间的能力强，而且能够运用多种符号对效果进行补偿，从而将之前各种传播方式中的信息损耗降低到之前任何一个媒介都无法企及的程度。这种先天优势使电视被誉为人类传播史上的第三次高峰。不过电视仍然存在一个问题，即电视节目很难保存，而且播出时电视观众只能被动地接纳信息，因此电视媒介跨越时间的能力是它的短板。

互联网络的发明，直接解决了令电视掣肘的互动难题。这种新媒介模糊了传统的信息创造者、传播者和接收者的界限，使得信息可以自由创造、发布和交互，同时，人们可以自由选择所要接纳的信息，主观能动性受到尊重。随后，智能手机、平板电脑等媒介又增加了移动的自由度，成为更新颖的媒介。我们可以看到，人类进入数字媒介时代之后，媒介的出现与更迭速度加快，新媒介层出不穷，但新媒介的出现并不意味着旧媒介的消亡，而是将旧媒介变成新媒介的某些内容。之前数千年的口头传播媒介和文字印刷媒介作为传播媒介的源头，在数字媒介时代依然在发挥作用，不过其支流越来越多，越来越广，汇入了"网络"的媒介海洋之中，形成"你中有我，我中有你"的交汇、互为表里的状态。

2. 数字媒介的传播特点

掌握了以电子信号作为信息载体的技术之后，人类传播媒介的发展速度日渐加快。"从文字出现到手抄本，经历了 4 300 年；从手抄本到活字印刷术，1150 年；从活字印刷术到互联网，524 年；从互联网到搜索引擎，17 年；从搜索引擎到谷歌的相关性排名算法，7 年……"①媒介的更新换代使得信息呈现爆炸式发展的态势，人们足不出户便可通过一定的技术获得所要获得的信息。时空限制对人类传播而言，似乎已经不成问题。1974 年，美国阿雷西博望远镜向距离地球 25 000 光年的球状星团 M13 发送了一串由 1 679 个二进制数字组成的信号，称为"阿雷西博信息"。若被地外智慧生命接收，则将开启人类与人类之外的文明生物进行信息交互的新时代。

数字媒介的首要特点是信息的立体化。尽管文字符号依旧发挥着巨大的作用，但人类已经不满足于将现实生活世界的经验通过压缩来进行持久、轻便的保存，人们利用数字媒介逐渐完整地补充那些在转化为文字符号时所缺失的大量信息。数字媒介的产生与发展，不断弥补着文字印刷媒介将信息扁平化的劣势。除了文字符号信息，数字媒介还可以传递图片、动画、声音和影像等一切可以利用的符号，人们通过数字媒介，可以全方位地、立体化地、完整地认识周围的世界。这些数字符号触动人的不同感官，提供丰富的信息体验，人不再只是通过视觉感知，而是能够运用听觉、视觉和触觉等感官综合性地感知信息并进行思考。

数字媒介的另一个特点是信息逐渐呈现非线性。口头传播媒介和文字印刷媒介在信息传递之前，就已经形成了固定的顺序，接收者只能按照预定的顺序接纳信息。数字媒介的跨媒体超链接技术打破了这一枷锁。它将不同的信息文本通过关键词建立链接，每一个链接的节点都指向不同的、独立的文本信息，从而形成一个巨大的网络式的超级文本。信息的接收者在面对信息时，就拥有极大的自主选择权，可以用发散的超链接方式不断加大、

---

① ［美］罗伯特·达恩顿：《阅读的未来》，熊祥译，北京：中信出版社，2011 年，第 23 页。

加深对信息的理解，并且根据自己的意愿在信息之间自由跳转，增强信息获取的灵活度和深入度。

数字媒介还具备互动性。口头传播媒介具有即时的交互性，但必须依赖时空的"同时"。文字印刷媒介互动性较差。苏格拉底认为，写下来的字"你认为它们在说话，好像有理解力；但是倘若你想再追问这些字，它们始终是那个老样子，永远是那个意思"①。纸张上的文字是预先安排好的，信息缺乏互动关系，反馈力弱。数字媒介借助网络交互技术，在传统文本中引入对话机制。在这里，"关系"成为重要的纽带，信息传播变成知识社群的信息碰撞，每一个参与者都是信息的创造者、传递者或接收者。

3. 数字媒介改变着对人和人的发展的认识

数字化后的文本信息呈现立体化、非线性和互动性的特点，日益改变着人们的交流环境、交流方式和交流对象，也在不知不觉中重新定义人本身。在2011年10月初出现的一部影片《孩子认为杂志是一台不能用的平板电脑》(*Baby Thinks A Magazine is An iPad That Does Not Work*)中，1岁的小朋友，在长期使用平板电脑之后，在看杂志和图书时，对其无法点播、不能用手指动作来放大缩小，感到不解。② 这样的情景印证着马歇尔·麦克卢汉所言："媒体，借由改变环境，在我们身上唤起了不同的独特感官知觉比例。任何一种感官的延伸，都会改变我们思考和行为的方式——我们感觉这个世界。当这些比例改变，人就变了。"③基于对信息受众的研究，传播学研究者将出生在数字媒介环境下的儿童称为"数字世代"或者"千禧一代"或者"N世代"，即"在数字媒体包围下成长起来的第一代"。④ 在他们身上，有着不同于以往任何世代的人所拥有的特点。这是媒介环境带给人自身的

---

① 转引自黄旦《手拉手还是心连心：什么是交流》，《读书》2004年第12期，第74页。

② 转引自 http://abcnews.go.com/blogs/technology/2011/10/to-a-baby-a-magazine-is-an-ipad-that-does-not-work/。

③ 转引自王国安《小说新力：台湾一九七〇后新世代小说论》，台北：秀威经典，2016年，第70页。

④ [美]唐·泰普斯科特：《数字化成长》(3.0版)，云帆译，北京：中国人民大学出版社，2009年，第4页。

改变。

　　数字媒介在重新定义人，也在重新定义人的发展。"什么知识最有价值"的问题是教育的根本性问题之一，长期以来存在大量的争议。从媒介技术演进的角度来看，知识观的问题实质上是文字印刷媒介给客观知识和个体知识、直接经验和间接经验之间带来的矛盾和张力所致。联合国教育、科学及文化组织在《从信息社会迈向知识社会：建设知识共享的二十一世纪》报告中，将信息和传播新技术革命称为第三次工业革命。文中写道："信息和传播新技术革命，并伴随着知识体制的变革。几十年来，这些大规模技术变革一直影响着知识的创造手段、传播手段和处理手段，以至于有人认为，我们将迎来知识的新数字时代。"数字媒介将立体化、综合性的经验信息全方位展现在人们面前，并通过它强大的人性化功能牢牢地把控了人们的注意力，这带来了人们关于人之发展问题的新焦虑。承载在文字印刷媒介上的套装的文化体系与人们的日常生活经验存在断裂，导致人们获得间接经验存在一定的难度，并且与人们的现实生活存在差异。当数字媒介把人们的视线固定在浩如烟海的立体化信息之时，人们开始深入思索数字媒介到底如何建构和再现世界，它们如何选择、组织信息，以及如何使用和评价数字媒介中的信息，人们需要发展什么样的能力，才能更好地生活在数字媒介中。

4. 数字媒介时代的儿童阅读文化

　　阅读文化正处于剧烈的变化之中，这是由于数字媒介的发展所带来的文化环境。美国国会图书馆（Library of Congress）是目前全球最大的有形图书文库之一，堪称"现代世界的亚历山大图书馆"。然而，在强大的互联网络面前，宏伟的有形图书馆也会相形见绌、黯然失色。随着扫描技术的发展，网络图书的数量仍将继续扩大。电子化、数字化的信息资源仍在以前所未有的速度进入浩如烟海的互联网络。1768 年在苏格兰爱丁堡问世的《不列颠百科全书》，自 1994 年开始提供网络版，现在使用人口破亿，自 2012 年起，不再印刷纸质版，主要是因为纸质版市场急速衰退，只占营业额 1%，而出版机构早已预料到这一天的来临。美国出版商协会（Association of American Publishers）于 2012 年 6 月 15 日发布的调查报告显示，电子书的销售额有史以来第一次打败了精装纸质书。不仅是课外读物，学校正规教育中所使用的教科书也有着巨大的变化。2012 年 1 月 19 日，苹果推出了电子教科书平台，并与几大教科书出版机构联合推出了 iBooks Textbook。苹果声称这是"再创教科书"（"Reinventing the Textbook"）和"学习的下一章"（"The Next Chapter in Learning"）。韩国在 2015 年以数字教科书取代纸质教科书，成为全球第一个高中以下学校数字化教学的国家。种种事例证实着新西兰学者史蒂文·罗杰·费希尔的预言："尽管阅读有形图书和电子图书在本质上是相同的，都是视觉系统对书面文字进行加工处理的过程，但电子图书终将为人类提供更为丰富的阅读体验，诸如全息文本、动画文本、超文本、互动文本等其他无法想象的文本形态。鉴于此，随着时间的推移，传统图书将会逐渐过时，电子图书将不仅会成为司空见惯之物，而且也会成为唯一的原型。"①

在数字媒介营造的文化环境下，儿童阅读也必然发生巨大的变化。根据中国互联网络信息中心发布的数据，2015 年，作为二次元文化传播载体的网络小说、视频、游戏的青少年用户规模分别达到 1.3 亿、2.2 亿和 1.9 亿。② 总体来说，如今的儿童置身在一个他们的祖辈所未曾置身的环境，能够了解并互相分享长辈以往所没有的、今后也不会有的经验，儿童所采取的阅读方式也逐渐隔离着长辈所了解的世界，长辈逐渐丧失教化的绝对权力，儿童获得了前所未有的文化反哺能力，使文化知识改变了单向传递的模式。美国传播学家约书亚·梅罗维茨（Joshua Meyrowitz）认为，文字印刷媒介有利于形成社会场景之间的隔离，从而促成知识垄断。而数字媒介则倾向于

① ［新西兰］史蒂文·罗杰·费希尔：《阅读的历史》，李瑞林、贺莺、杨晓华译，北京：商务印书馆，2009 年，第 299 页。
② 中国互联网络信息中心：《2015 年中国青少年上网行为研究报告》，2016 年，第 33 页。

打破隔离、融合社会场景，最终使权威消解。① 于是，数字媒介下，儿童作为新一代，很大程度上引领着文化变革的时代潮流，他们将新技术、新媒介迅速融入自己的生活和学习，成为自己文化建构的主体。周晓虹认为，儿童与数字媒介的交往是获取各种新知识和新价值观的途径，这也成为向父母进行文化反哺的知识蓄水池。②

从具体方面来说，数字媒介下的儿童阅读，方方面面都展现出新的特点。网络文化在过去几年中通过各类互联网应用在儿童中快速渗透。从阅读主体来说，读屏的人数日渐增多；从阅读性质来说，阅读的严肃意义正在消解；从阅读方式来说，浏览、跳跃和观看成为主要方式；从阅读心理来说，阅读的敬畏心理逐渐淡漠，寻求感官愉悦正在成为儿童阅读普遍的心理状态；从阅读功能来说，个性化、娱乐性和消费性的阅读正在虚拟世界中铺展开来……可以说，数字媒介正在席卷并全面革新儿童的阅读世界，带给我们更多的认识和思考。只有牢牢地把握阅读主体——加强对儿童的关注，才是深刻认识儿童数字化阅读行为的根本，才能深层次解读儿童数字化阅读行为表征背后的意义。

---

① 陈洁：《印刷媒介数字化与文化传递模式的变迁》，《浙江大学学报》(人文社会科学版) 2009 年第 6 期，第 168 页。
② 周晓虹：《文化反哺：变迁社会中的亲子传承》，《社会学研究》2000 年第 2 期，第 51—66 页。

第四章
本性追问：儿童数字化阅读的文化意蕴

　　前文从关系向度对儿童阅读和媒介技术的关系进行厘清：儿童阅读的根本指向在于儿童灵性的生活，是儿童在生活中经由文化习得与文化创造所达成的文化生成与生长，其本质在于"属人性"，即康德所说的"人即目的"。媒介对儿童阅读发挥场域的功能。媒介技术的演进影响着人们对人和人的发展的认识，也诱发着儿童阅读文化的变迁。而当媒介技术进入数字化情境，儿童阅读的本质和形式是否发生变化？其文化特征有何表征？儿童在数字化情境下阅读，所追求的价值旨趣是什么？围绕这几个问题，本章将从本体向度对儿童数字化阅读进行理论解释，从人—技术—文化的统合视角回答儿童数字化阅读自身之所是。

一、变与不变：儿童数字化阅读的本质
（一）文化生长：儿童数字化阅读的本质规定

　　数字媒介下，儿童的阅读生活发生着形式上的变化，其本质依然指向儿童本身。数字媒介功能的发挥，通过影响儿童的阅读生活，进而帮助儿童获得当下意义的一种生活方式，而儿童也在这种当下的生活方式中达成自身的文化生长。

　　儿童文化是儿童表现其天性、兴趣、需求、话语、活动、价值观，以及儿童群体共有的精神生活、物质生活的总和。儿童文化是儿童内隐的精神生活和外显

的文化生活的集合。儿童的精神生活或精神世界是主观形态的儿童文化,儿童外显的文化生活是儿童精神生活的客观化、实体化。[①] 儿童文化是儿童特有的、对应于成人文化的生活方式,是儿童的生命意义的展开。因此,儿童文化既是儿童的,又是文化的,这是儿童作为生命体在这个世界上存在的张力。

一方面,理解儿童文化必须理解并尊重儿童本身。广义的"儿童"是一个宽泛的概念,囊括生命个体从呱呱坠地到成熟的整个历程,一般包括婴儿期、幼儿期、狭义的儿童期、少年期和青年初期等。"儿童"不仅是一个生物学概念,而且是一个社会学概念。对儿童的发现和认识,人类经历了漫长的时期。现在,人们已经达成普遍共识:儿童是不同于成人的独特的生命体,具有自身的诗性逻辑,成人对儿童的一切认识和行为都应以尊重儿童自身的精神特质为前提。

思维是人类感知和理解世界的方式。儿童的诗性逻辑意味着儿童与成人的思维是不同的。成人的思维一般是严格的、抽象的和科学的概念性思维,其基本形式是概念、判断和推理,是一种超越了事物多样性和个体差异性的统一性思维。这种思维建立在理性的基础之上,是一种自觉的智慧。儿童诗性逻辑又叫"原始思维",虽然"只能是属于泛逻辑的范畴,是前逻辑、原逻辑,或称前科学的逻辑。但它是一种汇入并充盈着鲜明而强烈的感性色彩和审美意蕴的诗性逻辑",是"展现儿童精神之特质的基本表达形式"。[②] 这种诗性逻辑体现在三个方面:首先是指儿童精神的创造性;其次是指它源自儿童内心对世界进行认知的力量;最后是指儿童这种诗性的展现是自由畅快的。这也对应着中国台湾学者黄武雄提出的儿童之存在的天性——无穷的创造特质、无边的好奇心和无尽的勇气。因此,我们可以说,儿童身上具备的创造性、探索性和自由性,是最能够体现儿童特质的三个方面,成人必须理解并尊重儿童的主体地位,这是儿童得以有尊严地生存与发

---

① 刘晓东:《儿童文化与儿童教育》,北京:教育科学出版社,2006 年,第 34 页。
② 丁海东:《儿童精神:一种人文的表达》,北京:教育科学出版社,2009 年,第 126 页。

展的必要前提,也是儿童文化得以生长和发展的基本条件。

另一方面,儿童文化亦是文化。文化是人为的,又是为人的,文化具有群体性和历史性。儿童作为人类的一个特殊群体,其除了具备主体的创造性、探索性和自由性等特质,也受到文化的影响和制约。这甚至是不可或缺的。

人的生命个体的基因开放性决定了这一点。一般的有机体生物依靠自身的基因信息便可独立生存下去,越是高等动物,越需要后天环境的支持和养育,人类则是其中最耗时费力的。"人类个体几乎全开放的基因编码系统决定了儿童对双亲和其他成人以及文化环境的依赖性。儿童一旦被剥夺向人类文化环境学习的机会,将不能成其为人。"①因而,一个刚出生的婴儿,需要花费十几年的时间,在基因编码的基础上,在后天环境中习得大量信息。这些信息就是人类社会长期积淀的知识、信念、经验、价值、态度和观念等的集合,是人类生活和存在的一种特有方式。若不能得到这些"文化"的滋养,人将停留在原始阶段,狼孩事件早已证明这一点。因此,从这个意义上来说,儿童文化之生长,也是儿童适应并获得其所存在的文化社会中共有的一些思想符号和生存机制的过程。

由此,我们可以看到,作为儿童数字化阅读本质的儿童文化生长,是儿童的一套生存机制的展开,是儿童群体独具一格的生活方式的体现。它根源于儿童自身的先天特质,拥有强大的生命力,具有独特的诗性意蕴;同时,它受到外部文化环境的影响,不可避免地被烙上群体性和社会性的印记。它既是儿童内在的生长过程,又是从外部宝库中汲取营养的过程。儿童文化,就在这样的内外张力之下,生长起来。

（二）阅读有效：儿童数字化阅读的内在要求

儿童数字化阅读能达成儿童文化生长,前提是阅读的有效进行。阅读是儿童与周围符号世界整合、建构的过程。儿童在数字媒介的场域中,通过阅读他们在电子屏幕上感知到的信息,同他们已有的知识和信念联结起来,

---

① 刘晓东:《儿童精神哲学》,南京:南京师范大学出版社,1999年,第7页。

从而获得意义。

数字化阅读对儿童而言，同样存在内发与外塑的双重张力。一方面，儿童具有独特的创造天性和探索意识，他们对数字媒介中展现的内容充满好奇，情不自禁地进入媒介这个场域，获得信息，不断建构，他们在这样的过程中自身也得到了极大的满足和充实，逐渐有了更为广泛的知识基础后，他们建构意义的能力也不断提高。另一方面，儿童在成长过程中，他们也会不断与周围人类社会和媒介发生联系。在家里，他们会观察父母和其他家人如何阅读图书，如何使用手机、电脑，会和父母共读绘本（纸质的或者电子的）并讨论故事中的人物、事件；在学校，他们会跟随老师的引导学习阅读方法和技巧，与同伴交流手机、电脑中有趣的事情和想法……这些社会性的文化生活都在潜移默化地影响儿童对阅读的认知，他们通过内化不断把这些转化成自己理解和运用的"第二符号系统"。这是儿童数字化阅读真正能够发生的机制，也是儿童文化得以生长的内在要求。

然而并非所有儿童在数字媒介中的探索活动都存在意义的发生。现实中，儿童在数字媒介中消磨时间的景况并不鲜见，这就依赖儿童数字化阅读的真正有效。一次完整的阅读活动至少包含三个基本因素：读者本身、被阅读的文本和阅读活动过程。这三个因素缺一不可。而我们判断儿童数字化阅读是否有效，亦可首先考量这三个基本因素。

首先，数字化阅读是否有效在于儿童自身。一个儿童的个性特征、前期经验、知识基础、思想意识、态度、价值观，以及其自身的主观努力程度等，都是阅读有效的重要影响因素。英国诗人塞缪尔·泰勒·柯勒律治（Samuel Taylor Coleridge）把读者划分为四种类型：沙漏型、海绵型、布袋型和矿工型。我国研究者也把读者划分为四种类型：娱情型、求知型、鉴赏型和批评型。① 这些类型基本可以囊括儿童阅读所体现出的主体特征。儿童自身经验的不足往往影响阅读的效果。在实际生活中，儿童因原有知识基础不牢

① 于鸣镝：《阅读效果研究》，《图书与情报》2005 年第 4 期，第 18 页。

固导致错解和误解信息的事例不胜枚举。因而，阅读效果的第一考量标准就是儿童自身所产生的对文本主动建构的意义。

其次，儿童阅读的文本本身，即儿童作为阅读主体所对应的客体，文本的内容质量、文本的数量和文本的种类等，也能对阅读效果产生直接的影响。文本的内容质量是指儿童所阅读的对象本身，其是否符合儿童自身的经验、是否符合社会文化价值标准、是否符合儿童生长的规律等，都影响儿童阅读的效果。在数字媒介的苍茫大海中，信息鱼龙混杂，若儿童获得了自己所需且与自己经验相联结的内容，则阅读效果有保证；相反，若儿童迷失在信息的海洋之中，阅读效果从何谈起？阅读的文本数量也是一个重要的方面。儿童的认知能力有限，信息负荷存在一定的跨度空间，若阅读量超负荷，则必然影响阅读效果。当今文献的种类极其繁多，除了常规的印刷型、缩微型、视听型文献，新型文献例如机读型、网络型文献已经进入我们的日常生活之中。数字媒介使得文本的种类也日渐繁多，儿童在使用时，其能否有效、合理、便捷地操作某些种类的文本，或者儿童在阅读中形成的阅读某种文本的习惯，也将影响阅读效果。

最后，从阅读过程本身而言，阅读要真实有效，还要考虑的因素包括儿童与文本的互动程度、阅读的方法和承载文本的媒介的特征等。儿童与文本的互动程度是指儿童在阅读中，主观建构的意识和程度。一般而言，当儿童对阅读对象的解读力度越深，即儿童通过自身努力，将文本信息与头脑中的经验建立更多的联系，将文本信息内化，形成自身知识结构中的一部分，则阅读效果越好。阅读方法是指儿童在与数字媒介交互作用时，所采取的方法，或自我追问，或反思批判，或跟随成人的指导，这是阅读中的重要环节，也是极具个体化和科学性的过程，决定着阅读的最终效果。

（三）技术发挥：儿童数字化阅读的强力支撑

儿童数字化阅读的效果，主要影响因素在于儿童、文本和过程三者。作为儿童数字化阅读的场域——数字媒介，其所发挥的作用与功能是重要的。只有数字媒介的功能被深刻认识并合理利用，使其优势功能得以充分发挥，才能保障儿童数字化阅读的真实有效,才能促进儿童文化的生成、生长。因此,我们首先要探析数字媒介的优势功能。

一般而言,数字媒介的发展,带给数字化阅读许多不同于传统纸质阅读的特点,大致包括阅读文本的多样性、阅读内容的丰富性、阅读方式的便捷性、阅读环境的开放性和阅读过程的互动性。

第一,阅读文本的多样性。数字化阅读的文本采用二进制来表示,它不仅具备了文字、图画等纸质书的基本元素,还具有视频、音频、超链接等数字化技术元素,从而将文字、图像和声音等融合起来,实现一体化传播。从人的识记能力来讲,人类认识世界主要通过五感,其中视觉是五感中最主要的途径,视觉图像是一切记忆的基础。人类最容易识记的是图像和联系,而最不容易识记的则是与原有文化体系没有关联的抽象符号。① 阅读文本的数字化引起阅读方式实现从传统的单纯看书到数字化的读、听、看三者合一。阅读文本的聚合性增强,覆盖多重感官,大大增强了阅读内容的感染力和影响力,既增加了读者阅读的兴趣,也提高了读者的识记效果。

第二,阅读内容的丰富性。数字化阅读的文本是以比特为基本单位的,计算机具有纸质印刷所无法比拟的强大的存储容量,网络使不同的计算机连接起来从而达到信息互通、资源共享,形成一个巨大的数据库。每一台联网的计算机都可以得到丰富的信息资源,读者几乎可以阅读涉及人类的所有信息和知识,古今中外、天文地理、文史百科等应有尽有。

第三,阅读方式的便捷性。与传统纸质阅读相比,读者在进行数字化阅读时可以在较短的时间内获得所需的信息。读者使用链接的转移来进行交互式、全方位、立体式的搜索,省时省力、方便快捷。强大的检索功能和超文本的链接方式,让读者可以根据自己的兴趣和需求在搜索引擎中输入关键词,只需几秒钟的时间,就能找出需要的信息。读者还可以将信息进行筛选、加工处理,从不同角度、不同视角建构自己的文化体系,使阅读效果更

---

① 宁梓亦:《记忆宫殿:一本书快速提升记忆力》,北京:中国纺织出版社,2018 年,第 40—42 页。

完整。

第四,阅读环境的开放性。网络媒体具有开放性,决定了以网络媒体为主的数字化阅读的环境也具有开放性。网络信息资源可以进行全球性的共享,读者可以随时随地、自主选择地阅读、分享、交流、传播信息,不受时间、空间的限制。因此,在时间上,读者可以随时开始阅读,随时停止阅读,随时继续阅读,可以同步阅读,也可以异步阅读。在空间上,读者可以在世界上任何一个地方阅读世界上的信息。

第五,阅读过程的互动性。网络媒体具有交互性,使读者之间的互动交流变得更为开放。在传统纸质阅读过程中,读者主要是作为文本信息的受众。在数字化阅读过程中,读者在作为文本信息的受众的同时,更积极地加入文本信息的发布,让读者与文本、读者与作者、读者与读者互动,从而使阅读过程的互动交流更具即时性、主动性和便捷性。从信息资源的角度来看,阅读过程的交互功能,有利于读者对信息进行二次加工,并且提升运用新的科学研究方法进行学习的能力。以往被动的读者,只要愿意,都可能成为主动的读者,比如参与故事情节的设计和结局的安排。通过在文本模块之间设置一种或多种链接路径,读者可以从故事的一部分转入另一部分。不同的路径会使情节重新排列,让读者在故事中来回穿梭,从而读到不一样的东西。

数字媒介技术功能的发挥,使得阅读文本与过程更贴近人们之所需。若其功能得到充分发挥和利用,毋庸置疑,能够极大地提高成人与儿童的阅读效果,从而促进儿童文化生长。数字化阅读的这些特征,从文化的角度来审视,则具有更深层的意蕴。我们将从文化开放性和文化制约性两个方面,探讨数字媒介带给儿童阅读的深层转变和内在要求。

二、儿童数字化阅读的文化开放性

（一）主体维度：个性表达、集群互动的多重身份转换

1. 阅读门槛降低,儿童主体性得以彰显

人作为媒介场域和整个文化系统的主体,对媒介及其所生产的内容和

文化起着主导性作用。阅读中，只有人的主动介入和解读，才能使媒介所承载的文本符号和意义获得建构和输出，人的主体性也得以形成和体现。因此，人依赖媒介和技术来建构主体性，媒介技术的更新、发展有助于人们主体身份的生成和发挥。在儿童与媒介的交互作用中，儿童主体性发挥的自由程度，就成为考量阅读效果的首要标准。

在儿童进入阅读世界的门槛上，文字印刷媒介主要以文字符号作为信息载体，对儿童阅读的条件进行了限制，儿童必须首先获得对文字符号的解读能力。从这个意义上来说，文字印刷媒介将儿童与成人的阅读世界隔离开来。但在数字技术的发展之下，数字媒介则呈现一种全开放的姿态，以影像、图片和声音等符号形式面向儿童，形成数字化阅读低门槛、跨媒介、普遍性的特点，消除了儿童进入阅读世界的许多障碍。随着信息技术的普及和发展，移动互联网和智能手机的突进式发展，使得儿童通过数字媒介开展阅读活动更为便捷。手机集信息传播、交流、搜索和获取等功能于一体，已经发展成为人们社会生活的基本工具。如今，人手一部手机已成为社会现实，儿童也是如此，他们已经或潜在地成为数字化阅读的读者群中的一部分。在这样的数字媒介环境中，阅读对个体知识水平和理解能力的要求已经大大降低，即使识字量很少的儿童，也可以获得大量信息资源。因此，数字媒介几乎零门槛的准入标准，为广大儿童群体进入大众化阅读提供了途径，使得广义上的阅读在儿童群体中普遍开展起来。每一个儿童，不管他的生长环境和个性特征，数字化阅读都成为一种便捷的日常生活行为方式，从而使得参与阅读的儿童在量上获得自由发展。

数字化阅读所带来的儿童阅读文化变更，不仅体现在儿童参与的量上，更为重要的是，儿童在参与数字化阅读的过程中，其自身主体性发挥的自由度得到了飞跃，这体现在儿童与数字媒介的交互过程中。美国社会心理学家乔治·赫伯特·米德（George Herbert Mead）认为，个人的自我并不是与生俱来的，而是在社会实践的过程中逐渐产生、发展和充实起来的，它作为个体是在与整体社会发生关系，并且在这一过程中，与其他社会个体建立关系、发生结果，从而发展起来。① 即个体的主体性和身份建构需要借助个体行为及其与社会的关系来完成。而阅读的功能正是使人对世界有所认识，对自身身份有所认同。"阅读的动作具有隐喻的功能，帮助我们了解与自己的身体含糊的关系，在另外一个人之间的遭遇与接触及符号的解读。"②在阅读中，读者通过自身主动性的发挥，选择、确认与自身进行交互的文本内容，这样被选择的文化符号就具有了读者个体的独特性，彰显了读者自身的主体身份。因此，从这个意义上来说，"一个人的精神发育史就是他的阅读史"③。

如果文字印刷媒介形式下的阅读还由于文本资源的限制而使读者受到文本选择的约束，那么，数字媒介海量的信息资源和非线性的资源存储方式，就极大地保障了读者阅读的个性化选择。数字化阅读带来了前所未有的自由，读者完全可以凭借自己的经验、兴趣、情感和想象力等个体性因素对阅读内容作出特定选择，可以完全随性而读，人的主体地位受到了极大尊重。

由于信息爆炸带来的信息呈几何级数递增，人们在阅读中自觉或不自觉地进行了信息查找或浏览。"然而在这个更加技术化与科技化之下，人类就更需要透过诠释来掌控这些破碎化的资讯来形成整合性的知识，因此查找的意义及其重要性也更加地凸显。"④人们需要通过一个线索便捷地联结另一个线索，从而获得更有效或更深入的信息，在这个过程中，人们不仅接受信息，而且在搜寻和整合相关信息来形成一个整体的阅读体验，这个过程极大地体现着人的主体性发挥。

对儿童而言，徜徉在数字媒介中，自身也得到了极大的释放和满足。他们可以随心所欲地点开自己感兴趣的数字内容，获得自己想要获得的信息，并通过自己的理解将之统整在自身的认知结构当中。同时，数字化阅读时的查找行为，也使得儿童在阅读时发挥着自己的主体性，用一种探索的方

---

① ［美］乔治·赫伯特·米德：《心灵、自我和社会》，霍桂桓译，南京：译林出版社，2012 年，第 146 页。
② ［加拿大］阿尔维托·曼古埃尔：《阅读史》，吴昌杰译，北京：商务印书馆，2002 年，第 208 页。
③ 朱永新：《改变，从阅读开始》，《人民日报》2012 年 1 月 6 日第 017 版。
④ 林以德：《第七种语言：行动网路时代儿童的"阅读"、"游戏"与"学习"》，博士学位论文，台湾台东大学，2014 年，第 16 页。

式，改变着传统纸质阅读直线前进的阅读形态，彰显着数字化阅读中儿童作为主体的地位和核心作用。

2. 个性化互动功能增强，阅读主体间性成为现实

数字媒介强大的交互功能是其核心功能之一，这使得儿童在数字化环境下的阅读体现出强大的交互性。具体表现在：阅读不单纯表现为单向度的私人化行为，不仅仅是个人观看和思考的个体化动作，而是一种集搜索、阅读、评论和分享于一体的社会性行为；阅读不仅是与他人、社会情境的互动，还是与文本内容情境的互动。

数字化阅读中体现出的信息分享、情感联络与互动、新型网络人际形成等都源自现代人的需求。最早开始关心科技与人类关系的研究者之一，社会心理学家雪莉·特克（Sherry Turkle）在十几年研究中发现，以手机为代表的移动通信对人的心理有三方面影响：转移注意力，分享与聆听意见，摆脱孤独感。[①]

这样的参与性也改变了阅读的面貌。过去几个世纪以来，阅读基本上都是单独的、私密的行为，它是读者与书页上文字之间的亲密交流。然而，随着数字媒介的兴起，人们的阅读方式发生了深刻的变化，阅读转变为某种社会性的半公开化的行为。随着数字媒介的网络化发展，马克·普伦斯基所描绘的理想的数字化阅读情境[②]正在逐步成为现实。技术手段，不仅让人们在阅读中的交往对象和交往空间都得到了巨大的拓展，丰富了人们获

---

① 林以德：《第七种语言：行动网路时代儿童的"阅读"、"游戏"与"学习"》，博士学位论文，台湾台东大学，2014 年，第 16 页。

② 提出"数字土著"一词的马克·普伦斯基在 In the 21st-Century University, Let's Ban（Paper）Books 一文中描绘了理想的数字化阅读情境：一个学生所拥有的《哈姆雷特》数字版本，不仅有着学生在印刷版上所能看到的注解，而且汇集了来自演员、导演、学者和其他人的笔记与注释。学生可以联结到著名的莎士比亚戏剧演员劳伦斯·奥利弗或《如何读西方正典》的研究者哈洛·卜伦在他们所阅读的剧本和书页上的笔记与眉批，也能够连接社交网站，看各种不同的剧场版本，或个别戏剧的演出；也能够看到世界上大学的开放课程中老师是如何讲授的。学生还可以在课程中和电子教科书中提问，激发响应和讨论，而且将这些讨论的结果分享在课堂上、学校中，甚至分享到全球各地；可以在线做笔记，写下他们的感想，记录他们的阅读进度。不同于传统的教科书，他们可以随时上线，而且在日后还能随时联结、查询、整理和修正他们所做的这些笔记。转引自 Marc Prensky. In the 21st-Century University, Let's Ban（Paper）Books. *Chronicle of Higher Education A*, 2011。

得信息的方式,更重要的是逐步建立起一个突破物理空间限制的虚拟世界。在这个虚拟世界里,人们依据自己的兴趣和需要,搜索并参与某一个网络交互社区,热衷于在其中阐述观点和交流意见等。在一些儿童网络社区里我们可以看到,许多儿童在其中表现非常活跃,已经成为虚拟世界里的核心人物。尽管现实中他们并不相识,隔着遥远的空间距离,但通过数字媒介,他们形成了共同的数字化阅读社区和读者群,这样的阅读文化已经成为儿童与他人交往的一种方式和渠道。

作为成长中的儿童群体,他们在虚拟世界的这种阅读分享与互动活动不容小觑,这是他们对世界的诉求表达,也是他们主体价值的展示。在数字化阅读中,每一个儿童的个性化言论和行动都在向其他人展示"我"的存在,是个体追求身份建构和身份认同的过程。约翰·费斯克(John Fiske)认为,不同社会的意义生产与流通,除了建立在文本提供的意义框架之上,更依赖读者的参与和创造。儿童在网络社区里通过留言板、论坛、聊天社区、微信、QQ群和博客等主动表达意见,并与其他读者进行互动交流,不仅是他们对信息的处理过程,而且是儿童作为社会独立个体,主体性以多向度方式的自我呈现。此外,他们还可以获得因不同身份的角色扮演所带来的不同身份体验,以及通过自身的交往意念、行为逻辑来形成与他人和社会的互动式影响,以实现各种形式的自我认同感,进而在这一过程中形成一个个以自我为中心的主体世界,不断充实建构自身的主体意识和价值观念,促进对自身身份的认同。事实上,真正令儿童感到满足和愉悦的不是内容本身,而是在生产和掌控的过程里,他们的主观能动性得到充分释放和发挥,是他们在实现自身的表现欲时,在与其他主体展开互动对话时所产生的满足感。因此,可以说,数字化阅读的开放性和自由性,使得阅读变成了一个可以主动释放自己内心想法和情感的体验过程。儿童在这个虚拟世界里积极地与他人或自我互动,从而积极地进行自我构建,这是他们数字化生存状态的真实写照。

此外,在数字化阅读中,除了社群性参与,还有另一种可能的参与方式——儿童与文本之间的直接互动。对一般的纸质故事书来说，其故事的发展是线性的，儿童随着作者所设计的故事线前进，自身并不能改变故事的发展脉络。然而，当阅读材料数字化之后，则可以十分便捷地通过儿童扮演不同的角色，采用不同的策略，或输入不同的行为选项而改变故事发展的脉络，甚至影响故事的结局。当电子书采用这样的设计时，将有可能让儿童更加投入在此阅读经历中，并且产生对阅读经验的控制感。目前大多数游戏的设计都容许使用者自行选择其偏好的角色，并且依照其游戏行为来决定后续的变化。而倘若这样的设计再加上其他使用者的扮演，那么整个游戏进行的可能性就更为丰富了！目前的儿童数字化阅读已经朝着这个方向前进，儿童会越来越适应并习惯在与文本内容的互动中建构自身。

3. 多重身份自由转换，意义生成过程渐趋复杂

儿童进行数字化阅读的主体自由，还体现在阅读整个过程中，其身份的变化呈现多样性的发展趋势。自从社会进入互联网时代，凭借数字媒介强大的信息融合量和交互作用，传统的读者身份发生着本质性的变化，以往简单的信息接收者身份依然存在，这是人们阅读的基本需求，通过阅读，人们可以获得自己所需的各种信息，信息量的增大和非线性的存储方式的融入，使得人们获取信息、接收信息更加方便快捷。

此外，由于网络社交及其人际关系的变化，人们逐渐拥有了媒介的主导权，这使得人们接触和使用网络的习惯、社交行为慢慢发生改变，他们的阅读方式也就从此前文字印刷媒介所决定的阅读方式中解放出来，后者是文本对读者的单向传播关系，两者之间无法互动。而数字化阅读是双向乃至多向的、互动式的，阅读可以选择点对点、点对面和面对面等方式。此时，读者不再是单向传播中被动接受信息的一方，转而可以主动搜索、整合和阅读信息，并可以按自己的意愿对文本进行发表、评论、打分、排名、分享经验和贴上标签等。读者发表的内容将可能成为其他读者阅读的对象，用读者自己的语言和行动去影响其他读者对该文本的感知，甚至与整个网络世界里任何有共同阅读兴趣的人一起讨论，从而让阅读和社交不断延伸下去。儿

童混迹在网络化数字平台中，也不再只是传统意义上的读者，尽管他们由于信息资源的匮乏导致身为信息接收者的身份依然重要，但不能忽视的是，儿童也可以发挥主动性，在网上检索自己感兴趣的信息，浏览、阅读内容，还可以通过微信、博客等网络自媒体进行自我表达、传播观点、发布信息，与其他读者共享信息、分享经验、交流心得。这样，儿童就与互联网络上的其他人和信息形成了文化共同体，自身也产生了多重复杂的身份，比如信息的评判者、信息的创造者和信息的传播者等，从而构成了数字化阅读独特的存在面貌。

可以看到，数字媒介中大量的网络信息和阅读文本正是由一些活跃的读者生产的。这些由读者创造的媒介内容，文本形式短小精悍，生产主体的身份趋于平民化，内容呈现个性化，加上社会广泛参与，这些内容信息被称为"微内容"。它们充斥着数字化阅读的世界，甚至延伸至现实的日常生活：大到百科类（比如维基百科、百度百科等）、原创类（比如网络文学、网络歌曲、微视频等）、消息类（比如微信、博客等），小到购物商城对一件商品作出的几句话评论，微信、博客等内容的更新，包括儿童在内的人们可以用自己的切实体验和话语权表达自己的立场和观点。这些微内容放在整个网络当中可能看似毫无逻辑和体系可言，然而对这些微内容的作者，即儿童自身而言，意义重大，因为这些内容代表着每个儿童的身份及其存在的价值，凸显着儿童作为人之本身的独特和自由。

（二）时间维度：泛在、非正式、贯通终身的全时段浸染

儿童内在的生命冲动是其企望不断创造和超越，不断成长与发展的真正动力。时间，作为生命存在的外部制约力量，也是儿童生长与发展的结构性内涵。马克思说："时间实际上是人的积极存在，它不仅是人的生命的尺度，而且是人的发展的空间。"[①]人的发展不仅是时间的功能向度，而且是积

---

① ［德］马克思、恩格斯：《马克思恩格斯全集》（第47卷），中共中央马克思恩格斯列宁斯大林著作编译局编译，北京：人民出版社，2016年，第532页。

极性的功能向度。时间是可以按照消耗的方式或存在的方式来进行分类的。"如果说一般意义上的时间主要是作为人的存在形式，那么，自由时间则是人的发展形式，人的发展问题主要是自由时间问题，人的发展表现为自由时间的转化和获得。"①也就是说，自由时间是人的发展的前提条件，在自由时间里，人的主体性得到充分发挥，开发人的各种潜能，遵循人的兴趣爱好，拓展人的生存空间。前文述及，数字媒介的发展，移动互联网的普及，使得包括儿童在内的人们几乎人手一部手机，人们随时可以通过它进入虚拟世界，徜徉在信息的海洋之中。这就在自由时间上给儿童阅读和成长提供了可以满足其内在生命冲动的条件。儿童可以根据自己的生命节奏、个性差异、兴趣爱好和需求，把控自己的自由时间，达成个性化的数字化阅读。这是信息社会学习的泛在性和非正式性特征的体现，也彰显着终身学习的文化理念。

1. 泛在性

2001 年，在一个名为"技术支持学习的新研究挑战"（New Research Challenges for Technology Supported Learning）的开放会议（由欧洲委员会的"教学系统科技"项目创办）的最终报告文档中提到"泛在学习"的概念和特点，即学习作为一种生存的方式。阅读作为学习的基础，是儿童生存和体验世界的基本方式。数字媒介延展着儿童的学习时间，使其在一生中都可以借助媒介阅读和学习。

泛在是数字媒介带给儿童阅读与学习的第一份礼物，它将互联网络和现实世界无缝衔接，给儿童提供了充分自由的时空条件。任何时间节点，只要儿童有阅读的意愿，数字媒介都可以提供他们想要的资源和信息。对具有空闲时间的儿童而言，这种随时随地可以进行的阅读迎合了自己的需求。近年来，随着移动通信速率的提升、资费的下调和手持式移动设备计算性能与存储能力的增强，手机、平板电脑等手持式移动设备可以让儿童在任何时

---

① 文雪、扈中平：《论教育的时间内涵——时间不可逆的教育意义》，《高等教育研究》2006 年第 5 期，第 20 页。

间任何地点获取、处理和发送信息，使交流无处不在、信息无处不在，也为儿童依托手持式移动设备和无线网络开展的阅读活动、信息传递提供了可能。例如，最常见的，儿童放学后在乘坐公共汽车时，可以随时根据需求轻松地开展阅读活动。这样的阅读方式不是外部强加的，而是源自儿童内心的意愿自发地进行和开展的。这是一种自由式的生活方式，在真实情境中自然地发生，有时甚至不会引起人们的注意。数字媒介为儿童提供着个性化的服务，实现着以人为本。

2. 非正式性

正规学习的内容重在累积的、已记录的和建设性的知识，这类知识是普适性的，学习的目的在于掌握知识的结构体系和一般性特征。但是人们每天无意识地学习了许多细节的、情境化的知识，这类知识更适用于特定情境。这引发了人们对非正式学习的关注。非正式学习，指在非正式的学习时间和场所发生的，通过非教学性质的社会交往来传递和渗透知识，由学习者自我发起、自我调控、自我负责的学习，主要指做中学、玩中学、游中学，比如沙龙、读书、聚会和打球等。① 以此可以看出，非正式学习产生于日常生活中的活动，按照非结构化的模式进行，没有学历或相关证书，学习者在大多数情况下是无意识的。这和儿童在数字媒介中的阅读呈现相同的特征。有研究者指出，人的语言学习，即阅读活动的开展，极大地依赖非正式学习。在语言学习中，非正式学习甚至超出正规学习成为最重要的学习方式。② 一个最常见的例子：儿童在出生后的几年内，没有参加任何的专门教育活动，却在生活中学会了使用母语。因此，我们必须重视儿童的这种在非正式场合的阅读和学习，这种模式使得儿童可以通过生活中司空见惯的行为，比如通过轻便的学习设备轻易地获取、存储、生产和流通信息，并在轻松的心

---

① 余胜泉、毛芳：《非正式学习——E-Learning 研究与实践的新领域》，《电化教育研究》2005 年第 10 期，第 18—23 页。

② Sylvia Scribner and Michael Cole. Cognitive Consequences of Formal and Informal Education: New Accommodations are Needed between School-Based Learning and Learning Experiences of Every Day. *Science*, 1973(182), pp. 553-559.

态中获得一种轻快的乃至带有一定娱乐性的阅读和学习体验。

儿童在日常生活中的阅读和学习，是一种适应，是对生存环境的适应；也可以看作一种本能，它是个体为求生和改善生活的自发行为。阅读本就是随处发生、随意发生、随时发生的，有人的地方就存在知识经验传递和文化传承。阅读是生活情境中的濡染和熏陶。伴随着技术的发展和人类知识观的进步，数字化阅读出现，阅读空间得到拓展和延伸，资源更加丰富与容易获取，儿童在这种非正式场合的阅读就不可能再被简单地认为是一种补充性学习，各种非正式的、非在场式的阅读和学习形态已经在人类知识建构谱系中占有越来越重要的位置。

阅读成为一种文化消费和生产合一的活动。现代生活的快节奏、高压力使阅读这种消费活动和其他的文化消费活动一样无法避免地呈现快餐化的趋向。儿童在数字媒介上的非正式阅读以其便捷、快速、微量的特征适应了这种快餐风格，不仅在迎合现代人的口味，而且在着力建构新的学习价值观。这种价值观自然也包含着对快乐的追求，在娱乐至死的时代，文化活动自然无法漠视群体娱乐精神的存在。儿童数字化阅读的娱乐品格正体现出一种对儿童生命体验与志趣的尊重。

3. 终身性

儿童数字化阅读带来儿童延展其一生的时间特性，体现着终身学习的价值理念。

联合国教育、科学及文化组织终身教育局局长保罗·朗格朗（Paul Lengrand）于 1965 年首先提出"终身教育"理念。他认为："终身教育所意味的，并不是指一个具体的实体，而是泛指某种思想或原则。"此后，他又在《何谓终身教育》一文中指出，其含义主要是：第一，每个人都要实现自己的抱负，发展自己的可能性，也都要适应社会不断投向他们的课题，因而，未来的教育不再是由"任何一个学校毕业之后就算完结了，而应该通过人的一生持续进行"；第二，现行的教育是"以学校为中心的"，而且是"闭锁的、僵硬的"，未来的教育则将对社会整个教育和训练的全部机构、渠道加以统合，从而使人们"在其生存的所有部门，都能根据需要而方便地获得接受教育的机会"。① 埃德加·富尔（Edgar-Jean Faure）等人在《学会生存——教育世界的今天和明天》中表示："'终身'这个概念包括教育的一切方面，包括其中的每一件事情。整体大于其部分的总和。世界上没有一个非终身的而又分割开来的'永恒'的教育部分。换言之，终身教育并不是一个教育体系，而是建立一个体系的全面组织所根据的原则，而这个原则又是贯串在这个体系的每个部分的发展过程之中的。"②1994 年，在罗马举行的首届世界终身学习会议中提到"终身学习"是 21 世纪的生存概念，是通过一个不断的支持过程来发挥人类的潜能，它激励并使人们有权利去获得他们终身所需要的全部知识、价值、技能与理解，并在任何任务、情况和环境中有信心地、有创造地、愉快地应用它们。综上所述，终身学习是指人在一生中所持续获得自己所需的知识、技术和态度的全过程，不限于人所存在的场所，指向的是人从出生到生命结束的时间总长。

在此理念和环境下，儿童作为成长中的人，其生存方式即他们对世界的阅读和解读，这已经成为他们的生存责任。没有对世界的阅读，就无所谓人的一生的社会存在，就无所谓一生的生存质量。在这个不断变化的社会里，儿童要生长，不可能出现认识上的片刻停顿，在一生的发展过程中，他们更没有理由拒绝履行不同生命阶段的不同发展任务。在当今数字媒介下，儿童通过数字化阅读的形式建构其生活样态，有意义的阅读和有意义的生存是通过其终身的生涯来进行的。

（三）空间维度：虚实相生、多维共现的海量信息取用

1. 海量信息非线性共在

数字媒介打破了传统阅读的边界，不仅使读者范畴向全民范围扩展，而

① André Thibault. Les principes andragogiques de l 'activité éucative. Université de Montréal, 1985, p. 74.
② 联合国教育、科学及文化组织国际教育发展委员会：《学会生存——教育世界的今天和明天》，华东师范大学比较教育研究所译，北京：职工教育出版社，1989 年，第 241 页。

且使阅读时空边界的限制逐渐消失。传统纸质阅读受到来自图书本身和时空条件的客观限制，并不能完全满足阅读主体的个性化需求。数字化阅读凭借强大的电子化、网络化、虚拟性和广泛性，打破了定点阅读的束缚，不再受阅读内容及其存在的时空的限制。在移动互联网和多种移动阅读终端日益普遍化的大环境下，电子书、网页、博客、微信等各种数字化阅读内容大量涌现，加之移动客户端的阅读应用程序，包括儿童在内的人们都可以随时随地利用手机等移动阅读终端进行无障碍的阅读，乃至全球的读者都可以通过互联网络进行交流，阅读正在逐渐变成一种跨越时空、边界模糊甚至无边界的社会化行为，可谓无限覆盖人的阅读需求。

数字媒介为人们提供了浩如烟海的信息，这得益于其超强的信息存储和传播功能。自从计算机及其所建构的互联网络出现之后，信息从生产到流通，从存储到阅读的方式被彻底改变了。仅从硬件设备来看，一个 GB 的容量即可以存储 5 亿的汉字，而现在硬盘存储技术已经发展到以 TB 为单位，足见这种存储介质已经大大突破了传统的物理限制，存储信息的容量之大，远非纸质书可以比拟。更进一步的是，自从计算机及其所建构的互联网络出现以后，必然性地改变了信息和知识从生产到流通、从阅读到存储的方式，互联网络在拓展人际交往和信息传播疆域，推动媒介融合的同时，催生了新的信息与知识构型，网络本身成为一个巨大无比的信息资源数据库。因此，无论是线上的网站阅读，还是线下的移动终端阅读，其存储的信息量都是无比巨大的。这首先在信息量上给人们提供了一个自由开放的价值判断的语境，从整体上丰富了数字化阅读的内容，可以满足不同读者的差异性阅读需求。

数字媒介跨越了人们阅读的时空界限，还得益于其信息传播的超链接技术和搜索引擎的使用。在网络空间里，超链接允许一个阅读内容与其他网页或站点的内容之间进行连接，一个信息单位可以迅速地通过链接方式即时转到另一个信息界面，即另一个文本，这个文本可以是一个网页、一张图片、一段视频或者是一个应用程序等。在数字化阅读中，通过轻击鼠标，即很容易进入与某个字、词或图片相关的全新文本。这样上述各种文本元素链接在一起才构成了一个完整的数字化阅读内容，即超文本。若干个超文本共存在数字媒介中间，把不同空间、不同网页、不同种类的内容聚集整合在一起，形成一个立体的、非线性的、巨大的网状结构。处于这个结构中的信息，能够借助信息技术迅速穿越时空到达读者的面前，"今天，一根头发丝般细的光纤能在不到 1 秒的时间里将《不列颠百科全书》二十九卷的全部内容从波士顿传到巴尔的摩"①。同时，诸如谷歌搜索、百度搜索等一些强大的搜索引擎提供的互联网络搜索技术，使读者能够迅速地在网络信息库中搜索出相关内容，并且以某种特定的相关性秩序呈现出来。这就使得人们阅读时，不是按照预设的线性顺序在单维的纸页上顺次阅读，而是在多维的网络空间中在不同的链接文档中来回穿梭阅读。这种发散式的阅读方式带来两种形势的变化：一是形成了空前丰富的文本内容，改变了人们获取知识的途径与方法，给读者提供了更多的内容和方式，使其足不出户即可坐拥天下资源；二是对传统意义上的阅读内容造成了一种深刻的解构，是对皮埃尔·布迪厄所言的"传统符号权力"的解构。

2. 双重世界，虚实相生

数字媒介打开了一扇通往虚拟世界的门。多种技术手段的运用，使得人们通过数字化阅读，获得了一种新的生存方式和生活方式。这个世界是虚拟的世界，是并行于现实世界的另一个看似熟悉却十分新奇的世界。

虚拟世界中的内容和现实世界紧密相关。美国学者迈克尔·海姆（Michael Heim）指出："当我们把网络空间称为虚拟空间时，我们的意思是说这不是一种十分真实的空间，而是某种与真实的硬件空间相对比而存在的东西，但其运作则好像是真实空间似的。"②这说明，虚拟世界与现实世界

---

① 桑新民：《技术—教育—人的发展（下）——现代教育技术学的哲学基础初探》，《电化教育研究》1999 年第 3 期，第 42 页。

② ［美］迈克尔·海姆：《从界面到网络空间——虚拟实在的形而上学》，金吾伦、刘钢译，上海：上海科技教育出版社，2000 年，第 136—137 页。

并不是平行的、互不相关的。一方面,虚拟世界中的内容有很大一部分来源于现实世界,而且在呈现方式上,可以做到立体的、多维的、全息的,仿佛与现实世界中的一模一样;另一方面更为重要的是,虚拟世界还可以将主体思维中想象的内容外部化、可视化,并且可以是立体的、多维的、全息的,这些内容是真正的虚拟。

虚拟世界的呈现,促使人们在阅读时对主体思维方式进行变革,进而对主体在这个虚实相间的世界里的生活与行为产生深层的影响,在这里我们可以洞悉技术与人的双向塑造。首先,虚拟世界通过将现实内容和想象内容的整合,极大地拓宽了人们的视野,在这里人们感到无比的新奇和有趣,想要的内容应有尽有,眼前无比精彩。其次,虚拟世界对主体感知的模拟和操纵,不仅让主体产生身临其境的真实感受,而且可以让读者根据自己的意愿在这个虚拟世界尽情地发挥自己的创造力。于是,人们在虚拟世界中感受到了真实的体验、真实的情感、真实的认知和真实的思维,这使得部分人觉得自己能够脱离现实世界的束缚,由此,他们更加尽情体验甚至依赖并沉迷其中。最后,人们在这个虚拟世界的阅读过程中,思维方式和行为方式发生了改变,这种改变是潜移默化的,他们很快学会了获得虚拟内容的方式和与虚拟对象的交互,体验的方式和深度随之变多、加深,带有不同价值取向的信息融入了主体的感知当中,进入了主体的知识结构,并转化进人们的生活里。

数字媒介营造的这个没有边界的虚拟世界,打破了传统的边界概念,意味着包括儿童在内的人们可以尽情地获取想要的信息,随心地进行信息的同步共享或异步共享,可以从事更多的活动和进行更紧密的联系。这个世界是去中心化的世界,多主体的互动与思维的碰撞改变人们的视野和思维方式,帮助人们对问题进行横向、纵向、顺向、逆向等多方向的发散思考。多元文化的交融,文化的开放性更强,也使得人的发展的不确定性增强。

3. 多种感官,多维共现

阅读,传统意义上主要是用眼观看的行为,这在数字时代发生了剧烈的变化。随着阅读的内容不断扩展，阅读的终端设备不断多元，阅读模式也趋于多样化，既有传统的看、读，也有新式的听、写和人机交互等。当代的阅读可谓一种立体化阅读，阅读内容采用文字、声音、影像、动画、网页等多种形态，触及人的多种感官功能，包括视觉、听觉和触觉等。

听书是率先出现的样式。自古以来中国人就有听书的习惯，人们坐在茶楼酒肆，听说书人在现场，或者通过电台广播的主播，绘声绘色地讲述天文地理、古今传奇。然而数字时代的听书与传统说书有着本质的不同，在数字技术条件下，纸质书上的内容不仅能被转换成可视的屏幕符号，还能被编码为声音信号，比如电子合成音，阅读的文本格式被制作成音频格式。在数字技术的支持下，耳朵代替眼睛，听觉代替视觉，听书成为阅读的一个新选项。

不仅如此，数字化阅读还能够充分发挥数字媒介技术的综合性优势，将文字、声音和图像等多种感官信息整合起来，通过数码方式记录并转化为比特，通过相关电子介质存储和呈现。如此，数字化阅读一方面融合了声音、图像和文字，将多种媒体格式转换成一种格式；另一方面通过超链接技术使文字与声音、图像之间可以随意地转换，从而实现了不同媒体信息的组合式与跳跃式存在。因此数字化阅读内容的呈现方式与传统平面媒体的呈现方式不同，展现出一种全新的多媒体形态，给读者以新鲜、时尚、有趣的，有别于文字印刷媒介的阅读功能和体验。

文字、图像和声音的全面融合，构成了数字化阅读内容的基本形态。在此基础上更进一步，在相关数字技术的支持下，利用一些电子图书制作软件，形成一些电子内容制作模板。数字化阅读的内容生产者对这些模板的使用，可以在数字读物中增加音频、视频甚至三维或多维立体等多媒体信息内容，从而制作一本互动式电子书。相对纸质书而言，这在本质上发生了变化。事实上，将纸质书的内容直接转变为电子书呈现，这只是数字化阅读内容的最初形态，而利用数字技术设计并制作的互动式电子书，则可称为"电子书的新纪元"，是数字化阅读内容呈现的高级形态。

数字技术使阅读从传统的平面阅读扩展到立体阅读。集文字、图像、声音于一体的立体阅读呈现方式减少了对树木等自然资源的消耗，同时不会对环境造成污染，保存更简便，几乎不占用物理空间，内容极其丰富，信息涵盖面广，内容的更新更加方便快捷，诸如此类，都在颠覆人们对传统纸质阅读及其读物的认知。如今，即使不识字的人，也可以通过数字媒介，与儿童一边看，一边听，一边触摸，一边阅读。

这样多维呈现的数字化阅读方式，对人的多种感官功能的刺激，将阅读推向了一个极端。文字、图像和声音全面融合，不同空间文字信息组织在一起的网状文本，使人的视觉、听觉和触觉等感官以前所未有的功能分工与协调配合来运行，从而才能从复杂多元的阅读内容中捕捉信息、解读意义，阅读文化的开放性进一步加强。

三、 儿童数字化阅读的文化制约性

（一）主体维度：主体自由不是唯个体经验论

1. 内在自由是根本

在数字化阅读中，数字媒介赋予了儿童前所未有的"通行权"，儿童可以自由地选择阅读时间，自由地定制阅读内容，自由地发布阅读心得，自由地组织阅读交流，彰显着极强的个性和自由度。但值得指出的是，这里隐含着一个前提假设："只有给予每个学生以充分的学习自由，他们的身心各个方面那种潜在的发展倾向才能够表现出来，从而沿着一条自我实现的道路前进。"①数字媒介赋予的这种自由，也可称为"外在自由"，是儿童阅读的主体达成自由状态的外在条件，但可以不代表一定。我们要充分认识自由的深刻内涵和发生机理。

自由是指作为主体的人与外部世界的一种和谐状态。自由涉及三个基本问题：第一，主体自身的存在状况，即自由的内部因素，称为"内在自由"；

---

① 石中英：《论学生的学习自由》，《教育研究与实验》2002 年第 4 期，第 8 页。

第二，主体活动的外部环境，即自由的外部因素，称为"外在自由"；第三，主体与外部环境，即内在自由与外在自由的相互关系。

内在自由是指作为主体的人的意识和自我意识，是人在社会实践中积累、升华出来的本质力量，是人的主体意识在一定历史阶段的具体表现。从静态模式来看，这是由主体目的、实践能力、自然能力融贯一体而形成的稳态结构。从动态模式来看，主体内在自由乃是主体结构对客体历史能动关系的内化，具体表现为自主性、能动性、适应性三个基本特征。自主性表明主体超越了单纯主观性和单纯客观性，达到了"从心所欲，不逾矩"的自由境界。能动性是由人的实践活动内在派生出来的永不枯竭的创造力量，具体表现为对现实的选择、批判、超越和改造。适应性是人的能动性的一种表现，它强调的是人能动适应外部环境并依据外在条件变化自觉进行自我控制、自我调节、自我改造的特性。适应性又与能动性有所区别。能动性重在主体力量的外化或对象化，而适应性则是指人如何使自身适应外部环境，重在外部客体力量的内化或主体化。

外在自由是指人从事创造性活动的外部环境或条件，即主体化了的自然和社会。外在自由的宗旨是创造出人的自由得以实现的现实环境和在这一环境中无限发展的可能性。在这种外部环境中，由于自然的外在必然性是通过人的主观意识的参与而转化为实践的外在必然性，从而使人的实践活动得以自由展开。

外在自由与内在自由是人的自由在实践活动中的不同表现。外在自由是内在自由活动的空间，也是内在自由发展的界限。内在自由则是外在自由发展的源泉和动力，历史上任何变革实质上都是由于内在自由的积聚、变革所引起的。外在自由与内在自由和谐一致，是人的活动的内在要求和理想目标，是一个漫长、宏伟的历史过程。只有全面发展的个人和社会总体，才能科学、合理地协调和解决内在自由与外在自由的关系。

信息技术和数字媒介的发展，从总体上调动和强化了人的本质力量。它使人的目的、能力和体力都得到空前社会化的发展，强化着人的内在自由；同时，大大开拓了人们活动的空间，从总体上强化了人的本质力量，扩大了人与自然之间的接触点，在自然领域达到了外在自由的扩建。儿童在数字化阅读过程中，主体的内在自由通过自身的能力发挥得以展现，是人的本质力量在阅读活动中的凸显，数字媒介创设的自由开放的资源和环境，作为儿童阅读开展的外在自由条件，必须通过与儿童内在自由的结合才能充分发挥作用。

2. 有限度的自由

任何一个提倡自由的人，无不非常明智地指出自由的限度。在儿童的成长与发展中，儿童的自由亦是如此。蒙台梭利说："孩子们的自由，就其限度而言，应在维护集体利益范围之内；就其行为方式而言，应具有我们一般所认为的良好教养。因此，只要孩子冒犯或干扰他人，有不礼貌或粗野行为，就应加以制止。"①罗素也认为："儿童必然或多或少要听命于他们的长者，而不能使他们自己成为自己利益的保护人。在教育中权威在某种程度上是无可避免的，施教者必须找到按自由精神来行使权威的途径。"②数字媒介带来的儿童数字化阅读主体自由同样是有限度的。

这种自由的限度是由儿童作为文化符号的本质决定的，儿童自出生伊始，到长大成人，是一个文化生命成长的过程。儿童天生有人的自然属性，即人的天性，拥有无限的好奇心、无尽的勇气和无边的创造力。在尊重儿童这种自然天性的基础上，必须考量儿童在成长过程中的社会性发展问题，即儿童的社会属性发展，因为人不仅是自然人，而且是社会人。因此，儿童的成长，离不开社会文化符号的内化和顺应，尤其是社会规范和道德伦理的约束。

数字媒介作为儿童阅读的文化场域，提供给儿童主体自由发挥的空间，但并不意味着成人对儿童的放纵或完全不负责任，让儿童想干什么就干什么，想什么时候干就什么时候干，想怎么干就怎么干……阅读过程中的自由与权威、纪律和指导都密不可分。一般认为，纪律可以分为两种：一种是自

---

① 北京师联教育科学研究所主编《外国教育名家名作精读丛书·第二辑》，北京：中国环境科学出版社，2006 年，第 98 页。
② ［英］罗素：《罗素论自由》，郭义贵等译，北京：世界知识出版社，2007 年，第 284 页。

觉纪律,另一种是强迫纪律。自觉纪律建立在儿童自觉、自愿的基础上,因而与儿童的自由不相违背,甚至可以说是儿童自由的保护者,是自由读者集体订立的契约。强迫纪律则无视儿童自己的理解和需要,因而与自由精神相违背,是从根本上有害于自由的。因此,儿童的数字化阅读,需要促进儿童自觉纪律的养成。这样,儿童在数字媒介中,会逐渐懂得不能滥用自由,使自身的数字化阅读行为伤害自己的身体和心理健康,有害于自己有价值的生长和发展。在网络空间,儿童更要受到社会规范的制约。网络空间作为一种公共场所,儿童的自由不能够妨碍他人的自由,儿童所选择的阅读方式、方法或手段不能干扰他人的阅读,儿童所抉择的自由应该以提高他们的积极性和能力为目的,儿童的自由还不能够违背文化传统中人们所公认的道德伦理。这是数字化阅读中,儿童主体自由限度的体现。

3. 有方向性的自由

数字化阅读中的主体自由还应当是有方向性的自由,这是受主体成熟程度所限制的。

儿童,作为成长中的可塑主体,本身是不完善的,处在发展和进步的过程中。儿童阅读,无论是内容的选择、方法的选择,还是阅读过程中自己见解的发表,都必然受到儿童现有的认知水平和模式的限制。他们在阅读过程中的种种选择,都建立在其原有的知识经验和认识水平基础上。因此,儿童的选择是有前提的、有条件的,也是有限制的。比如,6 岁的儿童一般不选择高等数学作为自己学习的内容,因为他们不懂得它的意义或价值,也没有能力去完成这种学习任务。同样,他们在网络上不会发表激烈的政治言论,因为他们根本不知道政治是什么。主体自由尽管意味着儿童可以自由阅读、讨论和质疑,但他们实际上是不可能做到完全自由的。

儿童需要外部力量的助力,帮助他们更好地在原有基础上进步和完善。成人有责任和义务,参与指导儿童的数字化阅读。这首先基于人们对儿童身心特点和认知经验的了解,并在他们的认知经验基础上给予恰当的、正向的引导和帮助,不让他们阅读那些与他们的年龄和认知经验根本不符的内容。这是当下缔造良好儿童数字化阅读文化场域的核心，也是教育者的天职和责任，更是儿童阅读所需的文化限制。

（二）时间维度：时间绵延不应忽视意义追问

1. 时间的类型与时间的生命意义追寻

数字媒介延展了人阅读的时间，使人可以在非正式、泛在的时间里阅读，实现终身学习。这种随时阅读的便利条件的提供，从理论上给予了儿童自由生长的时间，不过在现实生活中，我们可能时常看到或者听到一些儿童在网络上消磨时间，甚至我们成人"泡"在网上一段时间后突然感到：怎么时间悄然地就过去了？于是，我们有必要对儿童阅读的时间自由做深刻的认识。

时间观念及其技术实践是构成现代世界的一个重要因素。由于经典力学的出现，时间被细分为时、分、秒，乃至更小。时间被理解为一条指向未知的将来的直线。时间的长度、特性被抽象、拉长，以至无限化，人类对时间的理解屈服于科学理性的数量化、精确化、客观化、技术化的强力意志的权威。这种建立在现代科学基础上的时间概念，参与塑造了符合现代世界所需的人性与行为模式。这种时间的技术具有一种规格化的力量，让人们感觉到，生命被时间催赶、紧逼、定格，直接或间接地导致对真正生命的延展、变化的一种抑制，生命的美好与希望成为潜藏在内心的一份微茫的等待。

基于此，法国哲学家亨利·柏格森（Henri Bergson）认为，宇宙生命是一种原初性的绵延存在，绵延的过程就是生命按照自己的节奏和张力所展开的连续性创造和生成的过程，而这一过程就是生命的时间。亨利·柏格森在冥思宇宙生命的本质时指出，生命的本质与意义只能从生命体的内在时间里把捉，并由此分出了两种时间观：科学时间（钟表时间）和真正时间（生命时间）。随着科技的进步，科学时间促使人们的生活方式变得越来越急切、刻板，慢慢地丧失了个体生命的活力与变化无穷的特色。"我们应该回到时间，恢复流动中的现实，且这个流动性是时间的本质。"[①]回到真实的

---

① ［法］亨利·柏格森：《思想和运动》，杨文敏译，合肥：安徽人民出版社，2013年，第25页。

现实生活中的时间，才能找寻到时间的本质。时间意味着真实，它带给生命无限的惊喜。惊喜不在别处，惊喜就在绵延里。亨利·柏格森说："时间将会证明形而上学是不断的创造，是不间断的新事物的喷发。"①这里所谓的惊喜，就是时间的创造性。如果没有纯粹时间，心理绵延就在科学时间里永远没有惊喜，那么心灵生活在生命里，就无家可归。"心灵生活正是由时间构成的。"②惊喜才能在时间中流露。这不是说时间只能创造惊喜，而不能创造悲痛。时间所创造出来的一切，生命都理应归于绵延。因此，仅从科学时间来看待生命现象，就会遗忘生命的过去、现在和将来，即生命时间被遮蔽。只有生命时间的拓展，才是生命本身意义的绽放。

马克思曾明确地把时间与人的生命紧密联系。马克思所说的"生命的尺度"不同于传统哲学所说的生命的长度，而是一个人本的、意义性的概念。它表征着人的生命价值的生成，揭示了时间可以通过人的活动形式的改变而扩展的活动空间，凸显了整个人类发展的前提是把自由时间的运用作为基础，说明了联合起来的个人只有共同占有和支配自由时间，才能达到全面而自由的发展。

如今，我们仍然从过去、现在和将来三个时间的基本维度来认识时间。在现实生活中，我们总说以前做了某事，发生了某事。我们以叙事的方式，对这些事情进行加工、扭曲、想象和各种蕴含着情感与价值倾向的判断。过去从来都是与生命事件联系在一起的，只有生命本身的时间延续，并不存在所谓单纯客观的时间事实。从这里，我们可以推论出这样一个命题：时间是延续的、可伸缩和变迁的，因此有长短、瘦腴之分，时间的丰富与变化取决于每个生命所经历事件的丰富与变化，反过来也是如此。不同生命的情态正是表现为现在、此时此刻的情态。现在是时间的中心点、统一点，也是生命的激动点，充满可能性的创造点。

---

① ［法］亨利·柏格森：《思想和运动》，杨文敏译，合肥：安徽人民出版社，2013年，第9页。
② ［法］亨利·柏格森：《创造进化论》，肖聿译，南京：译林出版社，2011年，第5页。

当今随处可见的失望—无聊—迷茫三种生命情态虽然是由于生命时间的遮蔽所导致，然而其本身恰恰是生命时间的一种特殊的表现形式。失望—无聊—迷茫分别对应过去、现在和将来，互有侧重，又可互相替代，这正印证了过去、现在和将来互相回环牵连的统一性。生命同时活在过去、现在、将来三个维度，以当下为交叉，回环连接过去、现在与将来的生活，表现为不同样式的生命情态。生命时间就是由过去、现在和将来三者之间回环、交叉、变化的统一所构成的生命的不同表现样式，不同的统一形式成就了生命的不同风格和色彩：伟大或者渺小，美好或者呆板，广阔或者狭隘……不同样式的生命情态取决于如何对待和是否合理地对待三个维度之间的统一性。"每一次创新都意味着传统的一次激烈的反弹，社会好就好在它的进步并不是以否定原来的传统为代价的，而是在新旧冲突之间找到平衡妥协的中间点，然后向前发展"，"在一个开放环境里的学习和坚守是最重要的"。① 这似乎是答案的一种走向。

同样，儿童在数字媒介所创造的环境中，科学时间的无意义消耗意味着生命时间的虚无，因而在儿童数字化阅读的时间维度上，何以促进儿童时间消耗的意义追寻，是一个重要的文化议题。

2. 教育时间与儿童内在成熟时间表的契合

数字媒介延展着人的一生的阅读与学习时间，创设了儿童通过阅读得到生命生长的时间自由。但儿童作为成长中的特殊群体，其自身内在具有一个特定的成熟时间表，外部的助力只有和儿童生命成长的内在时间相一致，才能发挥对儿童生命成长的作用。

亨利·柏格森的生命哲学从"绵延""时间"的视域诠释了生命的内涵，认为不同的生命体，其生命生成的节奏和绵延的张力是不同的。每一类生命体都有属于自身的内在时间发展大纲。儿童也有着内在精确的成长时间表，其生命的成长过程是儿童按照自己特有的节奏和张力所展开的绵延创

---

① 吴越：《许纪霖：阅读方式的改变是一个普遍性的困境》，《文汇报》2011年11月5日第07版。

造过程。

　　儿童内在成长时间表与心理学上儿童成长的关键期理论不谋而合。自20世纪二十年代以来，研究者陆续发现，在儿童出生后最初几年的智力、人格和社会化发展中，客观存在着一个特殊时期。它既有开始，也有终结，在这个特殊时期里，同种、同量的适合刺激产生的效果比其他时期高很多，因此它被称为"儿童教育的关键期"，也被称为"儿童教育的敏感期"。[①] 教育史上，意大利教育家蒙台梭利对关键期的临床研究十分突出。她认为，教育应该从儿童刚出生时开始，在出生的头几年，儿童的可塑性很大，无论从智力还是从体力方面的发展来看，这一时期的教育都至关重要。她总结了儿童在早期发展阶段的几个敏感期：刚出生至3岁，为吸收性思维和各种感觉的敏感期；1岁半至3岁，为言语发展的敏感期；1岁半至4岁，为器官协调、肌肉发展和对小型物体发生兴趣的敏感期；2岁至4岁，为改进动作，关心真实和现实事物，意识到时间和空间顺序的敏感期；3岁至6岁，为受成人影响的敏感期；3岁半至4岁半，为学习写字的敏感期；4岁半至5岁半，为阅读的敏感期；等等。她进一步指出，儿童接受刺激的能力是异乎寻常的，儿童对某种事物的特殊感受一直持续到这种感受完全得到满足为止。敏感期"是暂时的现象，目的是获得一种明确的特性。这种特性一旦获得后，相关的敏感性也就消失了。因此，每一种特性都是借助一种刺激的帮助而获得的，一种短暂的敏感性只能在一个特定的发展时期中出现"[②]。教育者的责任，则是在尊重儿童敏感期的基础上，给予恰当的指导和帮助。

　　我们可以看到，数字媒介从科学时间的角度，为儿童提供了随时的、泛在的阅读时间自由，但并不意味着这就反映了生命的文化本质，这种时间观念也不能成为支配生命的时间尺度。自然界的万事万物都具有自然赋予的

---

① 申继亮、方晓义：《关于儿童心理发展中敏感期的问题》，《北京师范大学学报》(社会科学版) 1992年第1期，第62—67页。
② ［意］蒙台梭利：《童年的秘密》，单中惠译，武汉：长江文艺出版社，2021年，第31—32页。

独特的时间形态，"生物有机体以很多不同的时间尺度度量时间的流逝"①。儿童作为具有自身特性的生命主体，其生命的生长和创造过程都在表达着自身所特有的节奏、律动和张力，其各种生命发展的倾向和潜力都要在自己的生命时间里按照自身的规律来达成。"儿童来到世界，像一粒具足一切的种子。这粒种子是自然进化的杰作。尽管没有成人的教育，他便不能成长。但教育不应随心所欲，它应依据儿童生命的、精神的本性，而不是把儿童视为金银铜铁锡，任你捶打定形——那会失去本性，会毁掉他与生俱来的自然天赋。"②因此，外在的引导与教育的时间只有与儿童内在的时间相一致，才能够发挥作用，这才是文化视域下真正的时间观。

（三）空间维度：空间广延不能摒弃价值引领

1. 信息爆炸与经验生长

数字媒介以非线性、超文本的方式存储信息的优势，使信息爆炸成为现实。儿童将目光投向这个视窗化的、全景敞开式的新环境。信息无孔不入，且编码方式更为复杂，常常兼具音频、视频、图片和文字，这让参与其中的儿童视野得到极大的开拓。可以说，任何景致，不管它是否适合儿童接受，不管它是否真实可靠，都可能被儿童一览无余。淹没在信息海洋中的儿童，其所能接触到的信息量巨大。从信息方面来说，这些内容鱼龙混杂、真假难辨，是否适合儿童阅读是一个重要的问题。而从儿童方面来说，其对经验的接收和知识的建构是一个认知性过程，并非所有信息都能进入儿童自身的认知结构当中。

人类知识的生成过程是人们探讨的核心问题之一。一项重要的发现是：学习总是在原有的知识背景下发生，学生进入课堂时，并不像一个空的容器等着被填满，而是带着对现实世界各种各样的半成型的观点和迷思概

---

① ［英］K. 里德伯斯主编《时间》，章邵增译，北京：华夏出版社，2006 年，《导论》第 3 页。

② 刘晓东：《儿童教育新论》，南京：江苏教育出版社，1998 年，第 1 页。

念——有时被称为"朴素物理学"、"朴素数学"或"朴素生物学"。① 这些半成型的观点和迷思概念或称"前概念"，是儿童接触并阅读这个世界所形成的自然态度。他们凭直觉理解世界，想当然地认为世界就是如此。这些初期的理解对儿童新概念和信息的整合具有很大的影响。有时候，这些理解是正确的，提供了建构新知识的基础，但有时候这些理解是不正确的。比如，在自然科学上，儿童常常对不能容易观察的物理特征具有错误概念；在人文科学上，儿童的前概念常常包括刻板印象或简单化认识，例如历史被理解为好人与坏人之间的争斗。② 而对应地，教育的职责是从儿童那里抽取出某个领域的前期理解，并提供建构或挑战初期理解的机会，促使儿童知识的加深或改变。

这说明儿童的前概念需要受到重视，但必须对其进行深化或改造。若只看重儿童自身的经验，认为只要儿童置身于经验世界，依据自己的兴趣便能够通过自己的经验建构来进行系统的学习和进步，完成知识的意义建构，就等同于把儿童现在的经验和兴趣看作决定性的内容，并把儿童的能力和兴趣看作固定不变的，这是一种错误的"浪漫儿童中心论"。正如约翰·D.布兰思福特（John D. Bransford）等人所指出的："有关求知'建构主义'理论的一个通常的误解（利用已有知识来建构新知识）是，教师不应该直接告诉学生任何事情，相反，应该让学生自己建构知识。这一观点混淆了教育（教学）理论与求知理论。建构主义者认为不管如何教一个人，所有的知识是基于已有的知识而建构起来的——即使聆听一个包含积极尝试建构新知识的演讲。……然而，教师仍然需要关注学生的理解，并在需要时给予指导。"③可以看到，儿童所获得的个人日常经验与科学知识并不是完全对等

① ［美］R. 基思·索耶主编《剑桥学习科学手册》，徐晓东等译，北京：教育科学出版社，2010 年，第 12 页。
② ［美］约翰·D.布兰思福特等编著《人是如何学习的：大脑、心理、经验及学校》（扩展版），程可拉、孙亚玲、王旭卿译，上海：华东师范大学出版社，2013 年，第 14 页。
③ ［美］约翰·D.布兰思福特等编著《人是如何学习的：大脑、心理、经验及学校》，程可拉、孙亚玲、王旭卿译，上海：华东师范大学出版社，2002 年，第 19—20 页。

的,它们之间不是单线的、由此及彼的发展关系。两者的转变并非一次性获得,而是历经数次反复和挑战,不断加深和改造的过程。

于是,儿童在数字媒介情境下,大量直观经验的涉入,令儿童的视野得到极大开拓,所获得的个人日常经验极其丰富。但这些经验不是自明的,也不是终极的,而是会转化并急需转化的、向前发展的。外界文化若能够对儿童的直观经验进行挑战和改造,则儿童的认知可以获得发展;否则,儿童的个人日常经验往往会与学校教育和社会文化系统产生断裂,不利于儿童知识的建构和文化的生成,反而影响儿童的生长与发展。

2. 虚拟生存与现实生命

数字媒介延展了人生存的空间,给人提供一个丰富多彩的虚拟世界。这个虚拟世界与现实世界相对应,但两者并非对立的关系。工具性和技术性是虚拟世界最基本的属性。虚拟世界中的内容不仅是现实世界中内容的电子化,还基于各种新技术对现实世界进行了延伸和拓展,超越了现实世界,将某些人类想象的内容外化于虚拟世界中。于是,现实世界中的物质成分可以在虚拟世界中存在,现实世界中不可见的想象内容也可以在虚拟世界中存在。儿童在现实中难以看到的事物和现实中难以达成的愿望,在虚拟世界则可以很容易实现。这样的技术化了的虚拟与现实交错的环境,使得儿童面对的世界,亦真亦假、虚实相间地存在着。

一方面,儿童在虚拟世界和现实世界获得的经验,能够相互迁移和转化。虚拟世界中任何工具的产生都有其特定的现实文化土壤,在现实世界中,有其物化的原始状态,并不是随意虚构出来的。儿童在阅读的时候若是有现实世界经验的支持,则很容易对所获得的虚拟世界的经验进行迁移;若不能在现实中找到这种物化的经验,理解起来就比较困难。例如,许多画图软件中的铅笔、钢笔和刷子等工具,其属性和现实世界中的类似,在运用时有了现实世界中的经验,就能比较快速地理解其内涵和功能。在虚拟世界中,直接引用许多现实世界中的词汇或在其前面加"电子"两字,比如菜单、电子邮箱等,为理解其内涵和属性奠定了基础。这些都是现实世界的经验向虚拟世界迁移的例子。除此之外，在使用计算机和网络工具时，其经验也可以向现实世界迁移。例如，在 Word 中写文章时，很多格式的调整是自动的，比如编辑文章时不会在一行的开始处出现标点，这些功能在儿童开始学习写作时可以提供很好的指导；另外，画图工具中的色彩原理和颜色配置也可以为现实世界的创作提供帮助。

但另一方面，游离于虚拟世界与现实世界之间的儿童，并不是缩小了的成人。他们有自己独特的天性，以好动、好奇、好模仿和爱游戏等特点与成人相区别。这些特点在虚拟世界中得到充分满足时，所形成的某些思维与行为习惯却渐渐与现实世界背道而驰，使其在虚拟世界中扮演着另一种角色，这就是网络时代儿童的双重自我和双重角色。在不同的环境中扮演不同的角色并随时进行转换，对成人来说也许并不困难，但是儿童正处于身心发展、各种价值观尚未形成的阶段，无法顺利地在两种世界之间进行角色转换。例如网络游戏成瘾者，虽然能够意识到问题的严重性，但仍继续花费大量时间上网而不能自拔，甚至产生了人被虚拟世界异化、奴役的现象。一个在班级里沉默寡言甚至有些自闭的儿童，可能通过虚拟世界的身份，就变成了一个侃侃而谈、风趣幽默的人。他可以抛开种种顾虑、随心所欲地发表见解，虚拟空间为他提供了自由、开放的环境，他在这个环境中如鱼得水，渐渐地，只有在虚拟世界中才能激发他的发言欲望，而他在现实世界中愈加沉默。这种状况对儿童的人格、心理产生了极大的负面影响，看似大大拓宽了儿童学习和交流的空间，实际上间接阻碍了其在现实世界中的交往，成为儿童寻求心理安慰和自我实现的逃避之所。而且，儿童的分辨能力较弱，有时不能将现实世界和虚拟世界完全区分开来，潜意识地将虚拟世界中的经验向现实中迁移，甚至将虚拟世界的经验原封不动地搬到现实世界，但虚拟世界毕竟有别于现实世界，有些经验在现实中是行不通的。例如在某些网络游戏中杀人是符合游戏规则的，如果硬要迁移到现实世界就会发生违法的事，这样的例子不胜枚举。

因此，虚拟是人的一种虚拟，是虚拟社会中人的思维能力，是人的本质力量的数字化和人的本质属性的重要体现。但虚拟社会的人首先是现实社会中的现实的人，只是现实的人以数字化方式存在。其虚拟实践活动是在身体虚拟出场的情况下进行的，虚拟社会的人无论如何数字化和虚拟化，其实并没有改变人的本质属性——现实存在性。儿童是经验迁移和转化能力较弱的群体，放任儿童在虚拟世界里沉沦，反而限制了儿童的发展。儿童需要阅读虚拟世界，在虚拟世界中获取经验，但其经验的现实迁移是十分重要又常常被忽视的。因此，儿童数字化阅读，不能以虚拟世界取代和消解现实世界，更不能远离现实世界，要回归现实生活经验和生命的现实存在性，在现实世界完成人的物质、经验、情感和亲情等需要，让儿童能在现实世界和虚拟世界中自由地迁移经验和转换角色，穿梭于虚拟世界和现实世界之间，而不是把虚拟世界当作现实世界加以肯定，或把现实世界当作虚拟世界予以否定，从而使虚拟世界对儿童的影响朝着健康的方向发展。只有将虚拟世界和现实世界区分清楚，在儿童的生活中，虚拟世界和现实世界才会是"落霞与孤鹜齐飞，秋水共长天一色"的极美意境，而不是使两者互相排斥、针锋相对乃至你死我活、不可共存的地步。这是儿童面对虚拟世界的文化制约性。

3. 感官刺激与生命体验

数字媒介先天的自由与开放性打破了不同人群之间建立的界限。网络是全民共享的、全天开放的公共服务信息系统，带来全民阅读的数字化阅读即其中的一部分；但数字媒介的海量资源真假难辨、虚实难分，也带来了问题。

问题体现在两个方面。一方面，数字媒介中的信息自身无法区分诸如成人与儿童，若无外力监管，则涉及暴力、色情、迷幻和魔怪等的内容很容易直接暴露在儿童面前，有可能造成儿童的过早成年化，或严重的误读与精神伤害；另一方面，数字媒介的发展，使得信息效果越来越逼真，整合了声音、图像等多维的信息文本强烈地刺激着人的感官，使人在虚拟世界里有身临其境的感受，但儿童身心发展的稚嫩性表明并非所有接收到的信息都适合他们。

对处在发展中的儿童这个特定的群体来说，通过数字媒介，看到更广更真实的信息，是一种理想；但过量和过强的感官刺激，不仅无法扩张儿童阅读的效力，而且伤害了儿童的身心，这是必须予以重视的，是文化对技术的限制和张力。

四、 文化生命成长：儿童数字化阅读的价值诉求

阅读是有价值取向的，古往今来，不管媒介的发展带来阅读形式多大的变化，其对人的生命意义的建构是毋庸置疑的。用诗人的语言来说，即："阅读不能改变人生的长度，但它可以改变人生的宽度。……阅读不能改变人生的物相，但它可以改变人生的气象。……阅读不能改变人生的起点，但它可以改变人生的终点。……阅读穿越时空，为人类开辟了一个遥望世界的无限星空。……阅读是幸福的发祥地。……阅读是人社会化的重要途径……它在超越世俗生活的层面上，建立起精神生活的世界。一个人的阅读史，即他的心灵发育史。"[①]因而，让儿童在数字媒介时代，依然能够畅享阅读，能够从数字化阅读中，得到自己生命的生长和延伸，同时获得文化上的生成和适应。即儿童数字化阅读既要观照儿童个体经验生长的过程，也要考虑人类社会文化通过儿童获得延续和发展。

在论述了儿童阅读与媒介技术演进的关系，界定了儿童数字化阅读的本质，梳理了儿童数字化阅读的文化开放性和文化制约性之后，我们要给出人—技术—文化统合意义上的儿童数字化阅读的价值诉求，这是应然意义上儿童数字化阅读所能达到的理想状态的几个重要维度。

（一） 符号确认自我之真

"人作为有文化意识的人，必然把'保持'并'优化'自己的生命存在作

---

① 巴丹：《阅读可以改变人生》，《中学时代》2015年第2期，第1页。

为最高价值。"①优化的前提是保持，若要保持自己的生命存在，首先要确认自身的生命存在是实实在在地存在，即确认自身生命存在的感性确定性。而怎么能够确认我们自身生命存在是一个真正的存在呢？这依赖我们自身的感官，我们能够通过感觉把握自己不是抽象的词语，而是实实在在的感性存在，我们具有形体、占据空间，同时可以对自己的生命历程进行时空性的确定描述。我们靠这种时空确定性证明自己的存在，而这种时空确定性是靠我们的感官功能实现的，也以他人的感官加以确认，证明我们是真的。

　　一般而言，我们不会怀疑自己是否真实，因为日常的时空环境和人对自己感官的熟悉使人获得一种经验的自信，只要仍然存在于日常环境中，且形体未发生重大变化，人们都不会对自己的生命存在加以自我证明。然而，也有不同的情况。当我们的时空环境或身体发生重大变化时，由于日常的惯性被截断，人往往会对陌生的时空环境或者自己形体的变化表示疑惑，会提出自我求证的问题：我还活着吗？这是不是真的？在这种情况下，很多人会捏一下自己，通过感官来求证自己的存在是否真实，或者在外部环境中寻求熟悉的景物来建立真实联系，以此来证明自己生命存在的真实性。因此，我们可以看到，时空环境或自身形体的变化，可能带来我们对自身生命存在真实性的求证和考量。

　　在保持自身生命存在的基础上，人的生命存在的优化就是人的感官能力和心智不断生长的发展历程。这突出体现在人的不断求本质、求原因的思维习惯和认知能力的养成，以及自身眼界和视角的不断拓展。随着人对外部世界的接触和理解，外部世界和人类社会的各种信息以符号的形式作用在人的各种感官，人在对外部世界符号的消化中逐渐辨别世界的虚幻与真实，区分物体的同和异，感受运动与静止，把握事物的表象与本真……这些过程使得人获得对世界越来越深入的理论认识，并不断通过实践加以证

---

① 李鹏程：《当代文化哲学沉思》（修订版），北京：人民出版社，2008 年，第 185 页。

实,从而一层层揭示世界的奥秘,使人们对世界物体的性质有越来越深入的理解,积累起丰富的知识。这些知识又反过来不断促进人对世界意识的把握,形成人看待世界的眼光和视角,指引着人们更深层次和更高级别地认识和改造世界。可见,人的生命存在的优化过程不是一次性的活动,而是一个探求的结构,是人的生命存在的呈现结构,是永无止境的过程。

儿童作为独特的生命体,其生命存在的保持和优化是在儿童心智尚未发育和发展成熟的情况下进行的,因而更具特殊性。对一个精神成熟的成人来说,具备对自己生命的存在与生命的非存在的比较意识并非难事,但在精神还不成熟的儿童那里,辨别生命存在还是非存在,则可能成为一个重大的问题。这里的关键在于,儿童在成长中,是逐渐将自身与周围世界区分开来的。儿童年龄越小,越倾向于将世界看作以自我为中心的一个整体。在儿童眼里,自己和世界万物并没有区分清楚,他们也不能确定自己形体的范围(同外界的界限),因而也不能确定自己形体对外界的反应能力和作用能力。也就是说,儿童各方面能力尚未发展成熟,而且他们对自己尚未发展成熟的各方面能力也没有一个清晰的认识,对自己活动的功能和意义并不清楚。因此,在儿童的成长过程中,他们努力地追求意识的清明,努力追求自己的意识对自己的活动的可控性,即活动对意识来说的有效性。有效即为真,而无效即为假。也就是说,如果在儿童对外在符号的把握中,儿童意识到自己的活动是可控的,儿童获得感官上的确认,则达到儿童生命自身对活动的有效性的意识确认。这种确认随着儿童活动的累积,一旦达到经常性的程度,便形成感性确定性。在这个时候,儿童同外界的区分,儿童对外界的反应能力和作用能力,儿童活动的有效性,就都成为确定的,儿童的意识也处于清明状态,从而儿童作为人的存在的自我性便成为真的。反之,如果在儿童对外在符号的把握中,儿童无法意识到自己的活动是可控的,儿童无法通过感官获得对自己生命存在确定性的确认,则儿童作为人的意识陷入混沌状态,儿童无法从非确定性的自我向感性确定性自我转变,从而儿童作为人的存在的自我性就变得虚无缥缈了。

因此，面对数字媒介所展现的虚实结合、多维共现的广阔时空，儿童进入其中进行符号获取（阅读）的首要价值诉求是，在儿童数字化阅读的符号交互中，保持并优化儿童的生命存在，使儿童能够区分自身生命存在和外在环境，确定自身的时空所在，把握并掌控自己的意识，努力追求自己的意识对自己在数字媒介中活动的可控性，即让儿童处于一种真实存在的状态，不能掉入虚拟世界的浩瀚海洋，茫茫然不知自己身在何处，从而失去了自身意识的把控能力，任由信息符号牵着鼻子走。在儿童数字化阅读中，努力保障数字媒介中的信息符号能够为一个活生生的作为人的真实的儿童所使用，这是儿童自身向文而化——儿童向人的成长的必然要求。

（二）观照生活世界之实

近代科技力量的崛起所催生的理性统治和物化崇拜，触发了学界关于回归生活世界的深度省思。尽管关于生活世界，在不同的思想家那里有不同的指向，其含义具有不确定性，因而这个话题具有极大的开放性；但无论是胡塞尔，还是马克思，他们都自觉地关注人的主体性和创造性，联系人的当下的现实生活，主张尊重人的价值和人格。

人们认为，人生活在现实中，现实世界的丰富性和多样性为人类主体精神的发挥提供了资源和土壤。生活中不仅有思辨、逻辑等理性因素，还有情感、意志、体验和感受等非理性因素。生活中的每个人都应该受到积极的关注和重视，并使每个人在生活中得到体验身心愉悦和内心充实的机会，从而建立实在的、积极的人际关系，获得幸福感和满足感。回归生活世界，就要直面人的本身，以个体的现实存在为基础，关注人的生存境遇和生活前景，让个体在拥有幸福的现实生活的基础上发展出合乎人性、合乎人的生命成长需要的存在方式。可以说，对活生生的人及其当下生存状态的关怀，表征了生活世界的精神禀赋。

对儿童群体而言，生活世界更是儿童成长中赖以生存和发展的基础性存在。纵观一个人成长的历程，其存在的初始阶段并不是一个理智化的过程，而是幼小的儿童生活在世界之中，与周围世界融为一体，在这个个体置身世界之中存在的事实基础上，儿童被周围世界建构着，并不断秩序化的过程。这意味着，儿童的成长需要充分蕴含个体与自然世界的混沌联系，必要而恰当地延缓个体置身世界之中的理智化进程，从而给个体随后而来的理智化生存提供充分的原初性质料。与自然世界的复杂性相比，人的理智化是有限的，过早的理智化意味着先行缩减了个体与周围世界的复杂、丰富而细致入微的联系。只有在个体生命成长的混沌与秩序、私密与公开、动与静、快与慢中保持必要的张力，个体生命发展才会潜藏无限的可能性，人的自由与创造性才可能随着教育的深入而不断深化。

因而，尽管儿童的日常生活在一般人看来好像是琐碎、格式化和平凡的，但儿童的日常生活其实比我们所认为的更有意义。因为对每一个儿童而言，他的每一次活动都是独特的，有特别的意蕴和价值。儿童早期的成长需要尽可能地拓展个体的生命体验，拓展个体与周围世界的丰富而生动的精神联系。首先，意味着平面地扩展个体与周围事物的联系，让世界之中的事物更多地进入个体生存之中；其次，意味着立体地扩展个体与周围事物的联系，让世界之中的事物更多地呈现其多维、丰富的意义，从而内在地扩展个体与周围事物的深度联系，扩展个体对世界诸种事物的想象，并由此引导个体生存在与世界诸种事物的这种生动而丰富的联系之中。如果事物的多样性，构成个体置身其中的意义世界的基础，那么事物显现在个体生活世界之中的多义性，诸种事物向人呈现出来的意义的模糊性、模棱两可性，正是构成世界意义向着个体不断涌现的源泉。反之，一旦个体生命发展过早地理智化，个体生命发展就难免置于过度的人为设计之中，个体生命发展的自由与自在就会极大缩减，个体生命发展所能达到的创造品质也会大大降低。

儿童阅读，是儿童与周围世界建立联系的重要方式，要求儿童与世界亲近。正如 B. A. 苏霍姆林斯基所说，"一个人只有在其童年和少年时期同大自然和人们打交道的那种条件下使他的心灵不平静、忧虑、柔弱、敏感、易受刺激、温柔、富于同情感，他才会成为有教养的人"，"孩子对每一件事都应当敞开眼界、智慧、心扉"。① 因而，必须重视儿童周围这个未被提纯的、非理智化的生活世界，并以此来丰富、扩展儿童个体与世界的联系。这个生活世界的丰富性和复杂性造就了儿童发展的丰富性和复杂性。面对这个从遥远自然、开天辟地、世代相传而来的复杂的世界，我们所需的不仅是说明，而且是亲近、体验和理解，敞开我们生命的细微触角来感受这个世界的复杂与细致入微，由此孕育儿童生命的复杂性。生活世界本身就是不纯的，人生也是不纯的，我们应该给儿童提供广阔的精神养分。这意味着，儿童阅读必须扩展自由陶冶的空间，比如引导儿童自由阅读，扩展儿童对个人周围生活世界的细微洞察，包括对民俗、民情的幽微体验，增进儿童跟自然的亲密联系，让儿童以自己的方式去感受自然的奥秘，启迪对自然的敬畏。如此，通过阅读，扩展儿童个体生命与周围世界的开放性联系，就有着不可替代的、根基性的意义。

进入数字媒介时代，儿童的阅读环境发生了剧烈的变化。在儿童主要通过视觉获得经验、进行意义追寻的基础上，数字媒介的虚拟化技术带来了一个广阔的新世界。儿童年龄越小，其掌握抽象文字符号进行阅读的能力越低，就更依赖对图像的感知和理解。当今的媒介提供给儿童的图像世界发生了根本性转变：随着图像修饰和制作技术的发展，虚拟世界中的图像从迹象逐渐向拟像转变，并进一步发展出了拟真世界。图像不再是现实世界的一种反映，不再是一个表象和简单的模拟，而确确实实地成为不依赖现实世界而存在的、基于模型和符码而人为创造的存在物。这样，虚拟世界就模糊了真实与虚假、现实与想象的差异，成功入侵了现实世界，完成了对现实的"殖民"。于是，"我们生活在了一个'真实被否定'的世界里，这是一个'伪事件''伪历史''伪文化'的世界，即不是产自一种变化的、矛盾的、真实经历的事件、历史、文化、思想，而是产自编码规则要素及媒介技术操作的

---

① ［苏］B. A. 苏霍姆林斯基：《怎样培养真正的人》，蔡汀译，北京：教育科学出版社，1992年，第7—9页。

赝象"①。也就是说，数字媒介所提供的虚拟世界中，存在大量经由人们可以设计的拟真性存在，它们的特点在于其是现实世界中所不存在，却装作真实存在的样子。这些信息的作用在于唤醒人们或敬畏或喜爱等心理。"当今的拟仿者试图使现实、所有的现实与它们的拟仿模型相符合。……某些东西消失了，这就是那区分彼此的至高无上的差异，是这差异构建了抽象的诱惑力。……构建了观念的魔力和现实的诱惑力。而魔力与诱惑力又进一步促使人们对图像所表征的虚拟之像产生认同与欲望，于是在'把你的欲望变成现实'的推动下完成了图像与现实、表征与存在之间的内爆。"②因而，对不谙世事，抵抗力、思考力和自律力较弱的儿童而言，虚拟世界极大地满足了他们的好奇心和获取新信息的欲望，极易造成儿童在虚拟世界中的沉迷。综上，当我们面对儿童数字化阅读的现象大规模出现之时，必须时刻警醒，数字媒介所展示的虚拟世界，具有相当强的文化开放性；同时，技术带来的拟真已经和儿童的现实世界产生了割裂，不能放任儿童在虚拟世界中肆意遨游，因为在虚拟世界之外，还有一个更加值得关注的世界，即儿童的现实生活世界。因此，儿童数字化阅读始终不能忽视对儿童现实生活世界的观照。

（三）激扬主体间性之活

个体因为自身生命存在的发展需要，势必与周围的众多他者存在联系和交互。然而，个体的生存与发展不是在主客二分的基础上进行的主体构造和客体征服，而是主体间的共在，是自我主体与对象主体间的交往、对话。"人所交往的他人是否同人所认定的关于他人的形象、人格等生命存在的各种基本特征相符合，是人与他人交往的有效性的前提，因而也是保证人本

---

① ［法］让·波德里亚：《消费社会》，刘成富、全志钢译，南京：南京大学出版社，2000 年，第100 页。
② 曾庆香：《图像化生存：从迹象到拟像、从表征到存在》，《新闻与传播研究》2012 年第 5 期，第22—23 页。

身的生命存在的保持和优化的必要条件的前提。"①因而为了达到对他人真正地了解和把握，人需要对周围的社会及其内部的其他人进行探索，达成一种认识。

对人类社会及其内部其他人的认识比对外在物质世界更为复杂，因为这被认识的人也和认识者一样，具有自身的生命存在和意识，活动性也极强，而且认识者与被认识者是一种相互的关系，在认识他人的同时被他人所认识。这种相互性导致交往成为共在性、兴趣性、利益性等各种不同层次和目的的活动。作为生命存在的人本身，首先要对人际交往对象的复杂性、活动性有一个明确的认识。

对同样作为人之生命存在的交往对象，起码可以从三个基本方面加以认识：第一，人之生命本身处于不断发展与变化中；第二，人之社会性面目和身份处于不断发展与变化中；第三，人之内在精神生活和外在行为之间的关系处于不断发展与变化中。这些不确定性的发展与变化，造成了我们对交往对象认识的复杂性，应该予以重视。

首先，人作为终身发展的生命存在，在其生命的每个节点都存在差异，这体现在人的身、心两个方面。尽管人的身体的外在表现可以通过经验观测到，但人作为一种文化的存在，总会不由自主地修饰和装扮自己，以其文化的面貌和形体来替代自然的面貌和形体。同时，人的心理状态更是处在不同的发展与变化之中。可见，一个人的成长和生命的实在延续，根本上是一个文化问题。若要了解一个人的真实面貌，必须考量其在若干时间里的文化生活环境，对一个人的存在之真的叙述，必须依赖其生命存在的文化背景和文化材料。而对文化的共同参与性，则是人与人之间生命存在之相互联结的根本条件。只有共同创造文化的关系，才能相互承认"为人"的生命存在。共同的文化生活是人与人之间的生命存在关系的中介，只有它，才能使人与人之间相互认同。

---

① 李鹏程：《当代文化哲学沉思》(修订版)，北京：人民出版社，2008年，第193页。

其次，在社会中，人有社会角色的区分，这是建立在"分工"概念上的职业划分。一个人的职业会对其生命存在造成非常重要和明显的影响。不过，一个人的职业并非其生命的全部内容。人的活动具有多样性，于是在实际生活中，一个人往往会具有不同的身份。这种情况在社会文化程度愈高的环境中愈为明显，人的身份就更多样。那么，每个人的社会性真实，就是他所有社会角色、社会关系的总和，这便是人作为一个文化存在者的生命存在的本真图景。

最后，人作为文化存在，其活动的精神性和实践性之间的关系颇为复杂。我们会常常发现一些人心口不一、言行不一，即人的内心思想和行为表现相背离的情况。这是由于人在自身生命活动过程中，内在的精神意向同现实生活表现具有既统一又矛盾的性质。人的行为和言语表现既可以真实展示其内在的精神状况，又可以虚假地表现它。与社会中其他人的交互，却不能深入人的内心世界，只能从其外在行为表现来加以判断。因而，若要更加真切地把握社会中他人真实的所思所想，必须借助时间的积累，或者通过其外在的整个文化环境加以推敲。可以说，对人心灵世界的真实状况复杂性的文化理解，也是一种探索行为，其最终目的是对人的多重面目、多重真实、多重本性的真正理解。这个理解的任务伴随人的一生，不会完结。

理解了人作为文化存在与社会中其他人的交往之复杂性，就更容易把握当下儿童在数字媒介中的人际交往的复杂性。数字媒介营造的广阔的虚拟世界，使人们之间的相互交往变得更加便捷畅快，也更加扑朔迷离。网络上的每一条信息，其背后都隐藏着作为文化创造者的其他人，我们无法看到这个人的真实面貌，只能凭借虚拟信息进行推测，这就对尚处于人生初期的儿童带来极大的挑战。研究发现，尽管数字化阅读的互动性具有增强体验的效果，儿童在阅读中能感受到更多的趣味性、更强的感受等，但是儿童在数字化阅读中容易被表面的、与内容无关的信息或活动所干扰，阅读效果并不尽如人意。① 因此，当数字化阅读将书写文字转变为实时的、互动的、开放式的文本，读者本身就具备了作者和建构者的身份，信息的结构和意象都有赖于读者自身与信息的交互才能得以转换、生成，而这种交互其实是与这些可塑性强的潜在信息文本背后的社会他人交互。儿童在这样的阅读体验中，应当具备批判性建构的意识和能力，不能被信息文本牵着鼻子走，而是要综合信息文本的环境和情境，考量信息文本背后的潜在思路与意图，从而基于自己的创造性，主动地进行信息交互。整个阅读过程，体现出人作为一种生命存在，与社会他人之间交互的灵活性。

（四）达至意义生成之善

人之求善，在于人对自己行为的恰当性的反思与追求，是人之生命的内在要求，来自"生命的自我保护、生命理想的自我优化和生命价值的自我提升的冲动"②，也受到人类社会规定的影响与制约，在"人际间的自由交流和生活交往之中"③。求善的价值，在于它为人们的所作所为构建一个规范的系统，使人们的行为方式进入一个有秩序的体系。因而，"在一定意义上来说，善就是人所安排的合理的文化世界'秩序'。这个秩序包括两个方面的内容：其一，诸多世界事物在人的意识中，同时也在现实世界中形成合理的'布局'和相互作用的关系……人在这一片土地上，形成了'一套'合理的世界秩序，同时，也就是他们的合理的生活秩序，从而，生命存在的这种'有秩序'的世界图景，就可以被我们称之为'善'"④。

人对自己生存的这种秩序的认识，从人与世界的关系来看，主要有三个方面：人对自身生命秩序的认识，人对自身与自然世界关系秩序的认识和人对自身与社会关系秩序的认识。

人对自身生命秩序的认识来自人的自我反省，当人认识到自我的时候，

① 林以德：《第七种语言：行动网路时代儿童的"阅读"、"游戏"与"学习"》，博士学位论文，台湾台东大学，2014 年，第 15 页。
② 李咏吟：《审美与道德的本源》，上海：上海人民出版社，2006 年，第 136 页。
③ 同上书，第 139 页。
④ 李鹏程：《当代文化哲学沉思》（修订版），北京：人民出版社，2008 年，第 201—202 页。

已经存在于这个世界上了。生命存在性是人必须接受的一个现实，在这个基础上提出的对自身生存目的和生存意义的追问，则是人引导自己生命存在持续下去并不断优化的手段。对这样的追问，若能给予恰当的回答和认识，就是人对自身生命秩序向善的构建。在这个构建过程中，人成为一个自觉的、具有文化意识的生命存在，成为一个具有积极人生态度的生命存在。这体现在：人首先对自身生命性的清晰认识，知道自身具备的基本能力以及与周围人相比的优势和劣势，承认并尊重自身的生命存在现实性，勇于同自身的弱点做斗争，逐步建立起自身更加健全和美好的个性、人格。同时，人还要对自身改造和创造新的世界的可能性加以认识，并不断进行自我完善，在认清自身的基础上，不断发挥自身的能力，达到自我生存意义的追寻和探求。

人对自身与自然世界关系秩序的认识，基于人的生存本能，人总是尽最大的努力，去取得在这个世界上的生存权，这是人之初的文化意识里对自己下的绝对命令。但是在人追求生存的活动中，逐渐发现外在的自然事物若是能够被合适地利用，就会帮助人生存。于是，为了寻求这种合适性，人们需要注意世界万物的相互关系，认识人所接触的自然环境的结构，从而形成一种与环境相适应的态度来对待世界万物，这就是善。这种善的获得，建立在人对周围事物的性质和发展规律的认识与了解上，就是具备认识它们的知识。"只有有了知识，才能形成一种理性地对待事物的从容态度，而不为一时的、眼前的满足所'激动'、所'迷惑'，从而保持一种稳定的文化态度。"①在知识基础上，善就是人们按照自然世界的性质和发展规律对它们进行改造、重组和利用，从而使自然世界形成一种对人的生命存在有益的秩序。因此，当人和自然世界建立联系时，应当以一种文化的态度，考虑到善的价值。只有善的意识和行为，才可以称得上是文化的，否则，则是反文化的。

---

① 李鹏程：《当代文化哲学沉思》（修订版），北京：人民出版社，2008年，第201页。

　　人对自身与社会关系秩序的认识，核心是对人际关系的价值判断。其首要问题是对"他人"概念的理解。人类几千年的文明历程中，对此问题进行了大量的思索和讨论。"当人类形成了血缘亲和性同利益分配上的分裂性之间的矛盾的时候，人类才算第一步地迈入了'社会'的文化门槛。"①由于东西方对待这个问题产生了态度上的差异，从而形成了关于社会关系中求善的不同理解。在传统的东方文化世界里，强调的是血缘亲和性，因而就以血缘为核心，建立起古代中国式的善的价值观念——同与自己血缘有关系的人相亲近。而古代西方则相反，强调的是利益分配的分裂性，因而就以利益为核心，构建起古代西方式的善的价值观念——强调个人权力和利益的平等、自由。当然，几千年的演变历程中，顺着这两条线索，发展出了诸多思想和理念，形成了东西方文化的巨大差异，这里不再赘述。而在现代世界相互融合的大背景下，世界文化正在相互交融、碰撞，并展示出一些具有通用性质的善的理解：第一，是关于普遍道德的善，即建立在人类作为生命存在的保持和优化的承担者的共同的文化命运上。在人们共同的文化生活中，应当互相尊重、互相关心、互相爱护和互相帮助；在共同事业的建设中，以自由、自觉、自愿为基础，并建立平等的、相互协商和对话的交往关系。第二，是关于普遍社会秩序的善，社会共同体的秩序应该由非人格的、代表共同意志的符号形式来作为依据，秩序应尽量为每个人的自由发展创造条件，而不是对人形成越来越多的限制和压迫。

　　人之求善，在文化的漫长发展历程中所形成的一系列思想结晶，给我们审视儿童在数字媒介中的文化阅读生活提供了视野和理论框架。儿童对自己生存秩序的认识，也涉及三个方面：儿童对自身生命秩序的认识，儿童对自身与自然世界关系秩序的认识和儿童对自身与社会关系秩序的认识。儿童对自身生命秩序的认识来自自我反省，表现在自身生命性的自觉发现，通晓自身具备的基本能力以及与他人比较的相对特征，承认并尊重自身生命

① 李鹏程：《当代文化哲学沉思》（修订版），北京：人民出版社，2008 年，第 204 页。

存在的现实性。儿童对自身与自然世界关系秩序的认识，旨在洞悉世界万物的相互关系，明晰自然环境的基本结构，进而形成一种与环境相适应的态度来对待自然世界。儿童对自身与社会关系秩序的认识，核心是对人际关系的价值判断，通过建立他者的主体身份认同，致力休戚相关的文化命运共同体的构建。

儿童阅读正是帮助儿童形塑自我、尊重自然和理解他人，进而建立完整的内在心理秩序链条的关键活动。各类阅读媒介在文化绵延跌宕的浩瀚历程中传递信息、沟通思想。儿童阅读则需要在与文本符号的互动中通过生命意义的显现而凸显对善的永恒追求。首先，儿童在面对数字媒介所提供的浩如烟海、满足各种诉求的虚拟世界的信息时，要考虑自己的现实生存性，对自身的认识要比较清晰和准确，不能沉浸在虚拟的满足中而忘却现实中自己的身心存在；同时，儿童在成为一个自觉的、具有文化意识的生命存在，成为一个具有积极人生态度的生命存在的过程中，需要外在文化提供一个具有牵引力的引导，让儿童在数字化阅读中把握自身发展的向上性、成长性。其次，要通过文化引导的方式，让儿童懂得在数字媒介提供的信息中，探寻事物的自然发展规律，获得事物的性质以建构自己的文化体系。在与虚拟世界的事物相互作用时，儿童要逐渐懂得透过现象看本质，以期更好地把握虚拟世界信息的规律性和有限性。最后，不可忽视儿童在虚拟世界中的人际交互，让儿童逐渐懂得虚拟世界的信息具有强大的人为性，每一条信息的背后都隐藏着他人的意图，从而将人机交互认识为与他人的人际交互；此时，就要注意在数字化阅读时，彼此的平等、尊重、对话和互助，不能被信息背后的大手牵引着走向迷途，而是要利用和改造所面对的信息，从而将虚拟世界的信息为我所用，作用在发挥自身创造性和自由向上生长的潜质上。

（五）体悟诗性逻辑之美

美作为文化价值的一项诉求，奠基于人类的普遍意识，是人类生命存在与延续的恒长的文化理想和文化旨归。"人如果使自己进入这样一种无功利的、无利害的审美境界，用求美的心态来体味世界和自己的生命存在，在这个时候，人会感觉到自己得到了一种冲破一切'世俗'界限的精神解放，获得了无比广阔的生存自由。只有在这个时候，人才能体悟到自己作为一个'世界的而又精神的'生命存在物在现实中存在的最高意义。这就是人之所以追求美的文化原因。"①人们对美的追求，最根本的是人对可以使自己产生愉悦感的具体形象的一种追求。这种愉悦感来源于人对外部世界的审美观照，来源于外部世界"同人的求美心灵、审美眼光的一种'契合'"②。

这种契合是两个方面共同作用与投射的结果。一方面是人的内心世界向外部世界投射。人之生命存在有其本质力量，它基于人的生命的蓬勃向上的生长力和活跃性，同时，人具有生存在这个世界上累积下来的各种经验和情绪。当外在事物唤起人的某种经验或回忆时，如果带来的情绪体验是愉悦的，那美的感受自然就产生了；当人的情绪外化，还会将整个世界都自我化，自身的情绪体验往往就成为世界的情绪，这样，人会有一种共情的体验，这是一种内在自由的状态。黑格尔说："审美带有令人解放的性质，它让对象保持它的自由和无限，不把它作为有利于有限需要和意图的工具而起占有欲和加以利用。"③因此，人的内心世界得以外化，精神中的情绪得以宣泄，达到了心灵的净化，从而感觉到自由、愉悦和欢欣，达到审美状态。另一方面，是外部世界向人的内心世界的投射。并非所有的外部世界事物都能投射到人的内心世界，都能引发契合和愉悦，只有能够反映人的生命本质和生命活力、代表生命成长广阔性和可能性的事物与景象，有可能进入人的选择。虽然这些事物可能并不具有生物学意义上的生命，但由于它们在人的眼里具备了某种活的意义，从而成为一种生命灌注的形式，因此它们在人的眼里是美的。同时，外部世界事物要在人的审美观照中产生投射，关键在于其结构所呈现出的一种和谐的形象，即存在之间关系的统一性与和谐性。这种外在的和谐、人作为生命本身存在的和谐与统一产生联系，从而产生美

① 李鹏程：《当代文化哲学沉思》(修订版)，北京：人民出版社，2008 年，第 218 页。
② 同上。
③ [德]黑格尔：《美学》(第一卷)，朱光潜译，北京：商务印书馆，2020 年，第 147 页。

的效果。在这里，和谐并不是无差别的、乏味的、混沌的"一"，而是在结构、关系和过程中所展示出的有差别的、丰富的、多样性的一种"属一"或"归一"的性质，是外在事物之间或者各部分之间的秩序符合人作为生命存在的本质力量的追求，从而形成一种内外的契合。

由此我们可知，人之爱美、求美、审美，都是一种文化意识下自身生命体验与外部世界秩序相契合，从而产生精神愉悦的过程。在儿童阅读中，愉快就像胶水，能黏住儿童的注意力。当儿童在阅读的世界里感受到了愉快，就会沉浸其中，流连忘返。反之，如果一个儿童很少体验到阅读带给他的乐趣，那他的自然反应必是回避。因而，在阅读中带给儿童美的、愉悦的心灵体验，就成为我们寻求数字化阅读价值诉求的重要方向。

儿童看待和把握这个世界的眼光和成人不同，成人的思维呈现出逻辑理性思维的特性，而儿童的思维则是非逻辑感性思维。意大利哲学家维科（Giambattista Vico）认为，早期人类记忆力强，想象力奔放，但思维能力不发达，而且推理能力越薄弱，感觉力和想象力就越旺盛。这种感觉力和想象力的智慧表现形式，就是"感觉到的想象出的玄学……这种玄学就是他们的诗，诗就是他们生而就有的一种功能（因为他们生而就有这些感官和想象力）"[1]。他把这种以想象力为基础，以诗为表现形式的智慧称为"诗性智慧"，其思维方式是诗性逻辑。犹如人类早期阶段的特点，儿童阶段的逻辑是一种诗性逻辑，他们凭借敏锐的感觉和天真的本性、直觉，形象地认识事物和把握本质。"它是儿童文化中最可贵的一面，是儿童丰富感性的具体体现。"[2]基于儿童的这种诗性逻辑，儿童对世界的认识呈现出与成人不同的景象。儿童对外部世界和内心世界的把握不是靠概念和概念化的方法，而是基于自己的自由和想象力，透过一种直觉达成的。儿童在对世界的无边的好奇和无尽的探索中，睁开打量世界的双眼，因而儿童是天生的探索

---

① ［意］维科：《新科学》（上册），朱光潜译，北京：商务印书馆，1997 年，第 181—182 页。
② 边霞：《儿童的艺术与艺术教育》，南京：江苏教育出版社，2006 年，第 21 页。

者。在探索世界的过程中，儿童具有无限的创造力和勇气，因而儿童也是创造者。这些特质都表明，儿童对世界的审视基于他们的诗性逻辑。数字媒介打开了一扇通往无边无际虚拟世界的大门，儿童看到了里面充满诱惑的信息，探索的天性受到激发，于是沉迷虚拟世界的现象屡见不鲜。但是，正如并非所有的外部世界事物都应该进入人类的内心世界，也不是所有的虚拟世界的信息都适合进入儿童的内心世界，要达到审美的境界，必须对信息内容做另一方面的审视。前文论及，外部世界事物所呈现出的一种秩序上的和谐状态，与人的内心世界相契合，使人产生愉悦感，这是审美的发生。而数字媒介提供的虚拟世界中，不乏大量的不和谐的内容，即丑的、凌乱的、比例失调的和搭配不当的等。这些内容即使穿着美丽的外衣，刺激着儿童的感官，让儿童欲罢不能沉迷其中，但从本质上来说，它们并没有与儿童的内心世界产生真正的契合，无法产生真正的精神愉悦，反而会有害于儿童的身心健康。

儿童阅读对审美的价值诉求，需要立足儿童内心世界和外部世界的关系，筛选出秩序的、和谐的阅读媒介符号信息，与儿童探索世界的诗性逻辑特点相契合，使儿童的阅读活动能够内在体验到精神上的愉悦，在真正意义上体悟文化之美。

第五章

症候省思：儿童数字化阅读的文化机理

前文中第二章调查得知，数字媒介为儿童打开一扇崭新的阅读时代大门，也使部分儿童深陷虚拟世界而不能自拔，偏离了借助数字媒介进行求知、阅读的本意，在自我确认、与现实世界联系、人际交往、意义生成和审美情趣等方面显示出自身生命活力的迷失。儿童在数字化阅读上呈现的一些问题，是儿童个人的行为和价值观的问题，终究会反映在个人生存和发展上的问题，最终也会成为社会发展的问题。在第三、四章理论构建之后，本章将对儿童数字化阅读的文化症候进行机理分析。本研究认为，这些症候的产生，背后隐藏着深刻的根源，是整个关涉儿童数字化阅读的文化系统中的诸多文化因子共同作用的结果。

一、 儿童数字化阅读文化症候产生的根源

（一）主体性根源：儿童自身天性被过度开发

数字媒介与儿童的亲密接触引发的一些阅读问题，与儿童本身生命存在所蕴含的天性有关。自约翰·洛克（John Locke）提出"白板说"，给人类现代教育观念带来巨大的转变，人们将目光投向儿童生命的自然天性。经过两百多年的发展，现代科学发现，刚出生的婴儿，其心灵并非一张白纸。[1] 意大利儿童教育家蒙台梭利通过临床对儿童之家的研究发现，婴儿

---

[1] 陈华文：《文化学概论》，上海：上海文艺出版社，2001年，第153页。

一出生就有了微妙的心理反应。她提出儿童感知外界环境的敏感期,强调教育要把握侧重点不同的关键期。① 后期越来越多的研究者发现,人类自出生伊始,身上就带着一股向外探索的潜能,这构成人类日后发展的基础,这是一种生物性的基本取向。人们将这种基本取向概括为天性,它包括彼此渗透又相辅相成的两个方面——原初性与可塑性。儿童正是以这两种基本属性为基础,获得了向外部探索与互动的机会,逐步完成个体生命成长和文化生成。正如让·皮亚杰所说:"儿童的心理是在两架不同的织布机上编织出来的,而这两架织布机好像是上下层安放着的。儿童头几年最重要的工作是在下面一层完成的。这种工作是儿童自己做的……这就是主观性、欲望、游戏和幻想层。相反,上面一层是一点一滴地在社会环境中构成的,儿童的年龄越大,这种社会环境的影响就越大。这就是客观性、言语、逻辑观念层,总之,现实层。"②

1. 儿童强烈的原初性

儿童的原初性是指儿童与生俱来的内在本能,是儿童生命的基本特性。它存在于儿童自身生命本身,根源于人生存与发展的需要,代表着人之初蕴藏于体内最深层、最饱满、最旺盛的生命活力,提供人初步探求世界奥秘所应具备的各种动能。可以说,儿童的原初性是人之原型,人类创造的源泉,人类文化之根。

蒙台梭利认为儿童存在着与生俱来的内在生命力或内在潜能,儿童不仅具有肌体,而且具有一种内在的生命力。儿童的生命力"是一种难以捉摸的东西",正像一个"生殖细胞"一样,确定着个体发展的准则。③ 类似的观点还有夸美纽斯的"自然法则""种子",裴斯泰洛齐的"自然天性",福禄培尔的"神秘本能",杜威的"本能",等等。他们都倾向于肯定自然对人的发展具有一定的规定性,也就是人天生具有一定的自然属性。这种属性即

① ［意］蒙台梭利:《童年的秘密》,梁海涛译,上海:上海人民出版社,2007年,第44页。
② ［瑞士］让·皮亚杰:《儿童的语言与思维》,傅统先译,北京:文化教育出版社,1980年,第4页。
③ 杨汉麟、周采:《外国幼儿教育史》,南宁:广西教育出版社,1993年,第281页。

是人生命发展的内在生命力或内在潜能，是积极的、活动的、发展着的存在，具有无穷无尽的力量，按照遗传确定的生物学规律发展。关于儿童这种原初性的本能的结构，福禄培尔认为，包括四种——活动的本能、创造的本能、艺术的本能和宗教的本能；杜威则认为包括社交的本能、制作的本能、研究和探索的本能、艺术的本能等。学者刘晓东认为："天性是人身上的自然性、宇宙性，它是自然意志、世界意志、宇宙意志。它的内容是本能、无意识和意识的先天形式以及部分意识，这部分的意识也是作为本能与无意识之间的意识，是对本能与无意识的意识。就像肉身有自我复制的欲望和生长的能力一样，精神也有自我复制的欲望和生长的能力。精神的成长与创造，与肉身的生殖与成长一样，都是自然而然的。它们是人的本能，也是自然的意志。"①中国台湾学者黄武雄将儿童的原初性视为"源于自然的原始创造特质"，包括"辨认特征与无边好奇"、"生之勇气"和"宽容无邪，不存偏见"，认为这是"人学习母语的基础能力，是人认识世界的凭借"。②

　　当数字媒介携带着海量信息资源及其便捷易操作的获取方式，与儿童生而有之的原初性相遇，必将擦出耀眼的火花。裴斯泰洛齐指出，作为生命现象，人类与动植物的生长有相似之处，但是人类又不同于动植物。"人类生命的真正源泉、人类善恶的真正源泉是从人类感觉的自我和感觉的环境中吸收过来的，而不是依附于人的躯体；它超越了一切肉体的羁绊，它是自由的。"③这种自由体现在，儿童充满好奇的双眼与渴望成长的心理，通过数字化阅读的屏幕，进入五彩斑斓的世界，他们密切注视着里面的一切，观察着、吸纳着，他们不知疲倦地触摸这个新奇的世界，探究这个世界里的各种事物，体会与这个世界的各种联系。在数字化阅读的世界里，儿童根据自己的天性进行探索，并收获由此带来的生命乐趣，形成一种独特的行为和生活

① 刘晓东：《论教育与天性》，《南京师大学报》（社会科学版）2003 年第 4 期，第 69 页。
② 黄武雄：《童年与解放》，北京：首都师范大学出版社，2009 年，第 22—23 页。
③ ［瑞士］裴斯泰洛齐：《裴斯泰洛齐教育论著选》，夏之莲等译，北京：人民教育出版社，1992 年，第 323 页。

方式。

　　然而，儿童"这种源于自然的原始特质是价值中立的，无关乎性善性恶，没有神魔圣暴之分"①。也就是说，儿童对所获得的信息资源并没有价值判断，他们只是运用自身的生命特质，达到对世界的探索和对自由的追求，追求的是一种无功利的、不受现实需要和世俗义务影响的文化，是一种自由的、诗意的、无用之用的文化。当数字媒介提供的信息资源与儿童所处的身心状态产生距离，儿童凭靠自身原初性获得大量不适合自身身心状态的信息符号时，儿童的内在潜力因额外的任务而被开发得太早，出现信息过量和过度，问题就出现了。这种情形正如早开花的树反而凋谢得快，而晚一点开花的树却得到较大的力量支持和耐久性更好；早熟的果子只能当天有用，却不易保存，而晚熟的果子却可以常年保存。当孩子未长牙的时候，却任由他"咀嚼"烧饼，自然就获得不了所需的营养。

2. 儿童极大的可塑性

　　儿童的可塑性是指儿童出生后经后天培养的发展可能性和上升空间，是儿童自然开放性的体现，是人类非特定化存在样态的潜在可能性。这种可能性具有非限定的可塑功能，使得人与动物有所区别。儿童的可塑性与其原初性有必然联系。可塑性正源于儿童的原初性，即人的天生创造特质。"人必须自我完成，必须自我决定进入某种特殊的事物，必须凭借自身努力力图解决自身出现的问题。人不仅可能而且必须是创造性的。创造性并非只限定于少数人的少数活动，而且必然根源于人类存在的结构。"②人的这种内在存在结构被赋予解决问题和创造事物的能力。对人类社会中存在的儿童来说，自一出生就与外界文化环境结下了不解之缘，接受外界对其不断的塑形与教化。包括教育在内的外景文化符号系统，就成为帮助儿童探索世界最重要的文化存在，帮助对儿童的可塑性进行开发，使其完成潜能开发

---

① 黄武雄：《童年与解放》，北京：首都师范大学出版社，2009 年，第 23 页。
② ［德］M. 蓝德曼：《哲学人类学》，彭富春译，北京：工人出版社，1988 年，第 246 页。

并融入社会。因此，儿童的可塑性为儿童探索世界提供了最重要的文化属性，缺少这个动因，儿童便无法向外部文化世界迈进，而外部文化世界也借此深刻影响着儿童的生命发展和儿童自身的世界。

儿童不能凭借一己之力完成自我发展，需要来自外部文化世界的直接参与才能达到自身文化生长。正如夸美纽斯所说："任何人在幼年时代播下什么样的种子，那他老年就要收获那样的果实。"①可见，外部文化世界的诸多文化符号至关重要。若外部文化世界能够在尊重儿童先天生理、心理特点和生命成长规律的基础上，给予适合儿童需要的信息符号，则儿童将受其利；反之，若外部文化世界未能把握好分寸，只是一味地以成人世界的标准或者无标准地给予信息符号，则儿童将受其害。对此，让·皮亚杰也认为，若利用外在力量强行推动儿童超越其自然的水平，不仅对儿童的正常成长无益处，而且可能导致长期发展中的阻滞。"我们可以设想，儿童发展的较慢速度也许有利于最后更大的进展。"②英国统计学家、遗传学家罗纳德·艾默尔·费歇尔（Ronald Aylmer Fisher）等人提出了"成长与发展的非线性动态模式"，不仅证实了让·皮亚杰有关思想的正确性，而且进一步揭示，某种不当行为的刺激会导致短期变化，会对人的整体成长系统产生弥散性的影响，使整体发展脱离平衡状态，并且在接受不当的催熟刺激的那个领域，产生较为低下的发展水平。罗纳德·艾默尔·费歇尔等人指出，当成长速率过于高涨时，可能导致系统成长的紊乱无序。从这个意义上来说，为了稳定地、平衡地、系统地发展，应保持比较平衡的成长速率，使成长过程呈相对平衡的趋势。③可见，外部文化世界对儿童成长所提供的支持性影响应当是有度的，各领域之间的联系和影响应当是适中的，这样才有利于儿童整个生命系统的成长、整体的发展，过早专门化是不明智的。儿童成长得太

---

① ［捷］夸美纽斯：《大教学论》，傅任敢译，北京：人民教育出版社，1979 年，第 22 页。
② 杨宁：《幼态持续、发展的原发性和早期教育》，《西北师大学报》（社会科学版）2002 年第 4 期，第 30 页。
③ 刘晓东：《儿童教育新论》，南京：江苏教育出版社，1998 年，第 82 页。

快，被过早地结构化、定向化，其发展空间不可能得到恰当的拓展。

由此反观儿童在数字媒介下的阅读，如今，数字媒介在移动互联网技术的助推下，已经成为"脱缰的野马"，洪水猛兽般呈现在儿童的眼前，走进儿童的世界。这些媒介信息与家庭、学校一样，发挥着对儿童的塑形与教化的作用，达成外部文化世界对儿童主体的浸染与影响。儿童像等待被宰的羔羊，在其自身极强的可塑性的基础上，任由数字媒介上的信息符号牵着鼻子走向未知的世界，自身无限发展的可能性被持续放大，而这种可能性并非适合儿童作为一个现代社会人所需的"可能性"。如此过度开发儿童天性，导致儿童提前或过度社会化的现象时有发生。学者刘晓东不无忧虑地写道，"这是一个万物都被注射了激素的年代"，"我们吃着早熟的水果、蔬菜、粮食，看着早熟的明星的表演，阅读着早熟的作者的文字，祝愿自己的下一代在早熟者的行列里名列前茅。也许再过若干年，人世间的万物都将不再拥有童年……'儿童'这个词所指的将不过是年龄较小的成年人而已"。①

（二）技术性根源：数字化阅读背后的理性冲突

数字媒介所提供的信息技术手段与儿童阅读的碰撞，可以以人的理性为基础进行深入思考。在人的本质问题上，传统理性主义者认为，人具有一种先于其存在的本质，这种本质就是理性，或者是理性的认识能力。儿童数字化阅读中呈现的实用性、功利性对人文性、价值性的排斥，实质上是人的理性中工具理性与价值理性相互关系在数字化阅读这一特殊的人类活动上的体现。

从阅读史的角度来看，阅读的功能首先是工具性的。人类社会早期，人类为了保存自身经验以适应外在环境，达到生存和发展的目的，发明和创造了图画、文字等符号，从而人类历史上有了阅读这一专门的社会活动，阅读的直接功能就是保存、传递经验和知识。这是和当时人自身的工具性生存方式相适应的，人在解决自身基本的生存和发展问题之前，尚无

---

① 刘晓东：《教育者应当学会等待》，《早期教育》2002 年第 10 期，第 8—9 页。

法对自身的全面发展进行认识。人们主要思索的是外界自然万物如何为我所用，追求的是对自然秩序的探索。随着文明的曙光来临，人类的物质文化积攒到一定程度，才逐渐将目光从外向内，开始关注人作为生命体本身的意义和价值，开始探索知识、道德、文化和审美等涉及人类自身精神和价值的问题，开始思索人生的幸福和心灵的宁静。自此，伴随着文字符号所蕴含的工具性价值拓宽到思考人自身价值的维度上来，阅读在工具性价值的基础上获得了另一个向度的意义——人文性价值。阅读功能的这两个基本维度被固定下来，不管阅读受时代性、区域性、民族性、文本变化和习惯等因素的影响，两者彼此渗透和交织，在不断斗争中共同发挥作用。而阅读的这两个基本功能，背后所蕴含的人类理性，正是后人所述的工具理性和价值理性。

1. 工具理性的膨胀

"工具理性"是法兰克福学派批判理论提出的一个重要概念，是指人的行动只由追求功利的动机所驱使，借助理性达到自身所需的预期目的，人纯粹地意图通过行动获得利益的最大化，淡化人在行动中的情感性和精神性价值。

工具理性是启蒙精神、科学技术和理性自身发展的结果。随着现代社会的推进和科学技术的进步，人们注意到，西方启蒙运动以来一直被提倡的理性在追求效率和实施技术的控制中，发生了极大的膨胀。人的理性由解放生命力的工具蜕化为统治、支配、控制和压迫人的力量，出现了工具理性霸权的现象，由此带来了因为工具理性的压迫造成的人的生命"被"异化和物化。西方哲学家马克斯·韦伯、卢卡奇、霍克海默尔、阿多诺、马尔库塞等人都对工具理性有过论述和批判。对工具理性的危害，霍克海默尔在《理性之蚀》一书中明确写道："'工具理性'主要关心为实现那些被认为是理所当然的或自明的目的之手段的适用性，却不去关心目的本身是否合理的问题。'工具理性'强调手段及其与目的的可能的协调，它是一种只限于对工具而非目的领域的理性。它只追求工具的效率，它的价值由对人和自然的操纵与控制的效率来衡量，而对目的的合理性并不在意。"①

　　阅读作为人们借助媒介工具获得外界符号信息的路径，其背后的逻辑在于，通过阅读文本，无论这种文本是纸质或是电子、超文本，读者能够获得对现代社会系统的文化符号的理解与认知，满足其在社会中实现自我生命成长与发展的需要。其本身是兼具工具理性和价值理性的。然而，数字媒介下，图像、音频、视频等多种媒介内容以网络化、移动化终端为载体，不间断地充斥着人们的阅读世界，成为人们获取信息认知世界的主要方式。数字媒介提供的声音、图像因其信息呈现、获取的直观性、丰富性，相比传统文字符号信息需要解码、对话等过程，无疑更符合人们以获取信息效率最大化的工具性需求，也更符合现代人注重信息获取的量来最大化"争取"自我的生存空间的需求。因此，包括儿童在内的人们，借助数字化阅读方式，达到自身获取信息和娱乐自我的目的，但对这种阅读方式本身的价值合理性缺乏思索，抑或信息爆炸使人们无暇思索与探究阅读的精神意义。

　　"媒介不仅通过它的内容影响人的认识、价值观和行为，一种媒介的出现、使用和普及，以及它所形成的媒介工具环境本身，都会在很大程度上改变人的人性或人格。"②日本学者林雄二郎在《信息化社会：硬件社会向软件社会的转变》中指出，在文字印刷媒介刺激下成长的读者，阅读深度远高于在数字媒介环境下被音像刺激长大的"电视人"，其逻辑思维能力更强，更注重阅读与精神世界的交互作用。而长期在数字媒介下阅读的读者，更注重感官享受，把阅读作为获取信息和知识的工具。可见，数字化阅读在儿童身上体现出的娱乐化、游戏化、实用化，实非偶然。儿童数字化阅读所出现的儿童生命存在异化的危机，也在所难免，都是现代工具理性在数字化阅读上的集中表现。因此，工具理性的肆虐，市场经济下的泛功利主义倾向，后现代对真理、价值、崇高的解构……这些都是造成包括儿童在内的现代人

---

① 李芒：《对教育技术"工具理性"的批判》，《教育研究》2008年第5期，第56—57页。
② 郭庆光：《传播学教程》，北京：中国人民大学出版社，1999年，第151页。

阅读危机的根源,长此以往,作为未来成人的儿童,在信息获得和感官享受的同时,将收获精神片面、信仰缺失和价值虚无。

2. 价值理性的削弱

与工具理性相对应的是价值理性,是指基于主体的内在需求,通过对社会历史发展的普遍必然性的认识,确定和追求人生的目标、道德的境界和社会的理想。价值理性以求善为目的。① 它确信人的行为的无条件价值,强调的是人的行动的动机纯正和选择恰当的手段去实现自身意愿的目的,对最终的结果并不过分看重。可见,价值理性是人文的,与人的情感、意志相联系,关注的是人的生命本体的生存与发展。

现代以来,科学技术的发展将工具理性推向制高点,把人的生活现实同一切内在目的分割开来,把真与善、科学与伦理分离开来。由于人生命本身的丰富性、复杂性,难以用科学的量化方式进行理解,导致价值理性被不断削弱,造成工具理性和价值理性两者关系的巨大断裂,以工具理性为基础的科学技术带来的实用效益被空前拥护,而以价值理性为基础的关于人性、人的精神的世界则出现巨大的断裂。

工具理性对价值理性挤压的结果,只能是人文、价值逐渐走向毁灭,最终使人成为一种没有感情的僵化了的木乃伊一样的存在物。价值理性的失语与工具理性的独裁,两者关系的这种扭曲与断裂,导致人性的工具化、贫乏化、碎片化和主体性的丧失。个体的丰富的生命体验从此被工具理性所驾驭,让位于所谓的精密的数学计算。那些曾让人们深深敬畏的内心的道德律,曾被康德当作绝对命令的道德法则和"他人"一起成为一些人达到自己目的的工具:他人是与所有其他事物一样可以为我所用的东西。

价值理性的削弱在阅读这一社会活动上的表现,是人们慢慢地变得仅仅把阅读当作一种认知方式和消费方式。当阅读只作为一种工具被使用,其作为一种满足人的内在精神需要的生活价值就一再被遗忘。阅读不再与

---

① 陈志尚主编《人学原理》,北京:北京出版社,2005 年,第 268 页。

人的精神生活相关联,不再解释与彰显人存在的意义,从而导致人自身"被"异化和物化的危机显现。

阅读走向数字化,使它帮助人们获取实用信息的工具性价值得到更大的发挥,从而进一步削弱了阅读的人文性价值。通过文本符号解读和经验还原并加以细细品酌的生活性阅读,已经让位于图文并显、音画两全、声情并茂、界面旋转的快速浏览与信息填鸭,文字的诗性、修辞的审美、句式的巧置、蕴含的意境,被图文直观的强大信息流所淹没,语言文艺的魅力被技术祛魅或解魅了。这时候,昔日纸面凝聚的文艺性被界面的感觉散播所碾碎,文艺表达对技术机器的依赖分割了原有的美和审美。当年不更事的儿童沉浸在这样的数字化阅读信息之中,阅读就像是符号性的认知和信息性的传递,成为儿童的一项普通的生存技能和行为。久而久之,儿童就成为没有精神的"专家"和没有情感的享受者,知识结构单一,人文素养缺失,以及道德意识淡薄。

（三）文化性根源：成人社会的失范与失教

任何儿童问题,实质上都是成人问题。儿童在数字媒介环境下的阅读危机,其根源必然指向成人社会。在由成人主导的整个社会文化环境中,儿童从周围一切文化途径中获取信息符号来建构自身的文化生命,而外界的文化系统起着提供资源和引导方向的重要作用,当成人为主体的资源提供者欠缺基本的技术伦理精神,方向引导者的文化制约作用发挥不力,身处其中的儿童必然出现各种问题。

1. 技术主体伦理精神欠缺

"技术是负载价值的……作为一种重要的人类实践活动,技术的价值负载是在技术与社会的互动整合中形成的。"[1]技术在本质上是与风险相伴的不确定性活动,技术的价值负载,使我们必须对技术本身作出伦理上的约束。技术伦理,即对人类在技术实践活动中所面对的伦理问题进行道德反

---

[1]　段伟文:《技术的价值负载与伦理反思》,《自然辩证法研究》2000 年第 8 期,第 30 页。

思。它主要包括技术设计和试验中的伦理问题、技术产品生产中的伦理问题、技术产品使用中的伦理问题等，涉及参与技术实践活动各个阶段的人类主体，比如技术工人、技术设计人员、技术管理人员、技术研发者和技术产品消费者之间的伦理道德关系。

对技术主体而言，技术是人的实践形式，而人是我们所在的世界上唯一为其行为承担责任的生物。在技术伦理实践中，核心的伦理精神不只是信念或良心，责任是更为重要的伦理精神。"用责任意识去衡量相关人员的行为，较以至善的信念做标准更为明确具体。"①因而，在技术实践过程中，应当充分考量技术的多种可能性和后果，评估技术风险，进行伦理考量和道德审视，设立技术实践警戒线。一般而言，技术伦理倡导五条基本原则：不伤害原则、审慎原则、责任原则、全面评估原则和持续跟踪原则。②

然而，由于在技术实践的各个环节，除了政治、经济、军事等显而易见的因素制约，还有许多隐藏的社会文化因素在发挥重要的作用，比如群体利益的分配、文化价值的选择和权利格局的博弈等。它们往往造成技术主体的伦理观念较为模糊甚至冲突，无法达成明确的共识，从而导致多重危害，比如技术研发者较少主动考量伦理因素，技术管理人员有意无意地忽视伦理因素，技术受益者在价值选择上乐于维持共识不明的状态，使用技术的公众无法对技术的价值取向作出判断，等等。如此一来，技术实践中各个技术主体的伦理道德意识和精神将会出现欠缺。

儿童数字化阅读实质上是儿童作为技术使用主体，在技术研发和管理主体所提供的数字媒介上，进行信息符号获取和交互，从而建构自身文化生命的过程。由此可见，儿童数字化阅读至少涉及两个方面的技术主体：一是技术研发和管理主体，二是作为技术使用和消费主体的自身。

关于技术研发和管理主体，其伦理道德意识的薄弱将导致技术本身所

---

① 刘大椿、段伟文：《科技时代伦理问题的新向度》，《新视野》2000 年第 1 期，第 36 页。
② 王伯鲁：《技术化时代的文化重塑》，北京：光明日报出版社，2014 年，第 143—144 页。

能提供的信息存在伦理问题。埃里希·弗罗姆(Erich Fromm)曾对现代技术发展的两个不良原则提出疑问：一是"凡是技术上能做的事情都应该做"；二是"追求最大的效率与产出"。① 其中第一条原则迫使技术研发和管理主体在伦理价值上无限退让，第二条原则可能使人沦为社会效率机器的部件而失去生命个性。在数字媒介技术上，尤其是移动互联网的接入，网络信息大规模、无限制地增加，其中鱼龙混杂、良莠不齐，相关管理部门和国家法律法规疏于对技术研发者的伦理约束或制约力不足，数字媒介技术研发者的主体伦理意识也不足，导致儿童在数字化阅读中"被"异化，甚至已经产生一些触犯人类道德底线和法律红线的行为。

对作为技术使用和消费主体的儿童而言，其自身的技术伦理道德意识较为淡薄。他们认为在数字媒介上，人是自由的，而且是无限的自由，可以根据自己的心意，随意地使用数字化阅读终端，平时在现实世界中不敢说的、不敢做的，可以在虚拟世界中任意宣泄。如此，数字媒介的互联使得各种博人眼球和颠覆三观的信息在儿童的数字化阅读中进行传播，反过来又刺激了儿童自身的认知和价值观建构，形成恶性循环，继续冲淡着包括儿童在内的人类数字化生存的伦理道德精神。

2. 教育系统的制约力不足

"每一种工具里都嵌入了意识形态偏向。"② 一种新工具的引入，附带其价值观导入，将带来更大范围的生态变革。在这个儿童阅读走进数字媒介的生态变革体系中，儿童作为主体，除了受到媒介的直接影响，外围的教育系统的制约与引导力量是最重要的制衡因素，其中以家庭教育和学校教育最为核心。家庭教育和学校教育的合理发挥，能有效保障儿童数字化阅读的方向和内容。然而，我们发现，家庭教育和学校教育在对儿童数字化阅读乃至儿童虚拟生存的问题上，还存在诸多问题，其制约力还不够。

---

① 高亮华：《人文主义视野中的技术》，北京：中国社会科学出版社，1996年，第112页。
② ［美］尼尔·波兹曼：《技术垄断：文化向技术投降》，何道宽译，北京：北京大学出版社，2007年，第7页。

　　在家庭教育中，家长被誉为"儿童的第一任教师"，其言行举止对孩子的影响巨大。在我国当前教育体系下，许多家长认为凡事都要以儿童的学业为重，因而反对儿童进行数字化阅读，因为这样会挤占儿童的学业时间。尽管家长可能对儿童进行数字化阅读持反对意见，但又忽视了言传身教的意义。往往家长在数字媒介影响下，安于做一名"数字移民"，沉迷在数字媒介所提供的大量信息资源中，乐此不疲，却让儿童与数字媒介隔离或者远离。可是，儿童随时都在进行对成人世界的观察与模仿，成人尤其是家长的数字化阅读行为对儿童产生直接的影响，这种影响是无法避免的。因而，家长自身在数字化阅读上的失范行为，是导致儿童在数字化阅读中迷失的重要因素。

　　此外，家长除了言传身教，还在家庭教育上起到资源提供、内容审查、方向引导、答疑解惑等重要的作用。然而，许多家长忙于自身事务，认为教育是学校的单一责任，家长的义务并不包括教育责任，或者即使深知自身的教育责任，却苦于没有相关知识背景和意识态度，只能采取简单的奖励或惩罚的手段进行引导。这就容易出现对儿童数字化阅读行为听之任之的放任主义和严厉禁止的保护主义，走极端的做法往往事倍功半，无法切实发挥家庭教育的真正作用。

　　在学校教育中，作为具有专业化的教育者和教育体系的专门化教育场所——学校对儿童当前数字化阅读采取的制约力度也不足。长期以来，我国学校的信息技术教育侧重对信息技术的使用、应用的知识和能力的培养，对数字媒介时代的技术使用伦理道德教育很少，也没有形成体系。不管是小学、中学还是大学，设置的计算机课程中涉及技术伦理道德教育的内容寥若晨星，教授相关课程的教师也很少能够得到专业的意识培养和教育培训，导致在课程中关涉技术伦理道德的内容少，在教学中则主要依靠教师自身的技术伦理意识，其效果可想而知。

　　教育部印发的《中小学教师教育技术能力标准（试行）》，对教师在应用现代教育技术过程中的能力与标准进行了详细的规定。但是，该规定并未着重从伦理规范的角度给予系统的责任体系标准。进而，教育部又印发《中小学教师信息技术应用能力标准（试行）》，明确指出教师要"具备信息道德与信息安全意识，能够以身示范"，要"帮助学生树立信息道德与信息安全意识，培养学生良好行为习惯"。[①] 这说明，在我国教育制度中，儿童数字化学习的伦理道德问题已经被关注并切实对此开展了相关建设。但还存在许多亟待解决的问题，比如教育者自身职业道德规范与技术伦理规范的融合问题，教育者作为道德载体的个人与儿童技术生存利益可能出现的道德冲突问题，教育者在具体的教育教学过程中应当承担哪些伦理规范、道德约束和法律责任问题，等等。

儿童数字化阅读出现的种种问题，随即带来的儿童生存与发展的危机，涉及教育系统的方方面面，只有逐步健全教育系统对技术使用的规范并付诸实践，才能更好地发挥教育系统对儿童数字化阅读实践活动的引导与制约作用。

二、 儿童数字化阅读的场域检视

儿童数字化阅读涉及一系列的行为主体和文化因素。用场域的视角来观察，儿童阅读的行为发生，涉及其所在的外部经济因素、政治因素、文化因素、社会因素和生态因素，具体而言，家庭、学校、社区和媒介等因素都会对处于核心位置的儿童产生重要的影响。

如图所示，儿童数字化阅读涉及的场域分布可以划分为微观层面、中观层面和宏观层面。在微观层面，儿童数字化阅读直接接触的是数字媒介场域，媒介的物质形态、内容资源、互动方式等文化因素，直接作用于阅读中的儿童；在中观层面，儿童阅读的发生一般在家庭、同伴和学校中进行，这几个核心场域中的人物、资源、结构等直接和儿童的数字化阅读行为产生关联；

[①] 中华人民共和国教育部：《中小学教师信息技术应用能力标准（试行）》，参见 http://www.moe.gov.cn/srcsite/A10/s6991/201405/t20140528_170123.html。

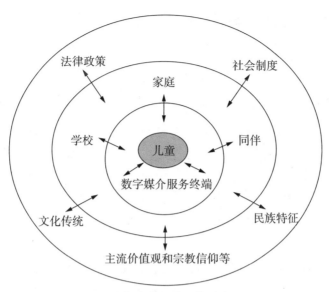

儿童数字化阅读文化场域

在宏观层面,国家的法律政策、社会制度、文化传统、民族特征、主流价值观和宗教信仰等在潜移默化地指引着儿童的阅读。儿童在数字化阅读中出现的危机,和其所处的场域有必然的联系。因此,我们必须以儿童主体性为核心,审视每一个场域对儿童数字化阅读产生的场效应,才能更深刻地明晰儿童数字化阅读尚存问题产生的原因。

（一）微观场域：数字媒介的内容和使用方式

数字媒介服务终端是儿童直接接触的阅读工具。数字媒介场域对儿童阅读产生最直接的场效应。已有研究表明:"儿童并不是完全被动地使用媒介,不同的儿童根据自己的兴趣和需求选择不同的媒介及其内容,结果会形成不同的影响。儿童也并不是生活在单纯的某种媒介环境（如电视）中,媒介对儿童的影响是儿童的媒介偏好与其社会环境共同作用的结果。"[1]不仅数字媒介所提供的阅读内容影响儿童数字化阅读,其技术所呈现的使用方式也不容小觑。

---

① 卜卫:《捍卫童年》,《读书》2000 年第 3 期,第 49 页。

1. 数字媒介的内容管理

科学技术是一把双刃剑，数字媒介也是一把双刃剑。不同于以往的文字印刷媒介——各种信息是经过严格的审核把关才呈现在儿童面前，在数字媒介上，任何人在任何时间任何地方都可能"随心所欲"地发布信息，并经由互联网络传播到任何儿童眼里。这样一来，任何景致，不管它是否适合儿童接受，不管它是否真实可靠，都可能被儿童一览无余。况且，在娱乐至死和消费至上的时代，儿童在数字化阅读语境中并没有被当作受尊重和保护的对象，而产生不适感。

我喜欢通过网络看新闻，不过我觉得网络上的新闻真是千奇百怪，什么都有。比如我看到很多新闻在讲手机爆炸，我每看到一次这样的新闻，我都会惊恐好几天。

（四川—农村—女—12 岁—七年级）

有一次，我在手机上看到一则新闻，讲的是日本福岛核污染后的景象。新闻中有很多图片，图片中一个个残缺不全的人，有婴儿，有老人，有青年。这些人有的没了手臂，有的没了脚，有的只有一只眼睛，有的没了鼻子……这些都深深地把我吓到了。

（福建—都市—女—11 岁—五年级）

有一回，我用电脑搜作业上题目的答案，后来发现网上的答案都是错的。原来网上也有错误呀。

（重庆—城镇—男—10 岁—五年级）

数字化阅读使阅读立体化，丰富了人们的阅读体验，能产生更多的阅读乐趣，同时让儿童在无所不有的虚拟世界中被一些夺人眼球的内容所吸引、所震惊。当我们转换立场，从数字媒介信息资源提供者的角度来看，数字化阅读收费的问题有其背后的商业逻辑。互联网络自诞生起就以免费信息资源为主要特点，免费阅读理所应当地成为读者所认为的样态。然而，天下没有免费的午餐。数字信息提供商作为商业组织,目前主要依靠广告和点击率来维持收入,但面临严重的数字内容版权问题。

我们也要生存与发展,为了帮助出版社营利,同时解决因数字内容引发的版权问题,数字出版相关人员不得不将眼光投向消费者。

(M2—6 年—移动应用程序开发人员)

网站希望通过免费阅读增加点击量,出版社希望通过免费阅读宣传新书,这都涉及版权问题。而越是知名的作者,越是把数字出版权牢牢掌握在自己手中。网站要提供新书在线阅读服务,必须首先通过出版社向作者购买数字版权。这无形中增加了在线阅读服务的成本,加上网站广告收入锐减,网站为了挽救危机,只能提供吸引眼球的大众化内容,或者对优质资源进行收费。

(M1—13 年—网站技术总监)

可见,数字媒介信息资源提供者面临多重利益的博弈,这就造成它们提供优质数字化阅读资源的能力被限制,这是数字内容鱼龙混杂的重要原因之一。在这样的情况下,数字信息提供商也会"见风使舵",根据不同类别的内容决定是否收费,以夺人眼球的大众化免费社会热点内容来吸引读者浏览、积聚人气,而对那些专业性强的优质数字内容,要么不提供,若提供,则收取一定的费用。如此一来,缺乏经济支持和个人判断能力的包括儿童在内的读者,能在数字化阅读中获得的优质阅读内容就捉襟见肘了。换言之,数字媒介虽然蕴藏浩如烟海的信息资源,但多数是泡沫式的大众化内容。这对儿童数字化阅读提出了挑战。

2. 数字媒介的使用方式

数字化阅读与传统纸质阅读相比,提供了一种更人性化和个性化的阅读环境,内容上加入了很多动态的东西,比如精彩丰富的插图、动听的背景音乐、影视动画等,而在形式上,又具备文字印刷媒介无法比拟的互动性和高参与性特点。超文本链接方式、强大的检索功能,使读者可以根据自己的兴趣与需求,将信息进行筛选、加工，多角度、多视点地建构自己的文化体系。这样的特征带来儿童进行数字化阅读的便利，但也可能带来儿童的沉迷。

上学期，我被手机上一个新的阅读应用程序所吸引，更为它便捷的阅读方式所着迷。我在上面发现了大量的小说资源，这对一个小说迷来说，就如同一个在沙漠中饥渴难耐的人突然发现一眼清泉一般，那样激动，那样欣喜。从此我的生活发生了重大改变。每天，生活老师一走，我就在被窝里拿出手机，熟练地打开阅读界面，遨游在一个个虚拟世界里。我经常会看小说到凌晨两三点才依依不舍地睡去。在这无规律的作息中，一个学期的时光悄然流逝，我的成绩在手机阅读的陪伴下走向深渊。

（四川—城镇—女—13 岁—八年级）

数字化阅读时代是一个角色定位模糊的时代，使用者除了读者身份，还可以兼任编辑、发行。这是数字媒介对使用者主体积极性的调动，体现了数字化阅读领域读者自身至高的身份，表达了"读者为王"的观念。然而事物都有两面性。对处于成长中可塑性极强的儿童而言，过度的自由则可能带来与预期相反的效果，因为儿童并没有很好地把控"度"的能力和意识。因而，包括媒介系统在内的外在环境的制约力就显得尤其突出。

我经常玩《××××》（移动应用程序名称）里的《××××》。虽然它是一款游戏，但里面有数学、英语和课外题。游戏里的人物都是三国时的人物。我最喜欢的人物是吕布。他的战斗力在游戏中是第一。游戏开始后，我选择科目，它出题，我回答对了可以攻击对方，我回答错了则被对方攻击。游戏一般有三组对手，都有自己的"必杀技"，回答对了三道题就可以发出一个"必杀"，过关后，会送几张卡，卡能够帮助升级。我玩这款游戏一段时间后，我的数学和英语成绩都提高了。

（重庆—城镇—男—11 岁—五年级）

暑假过后，大多数的手机游戏都出现了游戏时长警告和实名注册页面。我想这应该是防止未成年人过度沉迷手机游戏的做法。这对我也是一个提醒，我觉得挺好。

（重庆—都市—男—13 岁—八年级）

以上案例中，当数字媒介的研发者和管理者对其使用方式进行一定的限制和改进，使其更加符合儿童生理和心理发展的规律，且尊重儿童阅读和学习的主动性，在形式上给予一定的制约，则有可能产生良好的数字化阅读效果。

（二）中观场域：家庭、同伴、学校交互作用

数字媒介对儿童的影响，并不是直接、即时的，而是媒介因素与儿童的生活因素共同发生作用，与家长的言传身教、同伴的人际互动、教师的教育引导等都有密切的联系。

是否应该让儿童接触数字产品，让他们进行数字化阅读？父母和教育者对此的态度始终不甚明朗。调查显示，一些成人担心儿童会受到网上不良信息的影响，迷恋网络游戏，因此禁止或控制儿童使用网络；还有一些成人则对儿童数字化阅读漠不关心，不了解儿童在看什么内容、接触哪些人。成人模糊的态度成为制约儿童数字化阅读态度和阅读素养的重要因素。[1]

1. 家庭成员的言行与引导

儿童的家庭环境各不相同，家庭成员的教育观念反映在教育方式和教育策略上也大相径庭。通过对儿童数字化阅读的家庭场域进行检视，发现家庭成员尤其是长辈的行为表现和教导方式对儿童数字化阅读的影响十分显著。

（1）行为表现

童年阶段并没有生活在数字媒介环境中的家长在数字媒介时代的表现

---

[1]　中国青少年研究中心课题组，赵霞、孙宏艳、张旭东执笔《少年儿童数字阅读现状及对策》，《光明日报》2015 年 11 月 13 日第 05 版。

上也和儿童一样，他们身上也存在对数字媒介服务终端的迷恋、使用过度问题，"低头族""手机控"的现象时有发生，这些现象对儿童产生着潜移默化的影响。

> 我的爸爸早上睁开眼睛就去找手机，睡觉的时候也是看手机，中午吃饭也是拿着手机，出去玩一会儿看手机，我都不想理睬他了。
>
> （云南—城镇—女—9岁—四年级）

> 一天晚上，我与作业"大战三百回合"，终于把它"消灭"了。我想给妈妈签字，可是妈妈正在手机上聊天。她左眼瞟了一眼，便不耐烦地说："我正在聊天，你在旁边等一会儿。""那你赶紧啊。"我提醒她。"好，好，好。"妈妈心烦意乱地说。我只好在一旁等着，找点事情打发时间。过一会儿，我看妈妈聊天一直不结束，就催促她："你快点帮我签字。"妈妈说，"好，再等一会儿。"后来我看时间不早了，就去睡觉了。第二天早上起来，准备收拾书包，发现妈妈还没有签字。她正在呼呼大睡。妈妈，你能不能抽点时间陪伴我，不要一天到晚看手机啊。
>
> （甘肃—城镇—男—11岁—五年级）

> 过年的时候，早早地吃完年夜饭，大家将手机拿出来。妈妈把拍的年夜饭照片分享朋友圈，爸爸忙着给亲戚朋友发送问候信息。我与爸爸、妈妈坐在沙发上，相隔不过一尺，却好像身处不同的世界。大家的头都埋在手机里，没有交流，只有短信提示的嘀嘀声。
>
> （四川—都市—男—13岁—七年级）

美国社会学习理论创始人阿尔伯特·班杜拉（Albert Bandura）认为，儿童学习主要靠观察、模仿社会生活中的重要"他人"来进行。父母作为儿童生命中最为重要的守候者和陪伴者，其一言一行都对儿童有榜样示范的效果。父母沉浸在数字媒介提供的便捷化生活中，在儿童眼里，是对自身社会生活具有极大影响的事件。

爸爸、妈妈的手机比我的手机高级很多，可是他们就是打打电话什么的。有时候觉得挺有趣的，比如妈妈晚上不吃饭玩手机，我拿过手机给她关了 Wi-Fi，她就没办法了，只好吃饭。爸爸在手机上下象棋，屡次输棋，差点发火。我帮他把手机上的象棋调成低级模式，他赢得喜笑颜开。

（重庆—都市—男—13 岁—八年级）

数字媒介下，儿童原初的好奇与探索欲望使其对数字媒介操作层面的学习与探究，往往更胜一筹，于是他们会迅速将新技术、新媒介融入自己的生活和学习，并向父母进行文化反哺，即玛格丽特·米德所说的文化双向传递的"后喻文化"。如此，将会对儿童使用数字媒介起强化作用，也削弱了父母作为权威者的文化地位。

同时，我们可以发现，当父母有意识地约束自身的数字化阅读行为，或者父母其中一方进行调控，家庭成员之间形成一定的默契和合力，则可以使网络沉迷现象得到一定的缓解。

我小时候经常看爸爸玩游戏，后来我自己也玩游戏。妈妈不允许我们玩游戏，把电脑、手机、游戏机等都交由她管理，于是爸爸不玩了，我也不玩了。

（福建—都市—女—11 岁—五年级）

如果父母对儿童参与数字化阅读起正面的言传身教作用，加上适当的引导与监督，不仅能够防止儿童在数字化阅读中迷失，而且能够帮助儿童获得良好的信息技术知识和数字化阅读素养。

我的电脑知识都是爸爸教的。有一天，我看到爸爸在电脑上查资料，我就坐在爸爸旁边，专心致志地看着。过一会儿，爸爸问我："要不要学呀？

来，爸爸教你。"从最开始的开机、关机到联网、搜索，后来我可以独立使用电脑了。每当我在电脑前坐了 1 小时，爸爸就说："女儿，你已经在电脑前坐了 1 小时了，不能再玩了，这样对眼睛不好。"后来我渐渐地养成了上网不超过 1 小时的习惯。

（浙江—都市—女—12 岁—七年级）

（2）教导方式

除了言行，家庭成员的教导方式也有明显差异。一些父母采取行为控制的方法对儿童进行管教。行为控制是父母给儿童施加各种规章制度和约束，以及通过询问和观察主动获取有关儿童行为的信息。它强调对日常活动的控制，包括对儿童及其同伴行踪的监督。大量研究表明，父母行为控制与青少年问题性网络使用、吸烟、饮酒、药物滥用、犯罪行为等都呈现显著的负相关。①

能够在网络上阅读多好呀！可是我与它无缘，因为爸爸、妈妈把我想用电脑、手机的想法都扼杀在了摇篮里。他们有一百种方法约束我，我却无可奈何。

（重庆—城镇—男—13 岁—八年级）

这种方式是将儿童与数字媒介进行隔绝，防止儿童与数字媒介接触，试图使其没有沉迷数字媒介的机会。然而，在全媒体时代，仅仅靠隔绝，往往难以实现，也不符合数字媒介时代儿童学习与发展的趋势。

还有一种情形是，在儿童进行数字化阅读时家长发现了问题，从而对其行为进行强制隔绝。

---

① 宋静静、李董平、谷传华、赵力燕、鲍振宙、王艳辉：《父母控制与青少年问题性网络使用：越轨同伴交往的中介效应》，《心理发展与教育》2014 年第 3 期，第 303 页。

因为我经常玩电脑,爸爸、妈妈给电脑设置了密码。但这丝毫没有动摇我玩电脑的决心,我尝试过各种方法获取密码,很多次都是我脑子一转,密码就被我猜出来啦!

（重庆—城镇—男—12 岁—七年级）

有一段日子我迷上了看网络小说。在 MP4 上看小说,让我沉迷其中无法自拔。做作业的时候看,睡觉的时候看,手机被妈妈发现没收后偷回来继续看,等等。我和父母玩"躲猫猫"的游戏。终于,有一次妈妈半夜给我盖被子时发现我还在看网络小说,她忍无可忍,把我的 MP4 摔碎了。

（四川—农村—女—13 岁—七年级）

我只在手机上看了十几天的小说,就被爸爸制止了。他说:"你一天捧着手机,连走路也在看。"他让我把手机交给他,我不愿意。他一气之下把我的手机夺过去往地上猛地一砸。"啪",我仿佛听到自己心碎的声音,眼眶湿湿的,很不舒服,一抹,全是泪水。

（甘肃—城镇—女—12 岁—七年级）

设置电脑密码、摔手机……强制隔离儿童与数字媒介接触,对其数字化阅读发生的问题进行控制。然而,这是治标不治本之措,设置的密码可以被破解,摔碎了手机可以再买,从根本上来说没有直面数字化阅读中的问题,一般来说并不能产生实际效果。甚至很多儿童已经找到"对付"父母这种"横行霸道"做法的方法。

有一天我在手机上看小说,妈妈叫我把家里客厅的地板拖一拖,我一直重复"等一下"。妈妈很生气,夺过我的手机扔出窗外。我气得离家出走,妈妈找了我好几天。她有点后悔自己的做法,就去商店又买了一部手机。我回家后,她就把手机给我了。

（浙江—都市—女—13 岁—八年级）

我在家喜欢在平板电脑上看小说、玩游戏,如果爸爸、妈妈要管我,没收我的平板电脑，我就躺在地上，哭着，闹着，双腿乱踢，使出浑身力气撒泼。这一招是对付妈妈不给我买玩具的招数。每当这时，爸爸就会皱着眉头，说："孩子要看，你就给他好了。他这个年纪，就是喜欢新鲜事物。他这个样子，不太好啊。"之后妈妈就无可奈何地任由我玩平板电脑了。

（浙江—城镇—男—9 岁—四年级）

以上现象的发生，自有其背后的缘由。教育观念的落后，使得许多父母对孩子身上发现的问题，难以进行深刻的分析，找到有效的应对办法，而一味地、想当然地进行处理，教育策略也无法切中问题实质，必然不能形成持久性、连续性的制约效果。

同时，我们可以发现，家长如果放下身段，能够从儿童的观点和立场出发，与儿童进行平等对话，并提出合理建议，往往能够对儿童数字化阅读行为产生一定的制约作用。

电脑有利有弊，到底用还是不用呢？我的母亲建议我，现在学习任务重，电脑先停一段时间。她认为中考之后，还有大把时间可以玩。我觉得她说得有道理，我现在基本不怎么玩电脑。

（浙江—都市—男—12 岁—七年级）

爸爸、妈妈和我有约定。如果我要玩电脑，必须满足以下三个条件：第一，作业必须做完；第二，只能在周末；第三，每次玩电脑不能超过 2 小时，而且中间要休息 10 分钟。

（重庆—都市—女—10 岁—五年级）

从儿童立场出发提出合理建议、与儿童一起制定规则，首先是对儿童自身生命的尊重，再加之一定的经验指导和身体力行，是制约儿童与数字媒介过分亲密的良好策略。另外，尊重儿童生命本身的复杂性，以情感渗透唤起儿童自身对媒介使用习惯的意识，也能体现家庭成员较好的理念。

我现在对网络并不痴迷，它只是一个工具。我觉得还是现实世界中的关系比较重要。这事儿得从一年前说起，那时候我喜欢玩手机，每天在手机上看一些有趣的东西。有一天，奶奶托人注册了 QQ，发表了说说，被我无意中看到。"放假来奶奶家玩两天好吗？奶奶前两天托人装了 Wi-Fi。"我当时眼泪就下来了。这句话看着太揪心了。我在想，为什么我们总是没有时间陪伴最亲的人？为什么让我们挂在心上的不是人与人之间的感情，而是手机，是 Wi-Fi？为什么到最后连陪伴都变得奢侈？连对网络什么都不懂的奶奶都开始托人装 Wi-Fi，只为多看我一眼，哪怕是看着我静静地玩手机。

（浙江—都市—男—14 岁—八年级）

再者，家长除了对儿童自身的尊重，进行平等对话，给予合理建议，身体力行处理好与数字媒介的关系，若能够在儿童探究数字化阅读世界的过程中，给予恰当的帮助和支持，则真正回归了儿童在数字化阅读世界里探索的实质——从数字媒介中汲取儿童生命成长的养分。

电脑对我来说不仅是可以开阔视野的工具，还是我的好朋友，因为这台电脑是我亲手组装的。爸爸的电脑水平很高，在他的帮助下，我买了很多电脑零件。当最后一个快递到来后，我就开始钻研。爸爸在旁边看着，一言不发。我非常陶醉，对每个零件的位置、每个器材的功能，我早已了如指掌，经过 1 小时左右的钻研，一台电脑就被我组装好了。当我第一次开机的时候，我非常激动。很顺利，没有一点问题，硬件完成后，我又弄了很多软件，学到了很多知识，非常感谢爸爸的帮助。

（云南—都市—男—12 岁—七年级）

2. 同伴之间的交往与同化

美国心理学家朱迪斯·R. 哈里斯（Judith R. Harris）创立的群体社会化

发展理论非常重视同伴对儿童发展的影响，认为儿童是否能积极地和身边人形成一个同伴群体，是否能够建立积极、良好的同伴关系，是否接受有能力的同伴的榜样作用，都会对其社会生活表现产生重要的影响。[①] 随之，美国心理学家威拉德·W.哈特普（Willard W. Hartup）进一步提出了儿童与同伴交往的经历构成了其发展的重要生态环境。[②] 我国研究者也证实了家庭之外儿童社会化的主要途径是同伴交往，同伴之间的同化作用所产生的文化传递，使得儿童在自己的同伴身上学会怎样使自己的行为适应别人，怎样认识别人和自己，从而形成自己的社会性，完成社会性。[③]

在我三年级的时候，我哥哥买了一台电脑，且我家离我哥哥家并不远，我经常去他家看他玩游戏，像看动画片一样。再长大一些，我家也买了电脑，我便也开始玩游戏，久而久之，我也迷恋上了网络游戏。

（浙江—都市—男—12 岁—七年级）

在我上幼儿园的时候，表哥来我家玩，经常坐在电脑前玩游戏。我都怀着好奇的心情，在旁边探头探脑。后来，上小学后，表哥教我玩游戏，我很快就学会了，再后来，我自己也迷上了玩游戏，还打破了表哥的纪录。

（北京—都市—女—11 岁—五年级）

三年级的暑假，那是我有史以来最难忘也最不开心的一个暑假。第一天放假，我高高兴兴来到姑姑家。她家在万州区，有一个比我大 5 岁的表哥。我一去，表哥便打开电脑让我陪他玩游戏。这一玩把我带进了"万丈深渊"。我每天每夜都在玩游戏。我的视力一天比一天下降。一天，我突

---

① Hülya Gülay Ogelman and Serdal Seven. The Effect Social Information Processing in Six-Year-Old Children Has on Their Social Competence and Peer Relationships. *Early Child Development and Care*, 2012, 182(12), pp. 1623-1643.

② Willard W. Hartup. Critical Issues and Theoretical Viewpoints. In Kenneth H. Rubin, William M. Bukowski and Brett Laursen (ed.), *Handbook of Peer Interactions, Relationships, and Groups*. New York, US: Guilford Press, 2009, pp. 3-19.

③ 姜勇、李艳菊、黄创：《3—6 岁幼儿同伴交往能力影响因素模型》，《学前教育研究》2015 年第 5 期，第 45—54 页。

然发现看东西模糊了。妈妈带我到医院检查视力，医生说我近视了，有300多度，我呆住了，眼泪不禁掉下来。

（重庆—城镇—女—13岁—八年级）

可见，在家庭之外，儿童认同的是同伴，认同的具体维度包括年龄、性别、种族等社会相关特征。每一个儿童都必然要接触同伴，并在彼此相互作用中学会一些在社会公众中的行为方式，即使他们并不知道这些社会行为的利弊。除了同伴交往带来的在儿童数字化阅读过程中产生问题行为的弊端，也有部分儿童在与同伴交往中获得了一些适宜的数字媒介使用方式和理念。

我们班有一个叫小刚(化名)的同学，是我的好朋友。他因为玩电脑时间太长，玩了一天一夜，当站起来的时候，他一下子就晕倒了。后来他经常和我说不要玩电脑太长时间。每当我上网时间一长，看东西有一点模糊的时候，我就赶紧停下来不玩电脑了。

（重庆—城镇—女—10岁—五年级）

有一天，老师布置的作业是搜集15个歇后语。我绞尽脑汁只能想出来五六个。我告诉了姐姐。她说："这个好办，你把其他作业做完了再来找我。"我去找她的时候，她拿出自己的智能手机一查，找到了好多好多的歇后语。姐姐还教我如何在网络上查资料，我觉得都很好。

（重庆—农村—女—10岁—五年级）

儿童在家庭之外，总是将自己认同于一个群体，他们在家庭之外的行为系统是由同伴群体规则决定的。当同伴规则与儿童内心产生冲突时，他们可能会感到孤独。

记得有一次同学聚会，大家都坐在一起，我以为会热烈讨论，可谁曾想，大家都自顾自地低头玩手机。我想跟人交谈，却好像隔着千山万水，难以逾越。没有手机的我，像一个孤独患者拉扯着衣角。我深深地感受到，世界变了，我很孤单。

（河南—农村—女—13 岁—七年级）

研究者通常把同伴关系不良分为外化和内化问题。外化问题主要表现于外，指向他人，比如反社会行为或攻击行为；而内化问题主要表现于内，比如孤独、焦虑等。数字媒介带来的"低头族""手机控"越来越多，以上现象不仅仅发生在儿童群体中，所带来的问题也不仅仅局限于儿童。但这种问题的产生，和儿童数字化阅读出现的问题密不可分。当同伴都沉浸在屏幕中，没有手机的儿童则极有可能对同龄伙伴的人际关系产生怀疑，形成孤独感，即对这种社会关系受到威胁时的认知和情绪反应。[①] 儿童的孤独感与其在同伴交往中的地位显著相关，儿童的社会交往地位越不利，其孤独感就越强。[②]

美国精神病学家哈里·斯塔克·沙利文（Harry Stack Sullivan）将童年早期和学年早期的同伴关系看作以游戏和共同活动为基础组织起来的。儿童通过游戏发展同伴关系，发展友谊。[③] 同时，儿童同伴交往常常和父母的行为控制有着千丝万缕的联系。父母行为控制既直接作用于儿童数字媒介的使用，又通过对同伴交往的干涉，对儿童数字媒介的使用产生间接影响。

我们小区里第一个有电脑的孩子是小明（化名）。他那台电脑的影响力之大，我们整个小区的小孩，都会隔三岔五地到他家里去玩电脑，像职员轮班上岗一样，弄得他家非常热闹。他的父母因此给电脑设置了密码，还骂

---

① Ken J. Rotenberg and Shelley Hymel, *Loneliness in Childhood and Adolescence*. Cambridge: Cambridge University Press, 1999, pp. 3-6.

② 周宗奎、赵冬梅、孙晓军、定险峰：《儿童的同伴交往与孤独感：一项 2 年纵向研究》，《心理学报》2006 年第 5 期，第 743—750 页。

③ Joe L. Frost, Sue C. Wortham and Stuart Reifel, *Play and Child Development*. New York: Prentice-Hall, 2001, p. 187.

了他一顿。后来,他就跟着我们到别人家去玩电脑。

（河南—城镇—男—11 岁—五年级）

研究发现,父母的控制会影响儿童的同伴选择。不当的父母控制不利于良好亲子关系的建立,不利于儿童将行为规范和道德观念内化,也不利于自控能力的培养,不利于儿童权衡当前行为的收益和代价,这样容易使儿童结交有相同问题取向的同伴。这些同伴交往会导致儿童问题性网络使用现象发生。儿童问题性网络使用是社会化过程的产物,是在与有着问题价值观和生活方式的人互动过程中相互影响的结果。在同伴群体中,同伴群体规范对儿童价值观、同伴压力、同伴行为展示和强化等有着重要的影响,促使个体放任于虚拟世界以逃避现实的压力,从而增加儿童受多重风险因素影响的可能性。[①]

3. 学校相应的管理与引导

（1）学校相应制度的建立与维持

学校是承担教育职责的专门场所。学龄段的儿童大部分时间是在学校度过的,学校相关的信息技术教育对儿童数字化阅读起着至关重要的作用。调查资料显示,当学校教育系统发挥持久、稳定、健康的教育引导作用时,儿童在学校感受到了学习生活的趣味,并有知识和能力进步的成就感,对数字媒介的沉浸使用能够得到减缓。

我在家无聊了,就在电脑上东看西看,但是在学校就不会。学校是一个神奇的地方,可能是唯一一个不需要网络,人也能够生存下去的地方。我在学校吃饭,上课,玩耍。这里的生活井然有序,有条不紊。其实我还蛮喜欢在学校的生活。因为学校里有很多伙伴,还有老师,但是回家就没有这么有趣了。

（北京—都市—男—9 岁—四年级）

---

① 宋静静、李董平、谷传华、赵力燕、鲍振宙、王艳辉:《父母控制与青少年问题性网络使用:越轨同伴交往的中介效应》,《心理发展与教育》2014 年第 3 期,第 303—311 页。

近年来，由于移动通信技术的飞速发展，手机已成为人们生活中必不可少的一部分，许多儿童也拥有自己的手机。学校往往制定规章制度，将儿童的手机收集起来进行统一管理。

我们现在年轻，应该去拼搏、去奋斗，不应该花费太多的时间在老年时也能做的事情上——上网。每周的星期日返校，学校组织人员收集手机进行集中管理。我虽然有一点儿不乐意，但还是明大义的，每一次都认认真真地上交了，等到下周星期六放假学校退还手机时我才会玩一会儿。

（四川—都市—女—13 岁—七年级）

学校对我们使用手机管理得很严格，无论你是用来查资料还是阅读优秀的文学作品。有一天，我在食堂被行政老师发现在使用手机，他就没收了我的手机，交给了班主任。班主任保管了整整一个星期才还给我。

（四川—城镇—女—13 岁—七年级）

学校不准学生把手机带到教室里来，而且老师会不定期检查。有一天晚上 7 点，老师就突击检查了。不仅检查教室，还检查宿舍。我们几个悄悄带了手机的，相继被发现，接受了相应的处分。

（云南—都市—女—12 岁—七年级）

可见，对于学校管理儿童手机的制度，对儿童自身而言，其认识和观念是不同的。因而学校制度的制定与实施，可能欠缺与儿童群体的平等沟通，只是采取"一刀切"的强硬管理手段。资料表明，"一刀切"地封杀数字产品，会出现诸多学校管理难题、儿童成长隐患，这是应该警惕的。①

（2）专业教师的教育引导

学校教师是直接和儿童接触的专业工作人员，应当具有专业知识和教育策略来对儿童数字化阅读进行指导，让儿童意识到数字媒介合理使用的"度"，以

① 梁汴：《砸学生手机凸显学校管理落后》，《光明日报》2013 年 5 月 13 日第 02 版。

及掌握一定的数字化阅读的技巧和能力。由于教师数字化阅读素养的参差不齐，我们也可以发现，教师对儿童数字媒介使用的教育成效显著不同。

　　老师在一次班会上教导我们：在老人给我们讲话时玩手机是很不礼貌的行为。老实说，有空时不玩手机是假的；但是我每次去看望爷爷、奶奶的时候，家人围坐在沙发上，或吃西瓜，或暖手，或讲些时事政治什么的，我都会有意识地把手机放在一旁。奶奶常常会给我讲一些很有意义或者逗我开心的事。看着她讲话，满脸的皱纹因为笑起来像一条条蜿蜒的山渠，绵延到我的心里，暖暖的。

（四川—城镇—女—13 岁—八年级）

　　老师给我们讲了一件事情，对我的影响很大。她说英国有个女生深受手机影响，沉浸在手机中无法自拔。她下定决心，将手机反锁在柜子里，坚持一周不碰手机。一周之后，她发现自己的社交技能明显提升，并且能注意到日常生活中不易察觉的变化。听了这件事情之后，尽管我还是会情不自禁地打开手机玩，但我注意在没有必要的时候，尽量不碰手机。

（重庆—城镇—女—14 岁—八年级）

　　对成长中的儿童而言，一味地说教往往成效不大。案例讲述与分析法比较贴近儿童的生活实际，如果加以儿童之间的讨论，或者师生根据实际情况共同制订数字产品使用日程表，能够有效帮助儿童学会如何恰当地使用数字产品进行阅读。

　　英语老师经常在《××××》（移动应用程序名称）上给我们布置阅读任务，并根据我们的完成情况，给予奖励——学豆。当学豆积累到一定数量，就可以在奖品栏兑换奖品，奖品的种类丰富，十分吸引我们的眼球。这样，我们都会争先恐后地完成英语阅读任务，并提交作业。

（重庆—都市—女—10 岁—五年级）

语文老师给我们推荐了一个广播软件，里面有七至九年级的字词、古诗词、古文的全部录音，还有老师的讲解。我们可以躺在床上听、走在路上听。这样既节约了时间，又提高了效率。这样的方式让我们对学习有了新的定义，使我们更加热爱学习。

（北京—都市—女—11 岁—五年级）

当教师以任务布置的形式，将经过自身筛选的数字化阅读媒介推荐给儿童，使儿童在数字媒介的合理使用过程中，畅享信息技术的便捷高效，体验在线学习的乐趣，是值得提倡的。

老师让我们回家上网查资料，可是她并没有告诉我们到哪儿查，要查多少。我回家问爸爸、妈妈。爸爸、妈妈说，自己上网搜索。我登录 QQ 问同学。他们都说在百度上搜索。我在百度上搜索了很久，内容太多了。可是第二天，老师又说我们查的资料大同小异。我很想知道应该怎样查资料。

（重庆—城镇—男—10 岁—五年级）

然而，数字媒介使用的教育方式，要基于教师对数字媒介技术的良好素养。如果教师不具备相关知识，一味地从形式上倡导，那么不会有效果，而且会加重学生的学习负担，给儿童的身心造成困扰。

（三）宏观场域：政府制度体系的构建与落实

无论未来如何，数字化都是不可避免的，现在正处于这样一个转型期。近些年，中国的信息技术教育得到了巨大的发展，从宏观国家层面到微观家庭层面，让儿童参与数字媒介的使用，并从中汲取营养，也越来越重视；但还做得不够，无论是在学校教育的范围，还是家庭环境的范围，都需要从一个更宏大的视角来进行规划、统筹协调和推进。国家相关政策和法规，对儿童数字化阅读也起了重要的作用。

1. 相关政策的出台与导向

出台相关政策的是广义上的政府。对于政府的角色，通常认为它是处于"利维坦"和"守夜人"两种角色之间的一种态势。① 对教育功能的发挥，政府的政策导向应该是偏向于"守夜人"一端，通过舆论导向的指引、教育培训的开展和社会资源的配置等方式，为教育者和家长的相关教育工作提供便利，为儿童生活和学习资源的获取提供良好条件。

手机阅读"圈地"正在进行中，在巨大的市场前景的诱惑下没有人愿意等待。各类与电子书阅读有关的厂商纷纷高调进入手机阅读市场。在这块令所有人眼红的大蛋糕面前，究竟由谁来"主刀"还未有定论。这个正在形成的产业链是由电信运营商来主导，还是由拥有数字版权的内容提供商来主导，或是由手机制造商等终端厂商来主导？我们看到，电信运营商已经投资建设手机阅读基地，并签下盛大文学和其他四百多家出版社在终端和渠道上全面拓展；内容提供商网络文学大佬盛大文学推出了一字千金的手机小说原创大赛，打造中国第一批手机小说家；终端厂商除了方正、华为、大唐等国内企业争先抢占跑道，亚马逊的 Kindle、索尼的 Reader、苹果的 iPad 等国际知名品牌也对中国市场虎视眈眈。只能说，谁能紧跟政策的方向，并迎合市场的需求，能开创出为广大手机阅读用户群体所接受的盈利模式，谁就会是赢家。

（M1—13 年—网站技术总监）

可见，数字化阅读的蓬勃开展，已经引发市场的密切关注，且形势严峻。

---

① "利维坦"是启蒙运动时期英国霍布斯的著作的名称，原指一种强大无比的海兽，霍布斯借用它来象征君主专制政体的国家。"守夜人"，说的是政府凭借公众赋予的强制力为社会和市场"守夜"，提供法治、秩序和保护等。政府治理理论认为，政府"利维坦"的角色指的是政府的绝对作用被强调，政府的管理或干预行为是严格的、强硬的，以此来配置社会资源；政府"守夜人"的角色指的是政府的权力被限制，市场"这只无形的手"的力量与作用被充分重视和发挥，从而调配社会资源。

在儿童参与的数字化阅读问题上，政府应当在宏观社会环境上把握好正确发展的方向，营造良好的社会秩序，提供优质的数字媒介教育资源，并对儿童参与数字化阅读的前景进行利弊分析，出台有针对性和引导性的政策方案。

2. 相关法规的落实与监督

而在另一些直接涉及儿童生命健康和发展的问题上，政府则要发挥强制力，起重要的监督和管理作用。比如，在未成年人进入网吧上网的问题上，国家早已在 2002 年通过了《互联网上网服务营业场所管理条例》，明确规定：互联网上网服务营业场所经营单位不得接纳未成年人进入营业场所。互联网上网服务营业场所经营单位应当在营业场所入口处的显著位置悬挂未成年人禁入标志。[①] 然而，在实际调查中，我们仍发现，未成年人进入网吧上网的行为时有发生。

家里没有电脑，我就去网吧上网。上网费是 1 小时 2.5 元。去一次还不够，我每天中午午觉也不睡了，就在网吧上网。那个学期我的成绩令人大跌眼镜，语文 60 分，数学 70 分，英语 72 分。后来我的行动被发现了。一个晚上，12 点多了，妈妈突然把我从被子里拉起来，用衣架把我打了一顿。

（河南—城镇—男—13 岁—八年级）

一个周末，我和几个同学在街上闲逛。路过一家网吧，我们不由自主地停下了脚步。我们的好奇心膨胀。不知道谁说了一句："反正没事，进去看看吧。"虽然内心充满惶恐和不安，但还是战战兢兢迈着脚步走了进去。网吧里扑面而来浓浓的烟味，夹杂着汗臭味，感觉不好受。我们找位置坐下，进入属于我们的虚拟世界。不一会儿，之前的担心和顾虑都抛之脑后。我们就像一个个只会按动鼠标和键盘的"僵尸"，没有其他杂念。直到很晚，我们猛然意识到已经玩过了头，才依依不舍地离开网吧。之后，便一发不可

---

① 中华人民共和国国务院：《互联网上网服务营业场所管理条例》，2002 年 9 月 29 日。

收拾。每个周末，我们都会来到网吧，沉浸在虚幻世界中无法自拔。当然，我们的学习成绩也一落千丈，整天游离在学校的课堂上，找不到出口。

（四川—城镇—男—14 岁—八年级）

有一次快要期末考试了，父母不让我在家玩游戏，我就背着父母准备去网吧。第一次去网吧心里很害怕，提心吊胆地玩了几小时的游戏。接下来一周，我每天都去网吧，学习什么的都放在一旁，连作业都是抄的。半个月后，我在网吧，警察让我说出家里的电话。妈妈过来把我接回了家。一回家妈妈就让我跪下，把我暴打了一顿。后来我就没敢再去了。

（浙江—都市—男—12 岁—七年级）

周末的一个下午，我和好友路过一家网吧，遇到了班上的网络小能手——小梅（化名）。她说要带我们两个去网吧。我看到网吧门上有块牌子：未成年人不许进入，否则后果自负。我们犹豫了。小梅大声说："怕什么呀，你们真是胆小如鼠。"我想如果被警察发现告诉家长，可就麻烦了。小梅说："哼，两个胆小鬼，我自己进去。"结果，她一进去，就被网吧老板发现了，网吧老板把她叫出来，说要打电话给她家长。我们吓得一溜烟就跑了。幸好我们没进去啊！

（重庆—城镇—女—12 岁—七年级）

这说明，政府"利维坦"的强制功能也需要充分发挥，整个宏观文化生态环境还存在诸多问题。政府需要从长远出发，切实以儿童生命成长为本，抓好相关管理工作。面对儿童在数字媒介上的迷失不断升级，以及家长和教师的无力与无助，政府应当承担责任。

有一天，我在电脑上查看网页，发现了一个投资网站，说是将 25 元钱投进去能换来 100 元或者更多。不过，我投进去 25 元后，它却提示钱投得不够，只能赚 1 元。于是我又投了 50 元，不过还是提示我钱投得不够。我正准备再投钱的时候，哥哥回来了。他发现我登录的是一个骗人的网站。网站也有好有坏？我的眼睛模糊了。

（重庆—农村—女—10 岁—五年级）

　　政府还需要对整个儿童数字化生存的文化生态负责，基于儿童利益，统筹协调各方力量，对危害儿童生命健康和发展的行为进行强有力的抵制和处置，为家庭、学校和儿童自身撑起一把有力的保障伞。

第六章
系统优化：儿童数字化阅读的文化提升

在第五章对当下儿童数字化阅读出现症候的文化机理进行系统分析之后，本章将提出系统优化的理念、路向和策略，以期达成解决当下儿童数字化阅读尚存的问题，改善儿童数字化阅读绩效的研究目的。本研究认为，只有从提升基本理念入手，把握儿童数字化阅读的文化脉络，切实尊重儿童的生命存在，发挥儿童周围文化环境中媒介、家庭、学校和政府的功能，多管齐下，才能有效提升儿童数字化阅读的文化生态。

一、 儿童数字化阅读系统优化的基本理念

（一）工具理性与价值理性的有效融合

儿童数字化阅读的系统优化，需要特别关注如何克服技术工具论的影响，在观念层面上实现从技术工具到主体发展的认识转变，在工具理性和价值理性之间掌握合理的"度"，把握信息网络的文化性。[①]

1. 以儿童为本，回归数字化阅读的育人本性

儿童数字化阅读的最终指向是借助阅读达到儿童的文化生成与发展。儿童个体生命成长是数字化阅读的初衷与旨归。因而，必须以主体性存在

---

① 裴娣娜：《我国基础教育现代化发展的根本转化》，《北京大学教育评论》2004 年第 2 期，第 63—69 页。裴娣娜：《论我国基础教育课程研究的新视域》，《课程·教材·教法》2005 年第 1 期，第 3—8 页。

的儿童自身作为判定儿童数字化阅读价值导向的最终标准，即以儿童作为人之存在为本。

儿童数字化阅读以儿童为本的内涵是指在处理数字媒介与儿童阅读之间的关系时，应当始终以儿童自身生命作为价值评判的尺度，数字化阅读活动应当关爱儿童、尊重儿童、扶持儿童、发展儿童和依靠儿童，而不应该压迫儿童、漠视儿童、疏离儿童、物化儿童和反对儿童。数字化阅读活动应该辩证处理技术与儿童的关系，将儿童作为一切技术活动的出发点和归宿点，最大程度地满足儿童对高品质文化符号的需求，满足儿童对最优化生命成长的需要。

具体来说，包含两层含义。第一层含义是指在借助数字媒介的阅读中，要以儿童的生命发展、精神境界提升、生命价值实现为根本旨归，任何偏离这一根本旨归的观念和行为都是对数字化阅读应然价值取向的忤逆。要始终将儿童视为现实的、具体的、具有复杂社会关系的生命个体，他们不仅是在数字媒介的屏幕前利用技术进行被动的阅读的生命个体，而且是能够自主地运用技术进行自我发展的主动个体，在数字化阅读中，他们在读者、使用者、创作者、设计者和研发者等多种角色之间转换，具有极强的个体生命丰富性。因而，数字化阅读要以儿童为本，就必须从儿童的实际出发，重视儿童的内在动机和阅读兴趣，重视儿童与周围文化生态系统中的他人之间的人际互动，重视儿童的情感因素在阅读中的作用，重视儿童前期生活经验对当下阅读的意义，重视儿童阅读中个体主动性的发挥，等等。

第二层含义是指在数字媒介技术的设计、研发、利用、管理、评价等活动中，要时刻警惕儿童对技术的依赖心理，规避工具至上等偏激观点，从文化生态环境的角度帮助儿童辩证地对待技术，充分引导儿童运用自身的生命智慧来使用技术。数字媒介的使用打破了传统阅读的时空限制，但工具化价值取向的阅读活动没能保持对儿童这一生命主体的观照，数字化阅读最终只能说是关注了技术的"表"，却忽视了阅读育人的"里"。技术非但没能发挥自身的优势，反而成了束缚儿童的桎梏，这就与儿童数字化阅读的最终旨归南辕北辙、相去甚远。当然,第二层含义仍以第一层含义为根本指向,儿童数字化阅读始终以促进儿童生命成长与发展为最高目标。

2. 以技术为用,促进人机交互走向人际对话

《简明不列颠百科全书》1985 年中文版中将技术定义为:"人类改变或控制客观环境的手段或活动。"①我国《自然辩证法百科全书》把技术定义为:"人类为了满足社会需要依靠自然规律和自然界的物质、能量和信息来创造、控制、应用和改进人工自然系统的手段和方法。"②可见,技术是人为了达到目的而在客观世界所提供的无数可能性中所作出的创造性选择。数字媒介作为儿童阅读的技术性存在,其本身的价值体现在"用"上。

目前,我国正在大力建设学习型社会,此战略目标的重要形成标志之一即"数字化学习方式逐渐成为首选"③。要使数字化学习方式成为首选,须着力搭建信息技术主导的网络互助共享平台,为处于不同时空的社会成员提供丰富且多样的数字化学习资源,以满足人们不同时空背景下不同的学习需求,进而培育人们数字化学习的意识和习惯,在全社会形成良好的数字化学习氛围。因此,儿童和成人走进数字化、网络化的阅读世界,是不可阻挡的趋势,也是儿童融入现代社会的必要路径。那么,我们要关注的,并非阻挡技术手段进入儿童的阅读世界,而是探索如何更好地使用技术,深入省思技术的价值。

关于技术的价值,存在不同的观点。技术中立者视技术为一种脱离社会现实而存在的东西,近年来此观点受到了质疑,因为它忽视了技术的社会属性。技术作为人的创造,天然地蕴含人为的价值偏向,若抛开人的属性谈技术,有机械论之嫌。技术价值负荷论逐渐进入人们的视野。其认为,技术无论是表现为具体的工具还是设备,技术在被发明时,已经被渗入发明者的

---

① 转引自金周英《软技术——创新的空间与实质》,北京:新华出版社,2002 年,第 5 页。
② 许良:《技术哲学》,上海:复旦大学出版社,2004 年,第 51 页。
③ 朱新均:《学习型社会建设的理念、路径和对策》,《现代远程教育研究》2011 年第 1 期,第 7 页。

社会属性,因此技术并非一种中性的存在,技术的内容和形式都不可避免地蕴含着社会政治、文化、伦理、道德的丰富内涵,具有社会中特定群体的价值观念。

数字媒介联姻儿童阅读,使儿童面对现代信息技术手段造就的机器,这是典型的人机交互。在这样的人机交互环境下,与儿童直接发生交互的不是教师或家长,而是屏幕背后载有技术价值的设计者、研发者。数字媒介是有价值偏向的,且富含现代商业逻辑。如果缺乏对其的价值持衡,易导致儿童对数字媒介技术的过分依赖,从而疏远人与人之间的关系,其结果是抑制儿童的人际交往能力、合作精神和高级情感的发展。随着对虚拟世界的痴迷,儿童的社会性被深层次修改,现实生活中人与人的动态真实交往被人对媒介的依赖关系所取代,造成物理空间似乎被拉近但是由于情感沟通的匮乏而使心理距离越来越远。

因此,在对待儿童数字化阅读的问题上,要达到工具理性和价值理性的有效融合,不能只看重效率而任由工具理性偏执发展,必须转变技术至上的观念,将目光关注到儿童精神层面的情感、价值和态度等方面,关心技术运用中儿童与他人的关系,重视人与人之间的情感交流,发挥技术的优势功能,使媒介技术成为人际沟通的桥梁,促进人机交互走向人际对话。

（二）保护倾向与放任倾向的持衡

对待儿童与数字媒介接触的问题,存在两种极端现象：一是放任儿童对数字媒介技术自主使用以求儿童在数字化阅读中自发获得相关知识和素养;二是意图通过系统的教育将儿童与数字媒介隔离开来,使儿童自发抵御媒介带来消极影响的保护倾向。放任倾向自然不可取,而保护倾向的努力在如今的研究者看来,也是不足的。对此,英国教育专家大卫·帕金翰(David Buckingham)给出了理由：第一,现代传播日益多元化,高雅文化与大众文化的界限日益模糊,无法再单一地把媒介视为有害和缺乏文化价值的传播工具;第二,现代技术的发展使受众与媒介的关系日益紧密,传统的审查和规范媒介信息的手段不再有效,成人已经无法绝对控制儿童与媒介的接触；第三，儿童选择媒介的自主性和防御不良媒介信息影响的能力实际上比成人预想的要强得多。① 基于此，本研究认为，儿童数字化阅读，应当在儿童参与数字化阅读的实践中，通过成人摆正自身角色，加强文化引领，达到保护倾向与放任倾向持衡的状态。

1. 教育的"底子"：成人与儿童的平等对话

"对中国来说，重要的不是反对媒介新技术，而是要在我们的文化和教育中发展和捍卫童年概念。"②成人首先要摆正自身的角色，树立起现代意义的儿童观。"所谓儿童观，直接地讲就是不同时代的人们对儿童的基本看法与态度。……我们有着怎样的儿童观，其内部已经暗含了怎样培育此种儿童的教育观、课程观。"③儿童观深层次制约着成人对儿童的态度和行为，对重建儿童数字化阅读的文化机理起引领作用。几千年来"儿童是缩小版的成人""儿童是家族的财产""儿童是父母的私有物"等观点成为中国现代教育体系的建设与发展的精神枷锁。近代以来，从西方文艺复兴起，对儿童的发现，关于儿童主体地位的认识等现代儿童观逐渐在中国萌芽和发展。尤其是 1991 年中国加入联合国《儿童权利公约》，并颁布了《中华人民共和国未成年人保护法》，将现代儿童观在中国的普及与推广提升到一个新的高度。

现代儿童观的核心思想是儿童本位，即把儿童当作儿童看，儿童是一个完全独立的个体，具有和成人同样的人格，具有不同于成人的内、外两方面的生活。这种观点体现了现代社会进步、文明、科学、合理的儿童观。④ 具体来说，现代儿童观至少包括五个方面：其一，儿童是独立的个体，具有主动、自由和充分活动与表达意愿的权利；其二，儿童是完整的个体，应当获得

---

① David Buckingham, *Media Education: Literacy, Learning and Contemporary Culture*. Cambridge, UK: Polity, 2003, p. 5.

② 卜卫:《捍卫童年》,《读书》2000 年第 3 期,第 50 页。

③ 陈乐乐:《新中国 70 年儿童观的历史考察与反思》,《南京师大学报》(社会科学版) 2019 年第 3 期,第 41 页。

④ 王泉根:《儿童观的转变与 20 世纪中国儿童文学的三次转型》,《娄底师专学报》2003 年第 1 期,第 68—73 页。

其在身体、认知、情感、道德、个性等多个方面综合成长的机会；其三，儿童是稚嫩的个体，其身心发展尚不完善，需要科学合理的照顾和保护；其四，儿童是正在发展中的个体，具备发展的潜能，也存在个体的差异，应当获得适合其自身发展需要的引领；其五，儿童是成长在一定的自然、社会、文化环境中的个体，应当得到在周围环境进行体验、交往和操作的机会。

综观当下儿童数字化阅读的文化生态环境，造成儿童主体危机的一个重要原因，在于成人尤其是固守传统儿童观的一些家长和教师不愿放下身段平视儿童，无法确认儿童的主体地位，总是看到儿童的种种不足而加以指责和训导。中国社会目前正在发生剧烈的变革，不断推进的现代化进程极大地改善了人们生活的物质条件，同时在不断冲击整个社会的价值观、人生观、生活态度和行为方式等，使之适应当下社会的发展。如果成人依旧沿袭自身是教化者的角色定位，视儿童为被教化者的角色，则极其容易引起代际之间的冲突和矛盾。加之当下数字媒介拥有巨大的作用力，已经为原本处于被教化者和弱势地位的儿童能够反客为主、强化自我提供物质基础。"年轻一代依旧独领风骚，他们对社会生活中出现的一切新事物——从电子计算机到市场经济的运行法则，不但表现出了浓厚的兴趣，而且体现出了远远胜过父辈的接受和适应能力。具体在家庭生活和亲子间的文化传承中，两代人在接受和适应新事物的能力上的这种差别，使得前述'文化反哺'或'反向社会化'现象变得愈加鲜明。"[①]

面对这样的文化变革，成人必须认识到，教育者与被教育者的地位已不再是天然不变的。任何人，不管他年龄、性别和职业等处于何种层次，谁都不是当然的教育者或被教育者。在数字媒介环境下，成人的角色更应该是一个建议者、引导者，甚至是秉持"当代儿童有能力影响成人世界"[②]观点的学习者。成人应该放下身段，端正自身的儿童观，尊重儿童的主体地位，与

---

① 周晓虹：《文化反哺：变迁社会中的亲子传承》，《社会学研究》2000 年第 2 期，第 53 页。
② 方梅：《当代儿童有能力影响成人世界——访周晓虹教授》，《少年儿童研究》1998 年第 5 期，第 28—29 页。

儿童在共同进行数字媒介技术使用的过程中平等对话、引领方向、提供资源和给出建议。

2. 文化的"筛子"：内容和方法的价值引领

数字媒介带来的海量信息对儿童的阅读世界造成冲击，部分儿童在虚拟世界里迷失自我，引发有责任感的成人忧虑。其实，以媒介技术演进与阅读文化变迁的历史观来审视当下人们对阅读危机的担忧，与几百年前苏轼对书生有书而不读①的忧虑和意大利学者尼科洛·佩罗蒂（Niccolò Perotti）对读书只为图一时之快②的忧虑，如出一辙。从本质上来说，都是对媒介技术演进带来人们阅读行为变革的一种审视；从针对的问题来说，也都是面对信息获取的日益便捷而引发的对阅读主体性迷失的思考。可见，媒介的每一次变革都引发人们对阅读本身的危机感。如今，也有越来越多的研究结果表明：科技是一把双刃剑，儿童需要接触并使用数字媒介进行阅读，但应当是有限制和有方法地合理使用，这就依赖成人筛选出合理的阅读文化。③整体如图 6-1 所示。

成人营造合理的阅读文化，应当着重在内容和方法上下功夫，其前提是

---

① 11世纪，苏轼在《李君山房记》中写道："自秦汉以来，作者益众，纸与字画日趋于简便，而书益多，世莫不有，然学者益以苟简，何哉？余犹及见老儒先生，自言其少时，欲求《史记》《汉书》而不可得；幸而得之，皆手自书，日夜诵读，惟恐不及。近岁市人转相摹刻，诸子百家之书，日传万纸，学者之于书，多且易致如此，其文辞学术，当倍蓰于昔人，而后生科举之士，皆束书不观，游谈无根，此又何也？……乃为一言，使来者知昔之君子见书之难，而今之学者有书而不读为可惜也。"

② 15世纪，尼科洛·佩罗蒂给弗朗切斯科·瓜尔内里奥（Francesco Guarnerio）的一封信写道："亲爱的弗朗切斯科，我最近总在赞美我们生活的时代，因为一件伟大的、真正神圣的礼物刚从德国来到我们身边，它是一种新型的书写工具。事实上，我目睹了一个人在一个月内印刷出来的文字与好几个人一年手写的文字一样多……由于这个原因，我不由得盼望短时间内我们能拥有大量的书，任何一本书不会再因为缺乏制作工具或售罄而无法获得……然而，我错了，那种想法实在太理想化了，实际情况和我期望的相距甚远。因为，既然人人都可以按照自己的喜好任意印制书本，他们通常忽视了什么是最好的书，反而只为图一时之快，出版那些最容易被遗忘或者更容易被'禁'的书。即使人们出版了一些有价值的作品，他们也会扭曲其本来面目，破坏作品中隐藏的含义，以至于如果没有这样的书，生活将更加美好，而不是像现在这样任1 000册传播谎言的复制本流传于世。"转引自［美］罗伯特·达恩顿《阅读的未来》，熊祥译，北京：中信出版社，2011年，第XII—XIII页。

③ ［美］吉姆·崔利斯：《朗读手册》，沙永玲、麦奇美、麦倩宜译，海口：南海出版公司，2009年，第233—234页。

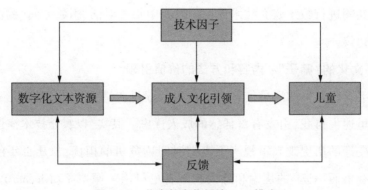

图 6-1 儿童数字化阅读 A-C 模式

尊重儿童的数字化阅读参与。禁止或限制儿童对数字媒介的运用如同亡羊补牢，成人要做的应当是持更加开放的观点，允许并尊重儿童参与数字化生存，支持他们使用数字化阅读的方式生成与发展自己的文化，尽可能少用自身已有的经验与既定的判断来看待儿童在数字化阅读中的行为。这样做的目的是，保持儿童数字化阅读必要的活力，给予儿童一定的探索、体验的空间。

在尊重儿童数字媒介体验的前提下，成人还要发挥自身作为资源提供者、意见建议者和方式引导者的作用。尽管数字媒介提供的信息丰富且便于获取，但任何涉及教育内容的选择始终都离不开价值的判断与取舍，即成人必须思考如何帮助儿童从浩如烟海的知识中作出理性的选择，或者根据自身的需要、兴趣和能力作出选择，或者按照假想的学科结构、知识的形式作出适当的安排，或者满足社会的需要和发展加以配合。在这一点上，成人要认识到儿童的脆弱和需要保护的一面，肩负起引领儿童在与数字媒介交互作用中独立而不迷失的重任。

在方法上，成人应弱化自身的权威，树立生成主义的教育理念，铭记美国教育家小威廉姆·E. 多尔（William E. Doll）所说的："今日主导教育领域的线性的、序列性的、易于量化的秩序系统——侧重于清晰的起点和明确的终点——将让位于更为复杂的、多元的、不可预测的系统或网络。这一复杂的网络,像生活本身一样,永远处于转化和过程之中。"①因此,家长和教师应该更多地参与、陪伴儿童的数字化阅读,与儿童共同探究数字媒介的体验。这种体验不同于儿童个体独自的日常媒介接触,而是成人与儿童形成统一体,在相互交流和对话中,彼此共同生成阅读体验。这种体验也不同于预设价值导向的教学体验,而是在成人与儿童的共同阅读中,对数字媒介的共同探索,强调的是教育内容的生成性,过程中充满了无法预知的附加价值和有意义、有价值的衍生物。

当然,强调生成并不等于完全否定预设。在中国现实的教育理念下,"不以预设,无以生成"。当前,由于数字媒介引导下的儿童数字化阅读呈现极强的多样性、复杂性,其中伴随着无数的非预设性、不确定性和动态性。这其中蕴含着丰富的教育因素,吸引着我们的目光。从这个意义来讲,把握儿童数字化阅读的文化生态,其过程的根本意义就在于洞悉这种文化的变化、发展和创造。

二、 儿童数字化阅读系统优化的基本路向

（一）目标：培育批判性意识，重塑儿童主体性

人类从阅读图画到阅读文字的演变经历了漫长的过程。现在似乎开始了新的一轮对文字的扬弃和对图画的亲和,这一定不是一种单纯的文化回归,而是一个新的文化传说的开始。当下,浩如烟海的信息要求每一个成熟的读者几乎每时每刻都要进行理性选择、分析和理解。那些尚不成熟或者被信息过载搞得晕头转向的读者则往往会忽视对噪声的甄别与判断,混迹在虚拟世界的儿童即如此。我们确信,的确存在一种方法可以超越孤立的字词,超越纷杂的资料——直达读者本身,帮助他们将信息转化为知识,实现经验的理性升华。只有这样,才能帮助儿童在数字媒介的信息海洋中,把

---

① ［美］小威廉姆·E.多尔:《后现代课程观》,王红宇译,北京:教育科学出版社,2000 年,第 5 页。

握自身，坚定地面对、理解、充实自己的未来，达到人生应有的理想状态。

切实推进儿童数字化阅读生态的更新，需要理念的提升。当今，数字媒介信息的参与式文化已经形成，如果一味地视媒介信息为"洪水猛兽"，本着屏蔽与掩盖的意图，继续对儿童进行保护主义的"挽救"，势必将有心无力，导致理想与现实脱节。拯救"被"技术异化的儿童，目标应当定位在重塑儿童自身的主体性上。儿童的主体性，是指儿童在童年生活中表现出来的自觉性、自控性和自主性。① 根据福柯的观点，主体性是历史地建构起来的，是话语论述、社会实践和自我创造的产物，具有多样性、流动性和异质性的特点。② 数字媒介带来的信息爆炸和参与式文化渗入，让儿童身陷快捷化阅读的藩篱，没有充分的时间去消化、思考，这样一来，儿童作为人的主体性岌岌可危。因此，必须重塑儿童在数字化阅读中的主体性，保证阅读的根本旨归指向人之生命本身这一属性。

批判性意识是主体性的重要表现，强调人们接触媒介和传播活动时的主动意识、主动权的培养。"批判性的媒体读解能力的获得乃是个人与国民在学习如何应付具有诱惑力的文化环境时的一种重要的资源。学会如何读解、批判和抵制社会—文化方面的操纵，可以帮助人们在涉及主流的媒体和文化形式时获得力量。它可以提升个人在面对媒体文化时的独立性，同时赋予人们以更多的权力管理自身的文化环境。"③在儿童数字化阅读中，批判性意识对儿童在媒介信息"狂轰滥炸"面前独立思考习惯的养成，起重要的作用。为了培养儿童的批判性意识，成人应当赋权给儿童，让儿童对自身所处文化时空进行思考和调节，不断增强媒介实践的互动性和参与性，让儿童体验到媒介技术在生活中的积极作用，逐步提升自身的数字化阅读素养。

---

① 裴娣娜：《教育实验评价体系的建立及其方法论思考——构建少年儿童主体性发展测评体系研究的初步报告》，《教育改革》1996 年第 1 期，第 5—8 页。
② 戎庭伟：《后现代的儿童主体性：福柯之眼》，《全球教育展望》2012 年第 1 期，第 51—55 页。
③ ［美］道格拉斯·凯尔纳：《媒体文化：介于现代与后现代之间的文化研究、认同性与政治》，丁宁译，北京：商务印书馆，2013 年，《中文版序言》第 2 页。

　　儿童在数字化阅读中的主体性还表现在其逐渐成长为积极的受众。积极的受众是指，人们以特定的方式使用特定的媒介和特定的媒介内容来满足特定的需求，有能力成为有责任的媒介消费者，使用媒介信息来满足值得自己追求的目的。① 这样的受众不是消极地接受信息，而是积极地寻求信息为自己所用，他们是信息的解读者和主导者，是信息需求的活跃主体，是文化环境中真正的主人。

　　在儿童数字化阅读中重塑儿童的主体性，势必需要外界力量的协调与引领，而外界力量的干预必须以儿童知识与能力的文化生成为目标。因而，有必要厘清儿童在数字化阅读中所需要的核心知识与能力，才能使成人社会的引领做到心中有数、有的放矢。

　　关于儿童在数字媒介环境下的知识、能力或素养的结构问题，已有研究者从数字阅读素养、新媒介素养、网络素养等角度给出解释性观点，但都莫衷一是，分歧点在于对核心维度的认定。作为数字媒介研究与实践领域极有影响力的专业机构，美国新媒介联盟（New Media Consortium）提出，新媒介素养是"由听觉、视觉以及数字素养相互重叠共同构成的一整套能力与技巧，包括对视觉、听觉力量的理解能力，对这种力量的识别与使用能力，对数字媒介的控制与转换能力，对数字内容的普遍性传播能力，以及轻易对数字内容进行再加工的能力"②。可以看出，此定义重视个体对媒介文本的解读、加工和传播能力，但其忽视了网络空间的重要特征——集体性、交互性，因而备受诟病。美国媒介研究学者亨利·詹金斯（Henry Jenkins）指出："新媒介素养应该被看作一项社会技能，被看作在一个较大社区中互动的方式，而不应被简单地看作用来进行个人表达的技巧。"③他创造性地将儿童应具备的新媒介素养总结为 11 项核心技能，分别是游戏能力、模拟能力、表演能

①　[美]斯坦利·巴兰、丹尼斯·戴维斯：《大众传播理论：基础、争鸣与未来》（第三版），曹书乐译，北京：清华大学出版社，2004 年，第 8 页。

②　转引自李德刚、何玉《新媒介素养：参与式文化背景下媒介素养教育的转向》，《中国广播电视学刊》2007 年第 12 期，第 39 页。

③　同上。

力、挪用能力、多重任务处理能力、分布性认知能力、集体智慧能力、判断能力、跨媒介导航能力、网络能力和协商能力。① 这个界定不仅关注儿童个体，而且关注儿童在虚拟社区的活动。但若仅仅专注实践能力，就属于技能模式，然而无论是何种素养，都应该关注相关的知识、意识、品质和精神等。对此，美国学者李·雷恩尼(Lee Rainie)和巴瑞·威曼(Barry Wellman)在著作《网络化：新的社会操作系统》中，提出在网络化社会人们应具备的数字媒介素养应当包括：(1)图像处理能力——理解网络时代也是读图时代，擅长以图像化处理为主要方式的网络工作行为；(2)导航能力——网络信息的搜索、交流和分享能力；(3)信息组织和联通能力——快速理解并合理解释信息的能力；(4)专注力——严格区分线上和线下的生活，自主缩减网络上让人分心的事物的影响力的能力；(5)多任务处理能力——同时处理来自家庭、工作、朋友和公共机构任务的能力；(6)怀疑精神——有效评估信息并检验信息的意识和能力；(7)道德素养——支撑其媒介使用、创造和传播的文化道德和社会规范。② 此界定较为全面地囊括了数字媒介素养的内涵，既明确个体性，又关注集体性；既强调操作实践，又重视文化修养。

数字媒介是相对报纸、杂志、广播、电视四大传统媒介而言的。"数字媒介素养"或"数字化阅读素养"是一个文化概念和历史概念，其内涵是多层面的动态发展系统，具有开放性，并非一个固定的范畴，且相对不同主体和不同时期有着不同的要求。关于儿童的定义，《儿童权利公约》第一条指出，"儿童系指 18 岁以下的任何人"。这个范畴较为广泛，涵盖我们通常所说的婴儿、幼儿、少年和青年初期，比"未成年人"概念更为广泛。在儿童的成长过程中，每个阶段面临的成长问题和发展程度是不同的，对数字媒介素养教育的需求也不同，但整体上而言，儿童数字化阅读所需的基本知识与能

---

① 转引自李德刚、何玉《新媒介素养：参与式文化背景下媒介素养教育的转向》，《中国广播电视学刊》2007 年第 12 期，第 39—40 页。

② Lee Rainie and Barry Wellman, *Networked: The New Social Operating System*. London, England: The MIT press, 2012, pp. 272-274.

力的内涵应涵盖四个层面的内容：(1)文化道德层面,比如科学与人文文化素养、伦理道德与社会规范意识;(2)认识层面,比如关键概念的认知、媒介内容和制作流程的了解;(3)理解与反思层面,比如对信息影响的评判和对社会舆论的把握;(4)操作层面,比如信息技术处理能力、虚拟环境与公共决策的参与能力等。这四个层面中的要素相互关联,共同构成一个完整并动态发展的体系。

在具体操作方面,颇具影响力的美国媒介研究中心(Media Research Center)也给出了很好的借鉴。他们曾对媒介信息作出了五个方面的基本设定,即：(1)所有的信息都是被建构的;(2)媒介信息是依据自身的规则以一种创造的语言建构的;(3)不同的人对同一信息的体验是不同的;(4)媒介信息具有内含的价值和观点;(5)媒介被组织以获取利润和权利。在这五个基本设定的基础上,他们提出儿童在面对媒介信息时需要思考的五个基本问题,即：(1)谁制造了这个信息？(2)为了吸引我的注意力运用了哪些创造性的技巧？(3)与我相比,其他人面对这个信息时可能会有什么差异？(4)在这个信息中表达和省略了什么价值、生活方式和观点？(5)为什么发出这个信息？[1] 这五个问题形成一个完整的体系,对儿童接近、使用、表达和创造媒介内容等都有很好的指导价值。如此,引导儿童对媒介信息经常进行这样的追问和思考,并在对媒介信息批判性思考的过程中,儿童已不再是信息的被动吸收者、应声者,而是主动交流者、对话者,儿童向着丰富世界和多向度生存方式的方向突围。

(二) 路径：发挥技术优势，加强文化制约

"技术是人类为了一定的目的而创造的各种调节、改造、控制自然的手段。"[2]技术和人类的生存与发展有着直接的、必然的联系。从某种程度上

① Tessa Jolls and Denise Grande. Project SMARTArt: A Case Study in Elementary School Media Literacy and Arts Education. *Arts Education Policy Review*, Vol. 107, No. 1, September/October, 2005, pp. 25-30.
② 常立农：《技术哲学》,长沙：湖南大学出版社,2003 年,第 7 页。

来说排斥技术就是拒绝发展。美国幼儿教育协会（National Association for the Education of Young Children）指出：我们应该给孩子提供获取技术工具的机会来探索和实验。对成人和儿童而言，数字化阅读都是高度参与和愉快的学习体验。对此，应当与主张停止技术乃至取消技术的悲观主义思潮保持距离。[①] 允许技术进入人类生活是人类实现自身发展的前提，否则尽管刨除了儿童"被"技术化的土壤，却要拯救整个人类！[②]

重视儿童媒介体验，允许技术进入儿童的阅读世界，是首要的。如果把今天儿童所面对的这个鱼龙混杂、良莠不齐的数字媒介时代比作潘多拉的魔盒，恐不为过。儿童强烈的好奇心、求知欲与数字媒介本身所具有的自由、开放的特性不谋而合，保护主义的大手已经不能将儿童与这个魔盒相隔离，他们终究要亲自打开这个对他们充满诱惑的魔盒，这是一种时代发展的必然。尽管儿童在介入数字媒介环境中出现了一些道德失衡和行为失范的案例，但这些问题产生的背后有着深刻的社会和文化根源，与成人社会的失范与失教也不无关系。我们不能因为出现了问题而限制作为主体的儿童参与此种文化，这是极为偏颇而有失公允的做法。我们更应该反省的是我们成人社会的责任和义务。政府、学界、企业、学校、家庭和媒体等，无论是从道德教育的角度，还是从社会责任的视域，都应当重视儿童的数字媒介体验；有责任在儿童触及这个魔盒时，给予他们及时的指导，帮助他们逐步学会积极地辨别和选择、主动地分析和领悟，达到数字化阅读真正的育人目的。

我们还应该注意到，儿童数字化阅读往往不是零散的，他们依赖手机和电脑搭建的互联网络，组建起自己的社交圈子、交流平台和文化展台，打造

---

① Linda D. Labbo. "Let's do the Computer Story Again, Nana"：A Case Study of How a 2-Year-Old and His Grandmother Shared Thinking Spaces During Multiple Shared Readings of an Electronic Story. Adriana G. Bus and Susan B. Neuman, *Multimedia and Literacy Development: Improving Achievement for Young Learners*, New York：Routledge, 2008, pp.196-210.

② 李静、童宏亮：《"被"技术化的儿童：成因·问题·对策》，《西南大学学报》（社会科学版）2016年第6期，第88页。

了属于自己的媒介环境,形成了基于一个数字媒介环境的儿童共同体。这个共同体大到一个包容了全国各地所有能上网的儿童的论坛,小到可能只是一个班级或三五好友组成的微信朋友圈、QQ 好友群。基于媒介带来的便利,儿童建设这样的微环境是必然的。在相对宽松的文化环境中,作为见多识广的一代、信息爆炸的一代,他们有信心也有能力表现自我。通过建设区隔成人的自媒体交流圈、网络低龄化写作、发明网络流行语等充满现代特征的方式,儿童缓解了与师长之间的焦虑,消散了与成人之间的不平等交往带来的阴影,转而通过与同学、好友在虚拟世界倾诉、交流,寻求到一种新的途径满足自己的情感缺失,并在平等而隐秘的传播过程中获得关于自由的体验。这是儿童在体认对童年的定义,进行对自我形象的碎片化的构建。

美国马萨诸塞州科技学院的迈克尔·L. 德托罗斯(Michael L. Dertouzos)认为,仅有电脑和网络是不够的,如果缺乏教育,那么电脑将一无是处。这意味着,将家里或者学校的电脑联网,并不表示人们的能力将获得提高。[①] 因此,成人在给予儿童数字化阅读体验自由的同时,加以引导、对话,让儿童在与数字媒介的感知体验和使用创造中,找寻到使数字媒介服务于自己的方法,从而使他们的阅读更有趣、更有意义和更有目的性。

这首先有赖于更多成人童年意识的觉醒,有赖于成人对儿童本位观有更清晰、更深刻的认识。数字媒介环境下的儿童本位观,应当是在尊重儿童主体地位的基础上,认识并呵护儿童的天性趣味和审美能力,理解和保护儿童勇于体验和表现的本性,拓展他们与生俱来的创造力和想象力,引导他们与这个生逢其时的数字媒介时代结合,让儿童个体自己去选择和发展与这个世界互动的能力,成人承担提供资源、引导启迪和监督纠正的职责。

其次,儿童天生好奇心强,富有冒险精神,这契合了积极受众的核心要素。成人在给予儿童参与数字媒介体验自由的基础上,应调动儿童的主动

---

① ［美］吉姆·崔利斯:《朗读手册》,沙永玲、麦奇美、麦倩宜译,海口:南海出版公司,2009 年,第 227 页。

性,使之愿意在内容理解上作出努力,逐步找到使媒介服务于自己的方法,这样,儿童才能在数字化阅读中拥有求知欲,达到英国媒介素养教育学者莱恩·马斯特曼(Len Masterman)所说的媒介教育的最高追求。①

再次,应当明确的是,积极的受众是有层次性的。儿童具有年龄段差异,教育也要始终关注儿童各年龄段的心理特征。一般而言,年龄越小,其自主意识越淡薄,因而低龄段儿童的教育引导要更加注重对儿童接触信息的保护和筛选,帮助儿童建立起良好的媒介接触习惯和初步的信息解读能力。随着儿童的成长,自主意识的增强,超越保护主义就成为数字化阅读素养教育的发展旨归,成人的引导、启发逐渐代替了管制和隔离,逐步帮助儿童发展在媒介化社会中良好生存所需要的更内在、更持续的自我保护能力。这是一个逐渐深化和整体氛围营造的过程,最终指向儿童恰当地认知与解读媒介,能够对媒介进行批判性思考和理性选择,同时应该有能力参与媒介文化的生产。正如卜卫所说:"儿童在不同的发展阶段,有着与成人不同的身心发展需求,儿童媒介应该重视、发现、研究并满足这些需求。满足儿童需求本身应该是儿童媒介发展的根本目的,而不是一种手段。"②

最后,儿童通过数字媒介接受他们的童年文化,这跟成人世界的展览、公布和推销密不可分。因而,在培养儿童主体性的过程中,成人应时刻检视自身的文化,不要让自己的思维方式和文化特征过多地裹挟儿童的世界,甚至要向儿童学习,这是一个成人和儿童共同努力的进程。

教育是一个宏大的课题,且随着信息技术的高速发展,处于不断变动和完善的进程之中。从整个人的发展角度来说,对儿童数字化阅读素养的教育是终身教育与终身学习的一部分。作为基础教育与媒介教育的交叉领域,这种教育的精神内核和基本理念应保持统一性,即在把握数字媒介发展规律和儿童心智成长规律的前提下,寻找两者的结合点,变被动纠正为主动

---

① 宋小卫摘译《西方学者论媒介素养教育》,《国际新闻界》2000年第4期,第55—58页。
② 卜卫:《大众媒介对儿童的影响》,北京:新华出版社,2002年,第49页。

激活。在儿童数字化阅读的过程中动脑筋、想办法，着重引领儿童批判性地认识数字媒介，构建主体性，逐渐成长为积极的受众，达到捍卫童年的启蒙意义。

（三）保障：建设媒介—家庭—学校—政府共同体，形成支持合力

在儿童数字化阅读的文化场域中，儿童作为主体处于中心位置，媒介作为儿童直接接触的技术外化物，是儿童阅读的微观视域。家庭、学校、社区和儿童伙伴关系等作为儿童现实中的生活场域，对儿童数字化阅读的意识和能力起直接影响的作用。政府所出台的政策、政策落实情况、社会文化氛围和舆论导向等是儿童生活的宏观场域，对儿童与数字媒介的接触起间接影响的作用。努力改善与提升儿童数字化阅读的文化生态，不仅要注重儿童自身的主体性发挥，而且要考量与儿童数字化阅读相关的责任主体，主要包括媒介、家庭、学校和政府。如图6-2所示，每一个责任主体都要发挥各自的优势，在优化儿童数字化阅读生态上组成共同体，共同形成支持合力，拯救"被"技术异化的儿童。

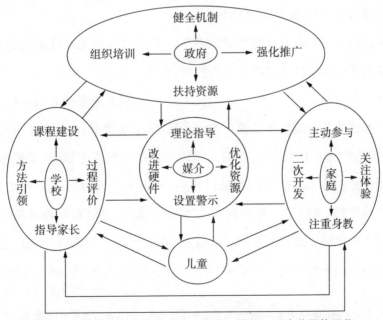

图6-2 儿童数字化阅读媒介—家庭—学校—政府共同体运作

　　"我们再也不能让儿童回到童年的秘密花园里了，或者我们能够找到那把魔幻钥匙将他们永远关闭在花园里。儿童溜入了广阔的成人世界———一个充满了危险与机会的世界，在这个世界中电子媒体正在扮演着日益重要的角色。我们希望能够保护儿童免于接触这样世界的年代是一去不复返了。我们必须有勇气准备让他们来对付这个世界，来理解这个世界，并且按照自身的特点积极地参与这个世界。"①儿童不可避免地走进数字化阅读的世界。媒介技术的发展为儿童提供了新的机会，儿童能够借助数字媒介发挥自己的创造力，建立属于自己的社群，并实现自我，同时因儿童自身的脆弱性，也被数字媒介独一无二的力量所袭击，身心发展和人际交往被割裂，成为"被"技术异化的人。由于媒介技术的这种两面性及其带来的破坏性，我们有必要对媒介技术的设计者和研发者提出疑问与审视，以期对儿童数字化阅读中所可能遇到的问题进行预控。数字媒介必须在设计、研发时强化现代教育理论的指导；以人体工程学为指导，制作适合儿童生理结构的硬件设备；开发并不断调试符合儿童心理特点的优质教育软件；在操作设计上增设提醒机制，把握使用的适度性。

　　家庭是儿童生命成长与发展的源头。儿童群体的差异性多来自家庭。儿童自出生起就受到成人的呵护与照料，有些儿童在上幼儿园之前，就已经听了上百个故事，看了上千本绘本；而有些儿童在走进学校之前，或许只听过奶奶口述的几个遥远的传说。因而，家长读了多少书，有什么样的阅读习惯，家长陪儿童读了多少书，都对儿童的阅读产生重要的影响，家庭的阅读氛围很重要。在儿童后天的成长过程中，成人也发挥着至关重要的作用。家长被称作"儿童的第一任教师"，在血缘关系、时空便利和心理联结等方面具有先天优势。家长要发挥自身优势，在儿童数字化阅读生态建设方面意识到自身的重要地位。家长要注意自身言行，做好榜样，形成家庭氛围；

---

① ［英］大卫·帕金翰：《童年之死——在电子媒体时代成长的儿童》，张建中译，北京：华夏出版社，2005 年，第 225—226 页。

主动参与,对资源进行二次开发;关注儿童的阅读体验,及时调整,适度使用;多种方法引领儿童对传统纸质阅读形成一定的回归。

学校是儿童成长的第二重要场所。学龄段儿童一天的大部分时间在学校度过,学校是影响儿童数字化阅读生态的中坚力量,发挥重要的教育作用,而教师承担具体教育策略的落实。教育旨在以文化人。学校对儿童施加的影响不仅是课程教学,而且是以文化熏陶的方式浸润儿童的心灵。学校要在课程建设中融入数字化阅读素养教育的内容,教给儿童信息查询与分析的基本方法,推荐优质资源并指导家长,联合多元主体对数字化阅读的儿童主体进行过程性评价。

儿童生活的宏观文化场域是一个综合场,是一个有向心力的、动态的、有机的系统,其中包括自古至今积淀的宗教信仰、文化传统、价值取向和生活方式等。政府的职责是组织这个系统中的各个因子相互作用,形成一个有机的整体,规范、调节儿童的生活观念和行为习惯,影响儿童及其生活系统中他人的价值取向、思维特征和行为方式。政府要扶持优质数字化阅读资源建设,强化优质资源的宣传与推广,组织多样化的培训与指导,提高儿童的数字化阅读素养,并制定规范,形成机制,强化落实。

三、 儿童数字化阅读系统优化的基本策略

数字媒介使得阅读变得快捷、相对准确、无限而且低价,但同时可能将儿童淹没在信息之中,丧失阅读中的主体性。这一切以阅读为基础的危机,必须采用以阅读为基础的策略加以应对。

(一) 媒介责任: 融合教育理念,强化生命观照

数字媒介作为具有价值负荷特性的技术,其价值通过阅读平台和内容的设计与研发来体现,渗透着主体的意识形态。当前的儿童数字化阅读媒介的设计与研发,在一定程度上关注了使用者的存在,但对使用者的分析主要还是侧重于消费需求,以满足儿童数字化阅读需求、达成数字化阅读平台的购买和使用为目标,对儿童作为成长发展中的人之存在的关注还不够。

因而，站在儿童成长的视角，数字媒介的设计与研发对儿童生命成长的观照还不够全面、不够完整，未达到其应然追求，故还要在以下几个方面加强对儿童生命的观照。

1. 在设计、研发时加强现代教育理论的指导

设计是对设计目标进行构思、计划并把设计目标变为现实的实践活动，是一种重要的认识活动①，设计对象本身就是设计者的认知对象。设计的精华是改革和创新，它是充分调动设计者的灵感思维、具有原创性的或超越性的认知活动。② 研发是把设计方案转变为物理形式的过程，是"在学习理论、教学理论、传播理论、认知科学等基础理论与设计方案的指导下，在不断创新的硬件软件技术驱动下（智能技术使越来越复杂的开发过程与环节不断简单化、自动化、人性化），将理论与技术交织在一起，不断实现着从设计方案向实施（学习、教学、培训）环境、资源、条件、程序的物化、外化，是从思想到现实的转变过程"③。儿童数字化阅读所使用的数字媒介同样是设计者创造蓝图进而研发者将蓝图物化的成果。

数字媒介设计与研发的主体是设计师与程序员，拥有高超的专业技术能力。技术是他们的安身之本。在研发儿童数字化阅读产品时，可能会仅仅从技术层面来追求产品的外形精美、操作便捷，而忽视产品最终指向儿童阅读的教育性或育人性。因而，儿童数字化阅读产品在研发阶段，应当更加强调对儿童的生命成长的关注。相关人员在设计、研发针对儿童阅读的产品时，应当有意识地了解关于儿童认知与发展的相关教育理论和学习理论，反思产品本身是否契合儿童的身心发展和阅读发生的规律，并将其融入产品研发的各个环节。应当建立设计师、程序员与教育专家、心理专家和学科专家的良好沟通机制，多听取相关专家对儿童数字化阅读产品的意见和建

---

① 何克抗、郑永柏、谢幼如：《教学系统设计》，北京：北京师范大学出版社，2002年，第15页。

② 高一平：《设计的本质是存在与演化——关于设计本质的探讨》，《自然辩证法研究》1997年第7期，第43—45页。

③ 桑新民、李曙华：《教育技术学范畴体系建模研究及其方法论——与美国"94定义"研究群体的对话（下）》，《中国电化教育》2007年第12期，第12页。

议，使现代教育理论真正成为研发儿童数字化阅读产品的知识基础。

2. 以人体工程学为指导，制作适合儿童生理结构的硬件设备

调查数据显示，由于数字化阅读媒介自身的局限或儿童主体的使用不当，作为技术存在的数字化阅读产品在延伸儿童阅读的感官、满足儿童阅读的需要的同时，在一定程度上给儿童的身心发展造成伤害，尤其是对儿童视力的伤害，以及由于数字媒介技术使用不当造成的颈椎病、皮肤过敏、萝卜腿、鼠标手、脑功能减弱和中枢神经失调等，此外，还有因设备卫生问题导致的病菌传播等。这些问题的产生，数字媒介的研发者应当负起一定的责任。

人体工程学是20世纪四十年代后期发展起来的一门以人为本的技术科学。该学科通过剖析人的解剖学、生理学和心理学等因素，研究在人—机器—环境系统中如何使效率、健康、安全和舒适等达到最优化的问题。[①] 其目标指向研发既能提升工作效率又能减少对人体危害的人性化设备，为儿童数字化阅读产品的研发提供了支持原理。因而，在儿童数字化阅读设备的研发尤其是硬件制作中，工作人员应依据人体工程学，综合考量媒介元素的特征和儿童的感知特点，合理设计文字、图片、影像等的颜色、大小和清晰度等，比如儿童阅读的字号不宜小于24号，字体不宜过于花哨，颜色不宜对儿童造成心理压迫，影像运用要以辅助文字认知为主，等等。另外，研发时应考虑儿童的现实生活经验、民族传统和社会习俗等。

3. 开发并不断调试符合儿童心理特点的优质教育软件

马歇尔·麦克卢汉指出"媒介即讯息"，媒介设计的核心必然离不开讯息设计。儿童数字化阅读需要大量优质的阅读文本、多媒体课件、数据库等相关教育软件。这些软件的设计与研发，必须渗透以儿童为本的思想，综合考量儿童阅读的特性与旨归。具体而言，笔者认为起码要做到以下几点。

首先，儿童数字化阅读软件要在界面、内容和交互上保持一致性。数

---

① 王湃：《人体工程学及其未来》，《中国环境管理干部学院学报》2003年第2期，第71—73页。

字媒介的超链接、超文本技术使大量信息交织在一起，若无良好的一致性架构，则儿童阅读时很容易发生偏离现象。在界面设计上，要使不同界面中相同性质元素的形态、位置、功能保持一致，使用统一、清晰、简洁的界面结构，最好使用约定俗成的标准界面元素、标签、图标等来描述选择与任务，使儿童根据外观就能清楚地识别软件的功能。另外，界面中应设计清晰、明确的导航系统，合理采用导航地图、时间轴、知识树等导航技术，避免学习者发生迷航或花费大量的精力在学习路径的确定上。[①] 在内容设计上，要精心设计内容的组织结构，比如利用提纲和标题来组织文字，为儿童呈现一个结构性、系统性的知识界面，强化信息节点设计，保证内容相关的信息以各种方式集成在一个节点中，以便于儿童对阅读文本的整体性把握。

其次，儿童数字化阅读软件要注重关注儿童的自适应性。即能够依据儿童个体的特征，跟踪儿童的阅读过程，动态地提供阅读内容，提出阅读建议，从而调整儿童的整个阅读过程，保证儿童阅读的效果。在当下的数字化阅读软件中，演示型软件占较大比重，而此类软件单纯追求知识的传递，对儿童其他素养的培养较少关注，且常是传统纸质阅读资源往数字屏幕上的"搬家"，儿童基于此类软件阅读时参与度低，阅读功能的发挥相对较差。研发者应考虑利用当下人工智能技术，设计具有自适应性的数字化阅读软件，更多关注儿童自身的个性，并依据儿童的个性动态地提供具有个体适应性的阅读内容、阅读策略并进行过程性评价，这就极大地体现了以人为本的思想。

再次，儿童数字化阅读软件可以有策略地融入游戏性。"数字原生代"与"游戏世代"的出现让数字游戏阅读显得更重要。现在儿童从小就在接触各种数字媒介，比如在计算机、手机、电视游乐器、数字游戏环绕下成长，

---

① 祁玉娟、熊才平：《认知负荷理论在多媒体软件设计中的应用分析》，《远程教育杂志》2009 年第 3 期，第 51—53 页。

传统的学习方式在他们身上已达不到过去的效果。这时候利用数字游戏这种他们相当习惯的媒介与互动方式来阅读便显得格外有用。当前数字游戏技术日渐成熟与普及，网络摄影机、触控屏幕、携带装置等设备的出现，让儿童可以用更加直觉的方式，或在更接近实际情境的状况下进行数字化阅读。比如近年来持续升温的电子绘本技术，即将传统绘本内容加入声音、互动游戏等功能，借助数字化的声、光进行呈现，儿童在快乐玩耍中完成阅读。必须指出的是，游戏性的融入，可以采用多线或非线性的故事结构来增加重复阅读与游玩的乐趣，但游戏内容上必须与阅读文本的内容有关联性，在游戏的过程中加深儿童参与故事的感受，不能偏离阅读文本。据研究，规则过于复杂的游戏也会影响儿童数字化阅读的效果。[1] 因而融入儿童阅读软件的游戏要简明，规则不宜过于复杂。

最后，儿童数字化阅读软件要更加重视试用阶段。一般而言，从原型研发到定型，其中必须经过数次的测试、试用和修改。[2] 根据访谈资料，当前在软件研发具体执行过程中对试用阶段的重视还不够。因而需要着重强调试用阶段对儿童数字化阅读软件研发必不可少。通过一定规模儿童的试用，可以获得第一手的意见和建议。这些意见和建议甚至比专家、学者的意见和建议更具现实针对性。依据试用阶段获取的反馈信息对软件进行定型前的修改和完善，是对儿童的观照和尊重，也能保证软件具有更高的品质和适用性。

4. 操作设计上增设提醒机制，把握使用的适度性

法国历史学家亨利–让·马丁（Henri-Jean Martin）曾提醒人们："我们必须学会利用如此丰富的信息，把握好这种宝贵的自由——也就是说，我们必须做好充分准备，并深刻地认识到：人类社会归根结底还是有血有肉的人

---

① 邱正忠：《导入互动式游戏与儿童绘本之研究》，硕士学位论文，台湾元智大学，2011年，第 28 页。

② ［美］艾伦·贾纳斯泽乌斯基、迈克尔·莫伦达主编《教育技术：定义与评析》，程东元、王小雪、刘雍潜主译，北京：北京大学出版社，2010 年，第 97 页。

组成的。"①儿童期是人生发展的起步时期，儿童成长受文化的直接和间接影响，在文化多元的当下，儿童所接触到的文化往往决定了自身的发展内容和方向，决定了其以后走什么样的路。本研究发现，部分儿童痴迷网络小说、网络游戏等，常常忘记时间，清醒后经常感到身体不适，或者忽视了现实世界中的一些事物。这对儿童的身心是一种伤害，也不符合儿童阅读的本意。因而，数字信息的提供者，应该有意识地在操作界面设置相应的提醒机制或预警机制，比如当儿童在某软件上阅读达 30 分钟时，可提醒其起来适当放松以保护眼睛。这样的提醒机制对可塑性强、自制力弱的儿童而言，是一种建议和预警。

（二）家庭氛围：注重言传身教，参与二次开发

1. 注意自身言行，做好榜样示范，形成家庭氛围

家庭成员尤其是父母对儿童的影响不言而喻，但由于文化视野、文化水平的差异，每一个家庭中父母给予儿童的文化底色是不同的，于是造成许多家长对儿童严加管教，自身却疏于自我管理，有意无意间给儿童作出了不良示范。社会文化学派认为，儿童的学习基于其对外界文化环境的观察与模仿。家长必然是其直接的学习对象。因而，还必须强调，家长在对待儿童数字化阅读问题上，必须先从检视自身的言行做起，不能以工作繁忙或文化水平低为由推卸责任，要肩负起对儿童施以直接影响和教化的义务，同时对自己要有像对儿童一样的要求，严于律己，做有文化修养、文化视野和文化品质的"文化大树"。另外，为更好地发挥家庭教育的作用，父母双方和家庭其他成员也要在榜样示范上形成一致性，营造出良好的文化氛围，不能像美国绘本大师安·卓伊德（Ann Droyd）在《晚安，iPad：互联网时代的睡前图画书》（*Goodnight iPad: A Parody for the Next Generation*）中所描绘的那样，依

---

① ［新西兰］史蒂文·罗杰·费希尔：《阅读的历史》，李瑞林、贺莺、杨晓华译，北京：商务印书馆，2009 年，第 284 页。

靠老奶奶的强力制止才能维持家庭的阅读氛围。[1]

在具体操作方面，美国学者内奥米·S.巴伦在《读屏时代：数字世界里我们阅读的意义》一书中对数字化阅读开出的"处方"值得借鉴：成人既要能够进行纸质阅读，又要能够进行数字化阅读（形式追随功能）；不管是娱乐性阅读还是学术性阅读，都要找到有效的不分心的阅读方法；面对面活动时要专注，为儿童树立榜样（当你在开会时发短信，儿童看到了会跟着做，认为上课或吃饭时这样做也是合理的）；尊重纸质版和其他任何媒介上作品的著作权；努力进行持续性阅读，努力阅读篇幅长而且内容丰富深刻的作品（深度阅读很重要）；检测并分享数字设备和纸张的环境成本；在根据阅读平台制定教育政策时，不要为了成本而放弃对学习效果的考虑；不要以为儿童知道如何做有意义的数字化阅读，我们得教他们（纸质阅读同样如此）；不要因为儿童拥有和使用许多数字设备，就以为自己知道儿童的阅读偏好。[2]

2. 主动参与亲子共读，对资源进行二次开发

家长除了以自身言行对儿童产生示范效应，还应主动参与儿童数字化阅读。数字媒介的研发者对儿童本身的关注，更多是基于大规模的、一般性的儿童特征，因而无法达到对每个儿童的观照，也必然因为要涵盖更多儿童的需求从而提供更为丰富和多样的信息资源。每一个儿童都是独立存在、

[1] 安·卓伊德在2011年创作了《晚安，iPad：互联网时代的睡前图画书》。这本书讲述了在没有数字产品的时代，天黑了，小兔子舍不得入睡，于是对墙上的画、台灯、气球、玩具道晚安，对窗外的星星、月亮道晚安，才静静入眠。而书里的主角，则是今天被数字生活环境包围的兔子家族成员，数字产品围绕在四周，全家大小各自抱着笔记本电脑、智能手机、平板电脑、玩游戏、听音乐、发信息、看影片，或与朋友在脸书（Facebook）上聊天；屏幕保护程序是最热门的游戏《愤怒的小鸟》；过去满墙的书籍变成轻薄的电子书阅读器（Nook）；哔哔、叮叮、咚咚声持续终日；终于，兔子奶奶看夜深时，大家仍沉浸在数字产品中，于是拔掉电源，拿走了所有兔子家族成员手上的数字产品，全家对数字产品依依不舍，但终究被坚决的兔子奶奶将它们往窗外丢去！当夜晚没有了数字产品的干扰，小兔子在家人陪伴下，拿起书来阅读……[美]安·卓伊德：《晚安，iPad：互联网时代的睡前图画书》，文不丁译，重庆：重庆出版社，2014年。

[2] ［美］内奥米·S.巴伦：《读屏时代：数字世界里我们阅读的意义》，庞洋、周凯译，北京：电子工业出版社，2016年，第309—310页。

具有个性的个体，其需求是不同的，认知与情感也不同，这些丰富多样的资源就会给单个的儿童带来认知负荷。如果家长不能主动参与，儿童则极易滑向资源庞杂造成的认知负荷的深渊。因此，家长需要参与儿童数字化阅读进程，在亲子共读中对数字资源进行"精"和"准"的二次开发。

家长进行资源的二次开发要基于两个方面的考量。一方面，家长要发挥自身主观能动性，对数字媒介技术的设计者和研发者的理念与意图进行分析，揣摩其意识形态的精髓，领悟其中是否蕴含媒介的教育功能，以便从外部对数字信息作出筛选和考量，寻找设计理念符合儿童生命成长规律、契合现代教育理论又富有时代感的信息资源。另一方面，家长要对当下阅读的情境和这个情境中的儿童本身加以关注与分析，了解当下情境的实际情况，儿童自身的兴趣、需求、经验和情绪等，针对儿童的这方面特征有针对性地甄选相关资源或软件，来满足儿童的数字化阅读需求。家长要了解儿童当前的身心发展处于哪个阶段，一般而言，根据儿童对阅读内容的专注度和沉浸度，阅读文本可以逐步从图画到文字，并逐渐增长。儿童在数字化阅读中，对信息的查询、分辨、判断和利用的能力不是一蹴而就的，而是逐步增强的，数字化阅读素养亦是逐步培养起来的。这是一个充分考量父母运用自身智慧使教育理念落地的过程。

3. 关注儿童阅读体验，及时调整策略，适度运用

在参与儿童数字化阅读的过程中，家长要重点关注儿童的数字媒介阅读体验，即关注儿童主体在技术运用中对阅读文本的内化，这是阅读的旨归，也是通过阅读提升儿童素养的根本要求。当前家长关注更多的是儿童在数字化阅读中的知识传递和知识记忆，强调的是依靠阅读获得识记知识的功用，较少从儿童作为一个主体的角度真实地去关注儿童的技术使用感受，缺乏对儿童数字化阅读文本内容感受的洞悉，即缺少对儿童知识内化和身心发展的关注。因而，家长要在这方面予以加强，可引导儿童查询阅读文本的相关信息。比如作者信息、其他相似文本，尝试与作者或他人进行跨越时空的交流和讨论，在儿童表达内心观点的同时，加强对其阅读内化过程的

了解和引领。

　　家长还要关注儿童在数字化阅读中的情感体验，这是当前数字化阅读中不容忽视的一个问题。儿童只有在数字化阅读中激发了联想和想象，产生了共鸣，获得了精神愉悦和满足，其阅读的层次才上了一个台阶。家长要适时关注儿童数字化阅读的情绪体验，把握儿童在虚拟世界中的情感走向。毫无情感投入的阅读谈不上真正的阅读，但沉浸在虚拟世界而不能自拔也不被推崇。家长要做好引领人，加强对儿童数字化阅读情感投入的"度"的把握和提醒，引领儿童在虚拟文本经验和现实生活经验上建立联系，达成阅读的真正效果。

　　另外，家长还要考量数字化阅读过程中，技术对儿童身心的影响。古希腊柏拉图深知从语言向文字的媒介转变过程中，人的知觉将发生重大的革命，眼睛将代替耳朵，成为最重要的信息加工的器官。于是，他要求学生在来学园之前，先学习几何学，以训练其视觉能力。而当下，数字化阅读的文化开放性造就了儿童阅读的立体性，儿童数字化阅读是眼、耳、手等多种感官的投入与参与，声、光、电的效果刺激着儿童的多个器官。在此情景下，家长要有意识地呵护儿童的身心发展，以儿童为本，抛开功利心理，抛开懒惰思想，在合适的时间结合合适的内容，选择合适的媒介，以适当的频率使用，体现为适时使用和适量运用，防止儿童的身心受损。

4. 多种方法引领儿童对传统纸质阅读形成一定的回归

　　数字化阅读带来了开放的阅读环境、丰富的信息资源、有声有色的多媒体影像，极大地改变着儿童的阅读方式，但也会对儿童阅读有不良的影响。儿童年龄小、经验少，对信息的综合评判和审视能力较差，如果过分依赖数字化资源，会导致阅读不够深入，走马观花，囫囵吞枣，或者沉湎网络，被暴力、封建迷信等不良思想荼毒。美国儿科学会（American Academy of Pediatrics）提出，2岁及2岁以上的儿童与数字媒介互动的时间为每天不超过2小时[1]；而2岁以下的儿童尽量不要接触数字媒介——这可能与数字媒介时代过多的认知负

---

[1]　Ari Brown. Media Use by Children Younger than 2 Years. *Pediatrics*, 2011(5), pp. 1040-1045.

载有关。有研究发现，儿童观看视频可能引起痴呆现象。① 因此，儿童需要正确和适当的引导，才能提高数字信息解读与理解能力，才能在数字媒介的信息海洋中遨游、健康茁壮地成长。这是目前我们对儿童数字化阅读的基本态度。可见，在儿童阅读的问题上，数字媒介似乎赢得了一席之地，但这并不意味着儿童不需要再进行传统纸质阅读了。相反，纸质书目前仍在主导阅读市场。从媒介技术演进史可以看出，文字印刷媒介并没有完全取代口头传播媒介，而是两者并存、互为补充，各自发挥优势功能，数字媒介也不会取代文字印刷媒介和口头传播媒介，至少短期来看是这样的。它们也将共存于社会生活中，各自发挥优势功能为人所用。

在这种情况下，其一，家长应当关注儿童进行数字化阅读和传统纸质阅读的合理搭配与协调。根据儿童的身心成长规律，儿童年龄越小，越要坚持以纸质书为中心的原则。其二，要根据儿童不同成长阶段的心理、行为和智力发展特点，有选择地运用视觉、听觉、触觉等多感觉通道，寓教于乐，帮助儿童掌握阅读，获得数学、音乐、百科等知识。数字化阅读从本质上来讲，和传统纸质阅读并不矛盾，都指向儿童个体生命的文化生长。

"很少有孩子会主动喜欢上阅读，通常都必须有某个人引领他们进入书中的奇妙世界。"②家长在引领儿童进行阅读时，必须考虑儿童的年龄和心智的成熟度。美国阅读研究专家吉姆·崔利斯（Jim Trelease）经过多年研究和实践，给出具体建议可供参考：4 个月之前的儿童，阅读什么没有多大差别，重点在于阅读本身；年幼的儿童，新陈代谢速度是成人的两倍，识记能力强，家长要为儿童选择能刺激其视觉和听觉的作品，利用吸引儿童注意力的彩色图画和活泼的声音；押韵的语言更容易吸引儿童注意，韵文内含一种秩

---

① Daniel R. Anderson and Katherine G. Hanson. From Blooming, Buzzing Confusion to Media Literacy: The Early Development of Television Viewing. *Developmental Review*, 2010(2), pp. 239-255.

② [美]吉姆·崔利斯：《朗读手册》，沙永玲、麦奇美、麦倩宜译，海口：南海出版公司，2009 年，第 87 页。

序感，其节奏类似人的心跳，儿童最早听到的就是母亲的心跳；亲子之间融洽的肢体接触也会增加彼此的亲密感，使儿童感到亲密，而不感到行动被约束；时间的把控要循序渐进，婴儿阅读时的注意力平均只能维持 3 分钟，每天数次的阅读参与，可以使一天的阅读时间累积到 30 分钟；当儿童对阅读内容有所反应，就可以开始和儿童谈论所阅读的文本内容；在阅读的过程中，儿童参与得越多，理解得也越多；到了学步时期，儿童对周围的一切充满好奇，绘本是这个时期最好的阅读文本；鼓励儿童发问，并给予积极和及时的回应；也可以和儿童一起制作图书；反复阅读。[①] 这些策略对家长具有直接的指导意义，其最根本的指向在于家长的深度参与。就像美国诗人史斯克兰·吉利兰（Strickland Gillilan）的诗作："也许你拥有无限的财富，一箱箱的珠宝与一柜柜的黄金。可是你永远没有我富有——因为我有一位读书给我听的妈妈。"[②]

（三）学校义务：充实课程教学，引领家校合作

长期以来，人们都把重心放在如何利用媒介来构建文化，而不是如何利用文化来制约媒介。帮助儿童学习解读文化中的象征，在数字媒介时代的信息洪流中保持自身的主体独立性，是一个理性的社会，尤其是学校不可推卸的责任。

1. 课程建设中融入数字化阅读素养教育相关内容

当前，理论界对儿童与媒介的相关研究与日俱增，对数字化阅读素养教育、新媒介素养教育、信息素养教育等的呼声越来越高，尽管学术话语还有待进一步达成共识，但内容都指向对儿童与数字媒介关系的相关研究。中国也出台了相应规章制度，无论是 2000 年教育部印发的《中小学信息技术课程指导纲要（试行）》中明确规定"教育学生正确认识和理解与信息技术

---

① ［美］吉姆·崔利斯：《朗读手册》，沙永玲、麦奇美、麦倩宜译，海口：南海出版公司，2009 年，第 176 页。
② Hazel Felleman and Edward Frank Allen, *The Best Loved Poems of the American People*, 1936.

相关的文化、伦理和社会等问题，负责任地使用信息技术；培养学生良好的信息素养，把信息技术作为支持终身学习和合作学习的手段，为适应信息社会的学习、工作和生活打下必要的基础"，还是2001年教育部印发的《基础教育课程改革纲要（试行）》中"知识与技能、过程与方法、情感态度与价值观"三位一体的课程标准，这些都反映出教育界对儿童处理数字媒介所需能力与教育的重视。但重视绝不能停留在各级各类文件中，也不能仅仅止步于口号，必须落实到具体的学校课程与教学中。

因而，本研究建议在学校整体课程建设中，融入相关内容，以引领儿童主体对数字媒介技术的正确使用具有完整的认知和良好的使用习惯，使其不影响自己的身心健康。当前，信息卫生学作为研究信息技术给使用者带来疾病、健康损害、劳动能力降低、工作效率下降等危害因素的学科，其内容体现着儿童合理使用数字媒介的诉求，因而建议将信息卫生学相关理论知识融入当前中小学课程体系中。比如在中小学信息技术课程中专门设置信息卫生学的章节，在网络学习资源中设计信息卫生学的相关内容，在各类教材、教学媒体、课堂教学中增设信息卫生学的内容。当然，增设内容仅是儿童数字化阅读素养教育产生良好效果的必要条件，而非充分条件，还需要在基于各类教材实施的教学、学习时，师生共同努力，积极组织和参与相关教育教学实践活动，将儿童数字化阅读素养教育落到实处。

2. 教给学生信息检索的基本方法，推荐优质资源

调查中发现，儿童想要在门类繁杂、良莠不齐的数字化阅读资源中快捷地找到自己需要的内容并不是一件易事，尤其在网络上寻找阅读资源的时候，往往被五花八门的链接带到和阅读初衷完全不相干的领域中去，并在这些领域浪费大量时间和精力，最终难以体会到数字化阅读带来的便捷和实惠。笔者曾在某实验小学四年级调研时，询问放学后的孩子："放学回家后你们都做什么？"几乎所有的男孩异口同声地说："玩电脑游戏！"女孩说："看电视。"而追问他们怎么用电脑查资料时，他们异口同声地高呼："百度！"这说明儿童面对丰富的数字化阅读资源时，获取资源的途径较单一。

为了防止学生在纷乱复杂的网络世界横冲直撞迷了路,专业化的学校和教师有必要有意识地传授儿童一些基本的信息获取、分析的方法和途径,并向儿童推荐优质的数字化阅读资源。

学校教师推荐优质的数字化阅读资源,要基于对本群体儿童的认识与分析,充分考虑他们的认知特征和阅读需求,并整合先进的教育理念,结合丰富的教学经验,在媒体资源中精心挑选能够保证绝大多数儿童基于该资源的学习都能取得良好学习效果的资源。这些资源不宜过多,资源过多可能会造成儿童左顾右盼。教师给学生推荐资源时应该以某个知识点为中心,以可用性为价值增长点向外扩充。学校教师还应当有意识地收集与积累一些常用的适合某阶段儿童使用的专业的数字化阅读资源库,推荐给有不同需求的儿童,便于他们开展自适应性数字化阅读。比如中华连环画数字阅览室、点点书库、儿童资源网、国家少儿数字图书馆、小书房世界儿童文学网等,这些资源除了文字描述,多以声、光、电和游戏的配合达到趣味教学的目的,寓教于乐。这些数字化阅读资源能激发儿童浓厚的兴趣。

3. 联合多元主体共同对儿童进行过程性评价

儿童是发展着的人,是生成着的人。儿童在现实而具体的社会活动中不断创造、完善自己,儿童的发展实质上是一个过程。儿童数字化阅读素养教育的评价,必须关注过程,即关注儿童的个体发展与生成。

儿童数字化阅读的过程性评价,应当突破传统的单一主体评价模式,吸纳包括家长、社区工作人员、教师、教育管理者等更多主体参与,促使评价主体多元化。他们要参与评价目标的确定、评价指标的制定、评价方法的选取等整个评价活动。比如在多媒体阅读的评价过程中,除了教师,家长与适量儿童代表也应当纳入进来,以取得高信度、高效度的评价结果。

数字化阅读过程性评价的方式,可以借助现代信息手段,突破传统档案袋评价的局限,拓宽评价收集的渠道。(1)电子档案。电子档案是指以文件夹的形式保存数字化环境下儿童的相关阅读信息,比如课程、作业、测试、讨论等过程中产生的信息,以此来评价儿童的能力发展和成就水平。它可以很好地对儿童的阅读过程开展评价,更在存储、检索、共享和修改等方面具有优势。(2)数字化录像技术。借助数字化录像技术,能将儿童的阅读过程拍摄下来,为评价提供最真实的情景再现。(3)借助大数据技术,提供个性化的阅读证据。比如网络教学平台可以提供每个儿童的登录情况、学习进度等;在线系统可以捕捉到儿童的投入时间,以及他们解决问题的次序、利用的知识和策略。某些网络技术可以记录儿童的学习路径和轨迹,比如公告板系统、微博等。评价材料收集渠道增多的同时使得评价材料的类型增多,收集的学习者学习活动的要素增多,而这无疑增加了过程性评价的效度和信度。

4. 有意识地对家长进行引领与指导,达成家校共育

学校教育的良好开展,必须与家长形成一致性的合力,当家长对学校教育策略与手段不予认同时,学校应当有意识地开展对家长的教育和引导。儿童数字化阅读素养教育的顺利开展并达成实效,必须将家长作为重要影响因素纳入教育范畴。学校在引领儿童具备良好数字化阅读素养的同时,在一定程度上要给予家长引领与指导。

具体而言,可以从以下几个方面开展:第一,延伸学校课程教学中信息卫生学相关知识与内容至家长群体,可以通过开设讲座、业余分享等方式,使家长获得一定程度的信息卫生学知识、教育理论知识和教育操作策略,并不断提升家长对儿童的认识和教育理念。第二,学校要不断与家长进行沟通,强调家长言传身教的重要性,让家长意识到自身对儿童的示范效应,同时要不断推荐数字化阅读的优质资源和软件,让家长能够获得操作性强的指导。第三,家长之间加强关于儿童数字化阅读的交流和讨论,发挥群体效应。

(四) 政府服务: 完善监管机制, 推广优质资源

通常,政府在"利维坦"与"守夜人"两种角色中摇摆,前者强调政府的绝对作用,支持政府的管理或干预行为;后者主张限制政府的权力,充分发挥市场这只无形的手的作用,将教育资源调整到最佳状态。按照政府治理的相关理论,最佳的选择应当是在"利维坦"与"守夜人"之间寻找平衡点。"利维坦"主要发挥立法与监管作用。譬如制定相应的法律与规则规范企

业的技术和产品生产、限制儿童的使用年龄和内容等，并对技术生产、销售和消费进行制度化、程序化的监督与管理，建立相关的预警机制。"守夜人"则着眼于教育功能的发挥，政府部门通过对教育者和家长进行适当培训，让其明白过度使用技术对儿童造成的可能性伤害。"利维坦"与"守夜人"不是两者择一非此即彼的关系，而是一体两面的协调。更重要的是，政府部门需要从长远出发，厘清企业技术、产品生产与儿童健康成长的关系，切勿局限于眼前的经济发展以牺牲儿童的健康为代价。面对儿童"被"技术异化程度的不断升级，伴随着家长与教师的不知情与无助，政府部门应当对此负责。总之，政府应当基于儿童权益采取一系列防止儿童"被"技术异化的有效策略。

1. 大力扶持优质数字化阅读资源建设

政府应当承担公共服务的职责，创设优质的数字化阅读资源给包括儿童在内的社会大众。在数字媒介时代，政府首先应当组织并政策引导相关资源研发者开发出优质、合适的数字化阅读资源和平台，并组织人力对传统优秀文化资源进行数字化转换。这样的资源不仅便于保存，而且有利于社会大众更好地检索和利用，达到优质资源共享的目的。其次，政府要管理好这些数字化阅读资源，组织人手进行良好的目录登记和归档，并及时进行更新换代和添加，建设好资源的检索功能，确保优质数字资源的可用、好用。最后，政府应强化对数字资源管理者的培训和监督，打造一批队伍，提高他们的服务意识和专业能力，确保数字化阅读资源的内容品质和服务品质。

另外，在建设数字化阅读资源的同时，政府不能忽视对现实阅读社区的观照。环境在阅读上扮演着关键性角色。美国语言教育家斯蒂芬·D.克拉生（Stephen D. Krashen）等研究人员明确指出：优质的图书越容易获得，儿童的阅读成绩越高；相反，优质图书越不容易获得，儿童的阅读成绩则越低。因而，政府要加强对社区图书馆的建设，向大众普及图书馆意识，强调图书馆的价值不可能被搜索引擎代替，让更多人利用图书馆。同时，建议社区图书馆配置数字化阅读区，或者拥有专门的数字化阅读馆，配备相应的数字设备。

2. 强化优质数字化阅读资源的宣传与推广

本研究在调查中发现，许多人表示并不了解公共图书馆的多个数据库、国家的精品课程等资源，且没有接受过任何宣传，他们只是依据经验和兴趣使用数据库和网络资源。可以说，数字化阅读资源的闲置与缺乏宣传、引导不无关系。造成数字化阅读资源不能被高效利用的一个重要原因在于，使用者不知道资源的存在，或者不知道怎么操作。人们对优质数字化阅读资源的不知情表示资源没有得到宣传或宣传不够力度，政府应当在这个方面多下功夫。

宣传的目的在于达成数字化阅读资源的推广。创新推广理论提出，一项新事物的推广过程包括五个阶段：通过接触来获知如何运作的阶段、态度认可的说服阶段、确定采用的决策阶段、投入实施的运用阶段、强化并不断调整的确认阶段。[①] 若人们无法获知资源的存在，则连第一个阶段都无法实现，自然也无法完成达到推广的后续阶段。因此，政府要做的首要事务即通过广大社会媒体和舆论，向社会大众和目标群体进行消息传递，这是人们进行有效数字化阅读的前提。美国传播学学者埃弗里特·M.罗杰斯（Everett M. Rogers）提出，一项新事物要想被人们更有效地接受与采纳必须具备五个特征：相对优势、兼容性、复杂性、可适用性和可观察性。[②] 这说明人们接触一项新事物后往往会与其原有方法进行比对，只有具有相对优势，能够与他们的价值观和需求达到兼容的效果，且使用简易可操作，效果能够被其察觉，这项新事物才容易被接纳和使用。因而，政府要筛选优质的数字化阅读资源，引导社会大众参与并使用这些资源，告知他们基本的操作方式和手段，让人们主动感知并体验其优势功能，见证良好的效果，这样才能引

---

① C. Theodore Koebel and Maria Papadakis, *The Diffusion of Innovation in the Residential Building Industry*, 2004.

② Everett M. Rogers, *Diffusion of Innovation* (4th Edition). New York: Free Press, 1995, pp. 3-8.

领人们真正认可这些资源。再者，法国社会学家加布里埃尔·塔尔德（Gabriel Tarde）的 S 形推广曲线即社会的相互影响模型，认为大多数创新采用过程都是呈 S 形的，具有不同的曲线坡度①，意指在推广中存在时间节点的差异。个体通过系统或环境中的其他个体获得推广信息，关涉社会环境系统的运作机制。因而，政府进行数字化阅读资源推广，可通过社会公众人物的示范，借助明星效应，获得最佳的推广效果。

3. 组织多层次培训，提高民众的数字化阅读素养

除了广泛宣传，政府作为"守夜人"还要组织各级各类相关内容培训，这是政府资源管理和推广的重要手段之一。当前，政府组织的各种培训名目繁多，但多是指向人们的某种实际工作知识和能力，关于人与数字媒介关系的素养培训非常欠缺，因而，切实提升"人的建设"，即社会大众尤其是学校教师数字媒介相关素养至关重要，需要政府的大力支持。

教师培训是提升民众数字媒介相关素养的重中之重。2004 年 12 月 15 日，教育部印发了《中小学教师教育技术能力标准（试行）》。2005 年 4 月 4 日，教育部印发了《全国中小学教师教育技术能力建设计划》，后来相继印发《中小学教学人员教育技术能力培训大纲》。2013 年 10 月 28 日，教育部印发《关于实施全国中小学教师信息技术应用能力提升工程的意见》，启动全国中小学教师信息技术应用能力提升工程。这说明政府已开展专项培训，大力推进教师信息技术相关素养的提升。这是一项长期的系统工程，要以革新培训内容为核心，以建立培训的长效机制为保障。培训内容的改革主要包括：突破单一的设备操作、软件应用等技术类培训，要将观照人之发展的现代教育理论、教学方法与媒体应用理论、信息化教学设计理论等方面的知识融入技术的学习和使用中。长效培训机制的建立包括：讲师遴选机制、监督机制（对培训过程的监督）、评价机制（制定详细的量规来评价培训者是否合格）、协调机制（内容相近但分属不同培训工程项目的培训之间的

---

① 宫淑红：《教育技术的创新推广》，济南：山东人民出版社，2010 年，第 3—5 页。

协调）、跟踪机制（对受训者的跟踪调查，获得培训带来的实际教学效果）等。长效培训机制是培训质量的保障。

政府组织培训还应时刻跟随时代发展的脚步，甚至走在时代的前端。培训的根本不仅在于使教师和民众的观念和素养跟上时代，更重要的是，教师和民众接受培训后将继续让教师去教育、教授、指导并评价学生，并不断促进学校教育的发展，参与学校现代化，以及使学校更善于接受变化和对变化更具前摄性。[①]

4. 制定相关管理规范，形成机制，强化落实

政府管理是为了实现预期目标，是以人为中心进行的协调活动。政府管理的最终目的是在管理者和被管理者之间建立融洽的关系，即在人与人之间、人与物之间建立融洽的关系。

数字媒介环境下，"今天的网络管理者已绝非昨日的公共管理者，政府、非营利组织或私营部门均可担负起网络管理的职责，甚至网络管理者可能会出现数者并存的局面，并随着时间和网络结构的变化而不断变化"[②]。然而，这并不意味着政府在网络管理中地位的变化。政府具有特殊的资源，拥有法定的权威，具备维护社会公平正义的使命。政府在多元化的数字媒介环境下，应当是一个集规则制定者、过程监督者、资源管理者和矛盾仲裁者于一身的角色。

理想的管理并不是让人们都处于被监管的被动状态，而是处于自动运转的主动状态。要形成这样的管理机制，必须制定行业的制度规范和道德规范。制度规范与道德规范让人们知道应当做什么、如何去做、怎样做才是对的。在中国数字媒介技术领域，对行业制度和道德规范的关注较少，导致利用技术手段侵犯他人知识产权、制造计算机病毒、开设黑网吧、网上"灌水"炒作、随意发布信息等诸多不道德甚至违法的行为时有发生。这些行

---

① 赵中建：《国际教育大会第 45 届会议的建议》，《全球教育展望》1997 年第 6 期，第 4—9 页。
② Joaquin Herranz. The Multisectoral Trilemma of Network Management. *Journal of Public Administration Research and Theory*, 2008,18(1),p.3.

为不仅污染了网络环境,而且给数字媒介前阅读信息的儿童带来了极大的危害。因此,各级政府和相关管理部门有必要制定、实施数字媒介技术相关行业制度规范和道德规范,以此来约束行业人员的行为。同时加强落实,比如对网吧接纳未成年上网的行为,坚决从严查处;针对网络信息纷繁复杂,可以参照发达国家的相关规定,对中国影视、动画、游戏等数字文本进行分级管理,建设分级阅读相关规范与标准并严格落实,为儿童疏离与自己年龄段身心发展不适配的数字信息建立一套保障机制。

政府在对儿童数字化阅读环境的管理中要时刻注意,由于互联网络的各个主体成员具有不同的偏好和目标,导致虚拟世界中呈现更大的不确定性。这种虚拟世界的不确定性包括实质不确定性、策略不确定性和制度不确定性三种。[①] 对这三种不确定性,政府通常的方式是通过更加先进的技术手段来达到对信息实施监控,进而采用自上而下的命令手段来加以控制和减缓,不过这种方式只是治标不治本之策。[②] 根本之计在于政府要通过改善数字媒介提供的技术平台的品质、提升网络成员之间的互动和形成一套良性沟通机制,以此来真正改善数字化阅读的虚拟世界。

---

① Joop Koppenjan and Erik-Hans Klijn, *Managing Uncertainties in Networks: A Network Approach to Problem Solving and Decision Making.* London: Routledge, 2004, p. 6.
② 定明捷:《论政府在网络管理中的角色与任务》,《广东行政学院学报》2010 年第 6 期,第 14—18 页。

第七章
结语

　　本研究以人—技术—文化的统合视角审视数字媒介下的儿童阅读问题，遵循实然—应然—可然的逻辑思路。首先，通过定性与定量相结合的方法调研当下儿童数字化阅读的文化现状，透过其外在文化表征剖析儿童主体在数字媒介场域中存在的主体迷失问题。其次，本研究从关系向度和本体向度对儿童数字化阅读进行理论建构，提出儿童数字化阅读的价值诉求。在理论建构基础上，本研究针对调查所发现的儿童数字化阅读文化症候进行分析，找出其产生的根源和影响因素，进而提出系统优化儿童数字化阅读的理念、路向和策略。总体而言，本研究最重要的研究结果和主要观点体现在以下几个方面：

　　（1）当前数字媒介下的儿童阅读呈现出不同于传统媒介下的儿童阅读的情景，也存在一些新的问题和危机。从整体层面来看，儿童数字化阅读参与频度普遍化、热衷化，时空分布碎片化、分散化，价值偏好实用化、娱乐化，行为趋向游戏化、消费化；从个体层面来看，儿童在数字化阅读的过程中可能出现迷失的问题，表现在自我确认迷失的可能、与现实世界割裂的可能、人际交往阻断的可能、意义生成虚幻的可能和审美情趣扭曲的可能。

　　（2）从人—技术—文化的统合视角来看，儿童阅读是作为主体的儿童一种有灵性的生活方式。其既是儿童从外界文化符号世界中得到文化知识累加、文化规则适应和文化资本积淀的生成性过程，又是儿童从内向外进行符号意义赋予、内在自由抒发和推进文化进步的创造性过程。这是儿童阅读的根本性旨归。

（3）媒介技术与儿童阅读具有文化上的依存性。媒介是儿童阅读的场域，不仅具有场域的一般性，而且具有自身的独特性。媒介形态为阅读提供基础性存在。媒介环境对阅读发挥场效应。媒介技术演进是阅读文化变迁的动力。媒介技术演进与儿童阅读文化变迁相互关联。当媒介形态进入数字化样式，儿童阅读旨在促进儿童自身文化生命成长的本质并没有改变，数字媒介的优势功能发挥是儿童数字化阅读能够有效达成的强力支撑。儿童数字化阅读具有文化开放性和文化制约性。

（4）儿童阅读，在数字媒介场域中，其应当坚守的价值诉求指向儿童文化生命成长，具体包括符号确认自我之真、观照生活世界之实、激扬主体间性之活、达至意义生成之善和体悟诗性逻辑之美。

（5）儿童数字化阅读中存在的一些问题，其根源涵盖三个维度。在主体性上，儿童强烈的原初性和极大的可塑性被过度开发，是导致儿童与数字媒介过分亲密接触的天性基础；在技术性上，工具理性的膨胀和价值理性的削弱导致数字化阅读背后的理性冲突；在文化性上，技术主体伦理精神的欠缺和教育系统制约力不足致使成人社会对儿童失范与失教。

（6）儿童在数字化阅读中主体迷失和其所处的微观、中观和宏观场域具有关联性。微观层面包括数字媒介的内容管理和使用方式；中观层面包括家庭成员的言行与引导、同伴之间的交往与同化、学校相应的管理与教育；宏观层面包括政府相关政策举措的出台、导向、落实与监督。

（7）系统优化当下儿童数字化阅读，应当转变理念，以儿童为本，回归数字化阅读的育人本性；以技术为用，促进人机交互走向人际对话，达成工具理性与价值理性的有效融合；通过成人与儿童的平等对话，打好教育的"底子"；通过内容和方法的价值引领，用好文化的"筛子"，达到保护倾向与放任倾向持衡的状态。

（8）优化当下儿童数字化阅读要确立目标，培育批判性意识，重塑儿童主体性；明晰路径，发挥技术优势、加强文化制约；寻求保障，建设媒介—家庭—学校—政府共同体，形成支持合力。要发挥媒介、家庭、学校和政府四个影响儿童阅读文化因子的作用：媒介要在设计、研发时强化现代教育理论的指导，制作适合儿童生理结构的硬件设备，研发并不断调试符合儿童特点的软件；儿童家庭成员要注意自身言行，主动参与亲子共读，对资源进行二次开发，关注儿童阅读体验，多种方法引领儿童对传统纸质阅读形成一定的回归；学校要在课程建设中融入数字化阅读素养教育相关内容，传授给学生信息检索的基本方法，推荐优质资源，联合多元主体共同对儿童进行过程性评价，有意识地对家长进行引领与指导；政府要大力扶持优质数字化阅读资源建设，强化优质数字化阅读资源的宣传与推广，组织多层次培训，提高民众的数字化阅读素养，制定相关管理规范，形成机制，强化落实。

从人—技术—文化的统合视角审视儿童数字化阅读，是研究者对当下儿童学习、生活的调查进行的一次深度反思，力图在数字媒介技术蜂拥进入儿童世界的现实景况中探析教育和文化的责任，并努力建构研究的理论框架与实践路径。虽然百般努力，但由于研究对象儿童阅读本身具有不确定性，研究方法尚需改进，加之自身研究时间和精力的局限，本文在许多理论问题上还处于浅尝辄止的层面，在实践问题上还仅仅停留在提出策略，未能进行验证。这让笔者认识到学无止境、探求不息的重要性，明确了今后的研究可从两个方面着手。一方面是向理论纵深处探寻，更深刻理解儿童阅读的文化要义和媒介技术的本质属性，从而能更准确地把握儿童数字化阅读的内涵；另一方面是向实践操作层探索，以本研究的相关观点和策略为指导进行儿童阅读的文本创作、平台研发、家庭指导、学校使用和政府借鉴等，通过实践验证来进一步深化和反思本研究的基本观点。

儿童永远代表着新生的力量。媒介随着时代的发展不断更新换代，儿童数字化阅读这个领域永远散发着朝阳般的魅力，吸引着笔者和更多的人不断探寻与思索。

参考文献

（一）中文文献

［德］恩斯特·卡西尔：《人论》，甘阳译，上海：上海译文出版社，1985 年。

［德］海德格尔：《存在与时间》，陈嘉映、王庆节译，北京：生活·读书·新知三联书店，2006 年。

［德］M. 蓝德曼：《哲学人类学》，彭富春译，北京：工人出版社，1988 年。

［法］皮埃尔·布迪厄、［美］华康德：《实践与反思：反思社会学导引》，李猛、李康译，北京：中央编译出版社，1998 年。

［法］亨利·柏格森：《创造进化论》，肖聿译，南京：译林出版社，2011 年。

［法］亨利·柏格森：《思想和运动》，杨文敏译，合肥：安徽人民出版社，2013 年。

［法］让-伊夫·戈菲：《技术哲学》，董茂永译，北京：商务印书馆，2000 年。

［古希腊］柏拉图：《理想国》，郭斌和、张竹明译，北京：商务印书馆，1986 年。

［古希腊］柏拉图：《理想国》（权威全译本），郭斌和、张竹明译，北京：商务印书馆，2019 年。

［加拿大］阿尔维托·曼古埃尔：《阅读史》，吴昌杰译，北京：商务印书馆，2002 年。

［加拿大］埃里克·麦克卢汉、弗兰克·秦格龙：《麦克卢汉精粹》，何道宽译，南京：南京大学出版社，2000 年。

［加拿大］斯蒂芬妮·麦克卢汉：《麦克卢汉如是说：理解我》，何道宽译，北京：中国人民大学出版社，2006 年。

［捷］夸美纽斯：《大教学论》，傅任敢译，北京：人民教育出版社，1979 年。

［捷］夸美纽斯：《大教学论》，傅任敢译，北京：教育科学出版社，1999 年。

［美］R. 基思·索耶主编《剑桥学习科学手册》，徐晓东等译，北京：教育科学出版社，2010 年。

［美］E. M. 罗杰斯：《传播学史：一种传记式的方法》，殷晓蓉译，上海：上海译文出版社，2002 年。

王佑镁：《像素的悖论：中国未成年人数字化阅读实证研究》，北京：中国社会科学出版社，2017 年。

王国安：《小说新力：台湾一九七〇后新世代小说论》，台北：秀威经典，2016 年。

［美］艾伦·贾纳斯泽乌斯基、迈克尔·莫伦达主编《教育技术：定义与评析》，程东元、王小雪、刘雍潜主译，北京：北京大学出版社，2010 年。

［美］安·卓伊德：《晚安，iPad：互联网时代的睡前图画书》，文不丁译，重庆：重庆出版社，2014 年。

叶澜：《教育概论》，北京：人民教育出版社，2006 年。

［美］保罗·莱文森：《手机：挡不住的呼吸》，何道宽译，北京：中国人民大学出版社，2004 年。

［美］保罗·莱文森：《数字麦克卢汉——信息化新纪元指南》，何道宽译，北京：社会科学文献出版社，2001 年。

[美]保罗·莱文森：《思想无羁》，何道宽译，南京：南京大学出版社，2003年。

[法]让·波德里亚：《消费社会》，刘成富、全志钢译，南京：南京大学出版社，2000年。

[美]小威廉姆·E.多尔：《后现代课程观》，王红宇译，北京：教育科学出版社，2000年。

[美]吉姆·崔利斯：《朗读手册》，沙永玲、麦奇美、麦倩宜译，海口：南海出版公司，2009年。

[美]罗伯特·达恩顿：《阅读的未来》，熊祥译，北京：中信出版社，2011年。

[美]玛格丽特·米德：《文化与承诺：一项有关代沟问题的研究》，周晓虹、周怡译，石家庄：河北人民出版社，1987年。

[美]迈克尔·海姆：《从界面到网络空间——虚拟实在的形而上学》，金吾伦、刘钢译，上海：上海科技教育出版社，2000年。

[美]内奥米·S.巴伦：《读屏时代：数字世界里我们阅读的意义》，庞洋、周凯译，北京：电子工业出版社，2016年。

[美]尼尔·波兹曼：《技术垄断：文化向技术投降》，何道宽译，北京：北京大学出版社，2007年。

[美]尼尔·波兹曼：《娱乐至死·童年的消逝》，章艳、吴燕莛译，桂林：广西师范大学出版社，2009年。

[美]乔治·赫伯特·米德：《心灵、自我和社会》，霍桂桓译，南京：译林出版社，2012年。

[美]斯蒂芬·克拉生：《阅读的力量》，李玉梅译，乌鲁木齐：新疆青少年出版社，2012年。

宁梓亦：《记忆宫殿：一本书快速提升记忆力》，北京：中国纺织出版社，2018年。

[美]斯坦利·巴兰、丹尼斯·戴维斯：《大众传播理论：基础、争鸣与

未来》(第三版)，曹书乐译，北京：清华大学出版社，2004年。

　　[美]唐·泰普斯科特：《数字化成长》(3.0版)，云帆译，北京：中国人民大学出版社，2009年。

　　[美]威尔伯·L.施拉姆、威廉·波特：《传播学概论》，陈亮、周立方、李启译，北京：新华出版社，1984年。

　　[美]约翰·D.布兰思福特等编著《人是如何学习的：大脑、心理、经验及学校》，程可拉、孙亚玲、王旭卿译，上海：华东师范大学出版社，2002年。

　　[美]约翰·D.布兰思福特等编著《人是如何学习的：大脑、心理、经验及学校》(扩展版)，程可拉、孙亚玲、王旭卿译，上海：华东师范大学出版社，2013年。

　　[苏]B. A.苏霍姆林斯基：《怎样培养真正的人》，蔡汀译，北京：教育科学出版社，1992年。

　　[苏]格·姆·达夫里扬：《技术·文化·人》，薛启亮、易杰雄等译，石家庄：河北人民出版社，1987年。

　　[瑞士]裴斯泰洛齐：《裴斯泰洛齐教育论著选》，夏之莲等译，北京：人民教育出版社，1992年。

　　[瑞士]让·皮亚杰：《儿童的语言与思维》，傅统先译，北京：文化教育出版社，1980年。

　　[新西兰]史蒂文·罗杰·费希尔：《阅读的历史》，李瑞林、贺莺、杨晓华译，北京：商务印书馆，2009年。

　　[意]蒙台梭利：《蒙台梭利幼儿教育科学方法》，任代文主译校，北京：人民教育出版社，1993年。

　　北京师联教育科学研究所主编《外国教育名家名作精读丛书·第二辑》，北京：中国环境科学出版社，2006年。

　　陈向明：《质的研究方法与社会科学研究》，北京：教育科学出版社，2000年。

　　高建平、丁国旗：《西方文论经典.第六卷，后现代与文化研究》，合肥：

安徽文艺出版社,2014年。

[英]维特根斯坦:《哲学研究》,陈嘉映译,上海:上海人民出版社,2001年。

陈振明等:《公共服务导论》,北京:北京大学出版社,2011年。

[加拿大]马歇尔·麦克卢汉:《理解媒介:论人的延伸》(增订评注本),何道宽译,南京:译林出版社,2011年。

[美]尼尔·波兹曼:《童年的消逝》,吴燕莛译,北京:中信出版社,2015年。

[美]道格拉斯·凯尔纳:《媒体文化:介于现代与后现代之间的文化研究、认同性与政治》,丁宁译,北京:商务印书馆,2013年。

郭庆光:《传播学教程》(第二版),北京:中国人民大学出版社,2011年。

边霞:《儿童的艺术与艺术教育》,南京:江苏教育出版社,2006年。

卜卫:《大众媒介对儿童的影响》,北京:新华出版社,2002年。

常立农:《技术哲学》,长沙:湖南大学出版社,2003年。

朝戈金:《口传史诗诗学:冉皮勒〈江格尔〉程式句法研究》,南宁:广西人民出版社,2000年。

金周英:《软技术——创新的空间与实质》,北京:新华出版社,2002年。

陈华文:《文化学概论》,上海:上海文艺出版社,2001年。

陈志尚主编《人学原理》,北京:北京出版社,2005年。

《辞海》编辑委员会编《辞海》(中),上海:上海辞书出版社,1979年。

丁海东:《儿童精神:一种人文的表达》,北京:教育科学出版社,2009年。

高亮华:《人文主义视野中的技术》,北京:中国社会科学出版社,1996年。

[美]克利福德·格尔兹:《文化的解释》,纳日碧力戈等译,上海:上海

人民出版社,1999 年。

宫淑红：《教育技术的创新推广》，济南：山东人民出版社,2010 年。

顾明远：《顾明远文集》（第六卷），北京：北京师范大学出版社,
2018 年。

郭庆光：《传播学教程》，北京：中国人民大学出版社,1999 年。

[英]K.里德伯斯主编《时间》，章邵增译，北京：华夏出版社,2006 年。

何克抗、郑永柏、谢幼如：《教学系统设计》，北京：北京师范大学出版
社,2002 年。

[德]黑格尔：《美学》（第一卷），朱光潜译，北京：商务印书馆,
2020 年。

皇甫晓涛、孟桂兰：《文化书写：阅读文化学概论》，北京：中国文史出
版社,2014 年。

黄武雄：《童年与解放》，北京：首都师范大学出版社,2009 年。

李鹏程：《当代文化哲学沉思》（修订版），北京：人民出版社,2008 年。

李燕：《文化释义》，北京：人民出版社,1996 年。

李咏吟：《审美与道德的本源》，上海：上海人民出版社,2006 年。

联合国教育、科学及文化组织国际教育发展委员会：《学会生存——教
育世界的今天和明天》，华东师范大学比较教育研究所译，北京：职工教育
出版社,1989 年。

[英]约安娜·帕拉约洛戈主编《有准备的儿童：早期奠基阶段儿童的
学习与发展》，易凌云等译，北京：教育科学出版社,2022 年。

刘晓东：《儿童教育新论》，南京：江苏教育出版社,1998 年。

刘晓东：《儿童精神哲学》，南京：南京师范大学出版社,1999 年。

刘晓东：《儿童文化与儿童教育》，北京：教育科学出版社,2006 年。

人民教育出版社、课程教材研究所、物理课程教材研究开发中心编著
《义务教育教科书物理 八年级上》，北京：人民教育出版社,2012 年。

[英]爱德华·泰勒：《原始文化》，连树声译，上海：上海文艺出版社,

1992 年。

王伯鲁：《技术化时代的文化重塑》，北京：光明日报出版社，2014 年。

许良：《技术哲学》，上海：复旦大学出版社，2004 年。

杨汉麟、周采：《外国幼儿教育史》，南宁：广西教育出版社，1993 年。

衣俊卿：《文化哲学十五讲》，北京：北京大学出版社，2004 年。

郑素华：《儿童文化引论》，北京：社会科学文献出版社，2015 年。

[德]马克思、恩格斯：《马克思恩格斯全集》（第 47 卷），中共中央马克思恩格斯列宁斯大林著作编译局编译，北京：人民出版社，2016 年。

中华书局编辑部编《中华大字典》，北京：中华书局，1978 年。

朱自强：《中国儿童文学与现代化进程》，杭州：浙江少年儿童出版社，2000 年。

[意]维科：《新科学》（上册），朱光潜译，北京：商务印书馆，1997 年。

[意]蒙台梭利：《童年的秘密》，梁海涛译，上海：上海人民出版社，2007 年。

[意]蒙台梭利：《童年的秘密》，单中惠译，武汉：长江文艺出版社，2021 年。

[英]大卫·帕金翰：《童年之死——在电子媒体时代成长的儿童》，张建中译，北京：华夏出版社，2005 年。

[英]罗素：《罗素论自由》，郭义贵等译，北京：世界知识出版社，2007 年。

[意]安贝托·艾柯等著，[英]斯特凡·柯里尼编《诠释与过度诠释》，王宇根译，北京：生活·读书·新知三联书店，1997 年。

中国社会科学院语言研究所词典编辑室编《现代汉语词典》（第七版），北京：商务印书馆，2016 年。

吴彤：《复杂性范式的兴起》，《科学技术与辩证法》2001 年第 6 期，第 20—24 页。

巴丹：《阅读可以改变人生》，《中学时代》2015 年第 2 期，第 1 页。

巴登尼玛：《论教育研究者的视阈与责任》,《教育研究》2008 年第 12 期,第 29—30 页。

毕秋敏、曾志勇、李明：《移动阅读新模式：基于兴趣与社交的社会化阅读》,《出版发行研究》2013 年第 4 期,第 49—52 页。

卜卫：《捍卫童年》,《读书》2000 年第 3 期,第 45—50 页。

曾庆香：《图像化生存：从迹象到拟像、从表征到存在》,《新闻与传播研究》2012 年第 5 期,第 19—24 页。

陈薇：《"深阅读"濒危》,《新疆新闻出版》2011 年第 5 期,第 79—80 页。

陈洁：《印刷媒介数字化与文化传递模式的变迁》,《浙江大学学报》(人文社会科学版)2009 年第 6 期,第 164—171 页。

陈铭、姜洪伟：《数字媒介使用与儿童阅读需求的关系研究》,《图书馆理论与实践》2015 年第 4 期,第 11—14 页。

陈鹏飞：《少年儿童网络阅读现象及对策》,《大众文艺》(理论)2008 年第 10 期,第 192—193 页。

褚宏启：《论教育发展方式的转变》,《教育研究》2011 年第 10 期,第 3—10 页、第 15 页。

褚晓琼：《青少年网络阅读指导之图书馆作为》,《图书馆研究与工作》2010 年第 3 期,第 66—67 页、第 74 页。

崔林：《媒介进化：沉默的双螺旋》,《新闻与传播研究》2009 年第 3 期,第 42—49 页、第 107—108 页。

吴瑶：《儿童数字阅读变革与反思》,《中国出版》2016 年第 2 期,第 40—44 页。

定明捷：《论政府在网络管理中的角色与任务》,《广东行政学院学报》2010 年第 6 期,第 14—18 页。

董璐：《电子书促使传统纸书回归静态深阅读》,《国际关系学院学报》2011 年第 6 期,第 112—117 页。

刘彬：《第十七次全国国民阅读调查报告发布》，《新阅读》2020 年第 5 期，第 7 页。

段伟文：《技术的价值负载与伦理反思》，《自然辩证法研究》2000 年第 8 期，第 30—33 页、第 54 页。

方梅：《当代儿童有能力影响成人世界——访周晓虹教授》，《少年儿童研究》1998 年第 5 期，第 28—29 页。

赵霞、方卫平：《论消费文化背景下的儿童文学创作与出版》，《南方文坛》2011 年第 4 期，第 43—47 页。

高一平：《设计的本质是存在与演化——关于设计本质的探讨》，《自然辩证法研究》1997 年第 7 期，第 43—45 页。

管晶晶、胡鑫、王文静：《理解"阅读脑" 提高儿童阅读素养——儿童阅读的脑科学研究及其教育启示》，《教育学报》2012 年第 4 期，第 55—61 页。

管珏琪、苏小兵、郭毅、祝智庭：《电子书包环境下小学数学复习课教学模式的设计》，《中国电化教育》2015 年第 3 期，第 103—109 页。

贺子岳：《论网络阅读模式的构建》，《武汉大学学报》（人文科学版）2006 年第 3 期，第 378—382 页。

[法]亨利·J. 波金森：《三种不同的教育观》，周作宇编译，《比较教育研究》1993 年第 5 期，第 31—35 页。

黄旦：《手拉手还是心连心：什么是交流》，《读书》2004 年第 12 期，第 73—80 页。

姜勇、李艳菊、黄创：《3—6 岁幼儿同伴交往能力影响因素模型》，《学前教育研究》2015 年第 5 期，第 45—54 页。

柯平：《数字阅读的基本理论问题》，《图书馆》2015 年第 6 期，第 1—6 页、第 36 页。

李德刚、何玉：《新媒介素养：参与式文化背景下媒介素养教育的转向》，《中国广播电视学刊》2007 年第 12 期，第 39—40 页。

李静、童宏亮：《"被"技术化的儿童：成因·问题·对策》，《西南大学学报》（社会科学版）2016 年第 6 期，第 85—90 页。

李芒：《对教育技术"工具理性"的批判》，《教育研究》2008 年第 5 期，第 56—61 页。

李新娥：《大众传媒对少年儿童阅读的影响及对策》，《网络科技时代》2007 年第 13 期，第 105—106 页。

李余仙、王晶莹：《国际阅读素养进展研究项目概述》，《世界教育信息》2011 年第 11 期，第 44—46 页、第 54 页。

刘大椿、段伟文：《科技时代伦理问题的新向度》，《新视野》2000 年第 1 期，第 34—38 页。

刘德寰：《上网、读书时间与催化剂》，《广告大观》（理论版）2007 年第 6 期，第 61—65 页。

刘建明：《媒介环境学理论范式：局限与突破》，《武汉大学学报》（人文科学版）2009 年第 3 期，第 376—380 页。

刘琨珊：《网络时代大学生阅读规律的研究》，《全国新书目》2008 年第 13 期，第 93—95 页。

刘晓东：《教育者应当学会等待》，《早期教育》2002 年第 10 期，第 8—9 页。

刘晓东：《论教育与天性》，《南京师大学报》（社会科学版）2003 年第 4 期，第 69—75 页。

马世晔：《阅读素养与国家竞争力——国外阅读素养测试对我们的启示》，《教育测量与评价》（理论版）2010 年第 7 期，第 13—15 页。

梅琼林：《批判学派与经验学派方法论的比较分析》，《当代传播》2008 年第 5 期，第 15—17 页。

裴娣娜：《教育实验评价体系的建立及其方法论思考——构建少年儿童主体性发展测评体系研究的初步报告》，《教育改革》1996 年第 1 期，第 5—8 页。

裴娣娜：《论我国基础教育课程研究的新视域》，《课程·教材·教法》2005 年第 1 期，第 3—8 页。

裴娣娜：《我国基础教育现代化发展的根本转化》，《北京大学教育评论》2004 年第 2 期，第 63—69 页。

祁玉娟、熊才平：《认知负荷理论在多媒体软件设计中的应用分析》，《远程教育杂志》2009 年第 3 期，第 51—53 页。

钱学敏：《钱学森对教育事业的设想——实行大成智慧教育培养全面发展的新人》，《西安交通大学学报》（社会科学版）2005 年第 3 期，第 57—64 页。

戎庭伟：《后现代的儿童主体性：福柯之眼》，《全球教育展望》2012 年第 1 期，第 51—55 页。

桑新民、李曙华：《教育技术学范畴体系建模研究及其方法论——与美国"94 定义"研究群体的对话（下）》，《中国电化教育》2007 年第 12 期，第 8—18 页。

桑新民：《技术—教育—人的发展（下）——现代教育技术学的哲学基础初探》，《电化教育研究》1999 年第 3 期，第 30—32 页、第 42 页。

申继亮、方晓义：《关于儿童心理发展中敏感期的问题》，《北京师范大学学报》（社会科学版）1992 年第 1 期，第 62—67 页。

石中英：《论学生的学习自由》，《教育研究与实验》2002 年第 4 期，第 6—9 页。

舒红跃、陈俊：《现代技术危机与世界意识》，《湖北大学学报》（哲学社会科学版）2011 年第 6 期，第 30—32 页。

宋静静、李董平、谷传华、赵力燕、鲍振宙、王艳辉：《父母控制与青少年问题性网络使用：越轨同伴交往的中介效应》，《心理发展与教育》2014 年第 3 期，第 303—311 页。

宋小卫摘译《西方学者论媒介素养教育》，《国际新闻界》2000 年第 4 期，第 55—58 页。

孙益祥、陈琳：《青少年的网络阅读及其模式》，《出版发行研究》2010年第 4 期，第 10—13 页。

王伯鲁：《广义技术视野中的技术困境问题探析》，《科学技术与辩证法》2007 年第 1 期，第 68—72 页。

王帆：《儿童教育 App 的质量评价体系建构》，《课程教育研究》2012 年第 34 期，第 26—29 页。

王健、陈琳：《补偿性媒介理论视角下的网络阅读》，《图书馆理论与实践》2009 年第 11 期，第 42—44 页。

王健、张立荣：《新媒介时代大学生数字化阅读素养的内涵与培养》，《现代远距离教育》2011 年第 6 期，第 73—77 页。

王李莹：《多终端儿童数字读物的品牌塑造》，《出版广角》2013 年第 4 期，第 70—71 页。

王湃：《人体工程学及其未来》，《中国环境管理干部学院学报》2003 年第 2 期，第 71—73 页。

王泉根：《儿童观的转变与 20 世纪中国儿童文学的三次转型》，《娄底师专学报》2003 年第 1 期，第 68—73 页。

黄德群、毛发生：《中美教育技术学领军人物学术思想对比研究》，《电化教育研究》2011 年第 4 期，第 42—47 页、第 64 页。

王友芳：《一对一数字化学习中小学生阅读素养培养的实践探索》，《小学教学参考》2011 年第 18 期，第 53 页。

王佑镁：《Web2.0 时代阅读方式的传承与嬗变》，《中国信息界》2011 年第 11 期，第 39—41 页。

王佑镁：《国内外数字化阅读发展及阅读服务创新研究》，《中国信息界》2011 年第 12 期，第 42—43 页。

王佑镁、付金灵：《基于知识图谱的数字化阅读研究热点与趋势分析》，《中国出版》2016 年第 8 期，第 55—58 页。

王佑镁：《数字化阅读的概念纷争与统整：一个分类学框架及其研究

线索》,《远程教育杂志》2014 年第 1 期,第 33—39 页。

王佑镁、王娟、杨晓兰、伍海燕:《近二十年我国移动学习研究现状与未来趋势——基于中西方对比的研究综述》,《现代远程教育研究》2013 年第 1 期,第 49—55 页。

王雨、李子运:《"关联时代"的数字化阅读》,《现代教育技术》2013 年第 5 期,第 10—15 页。

[美]罗德尼·本森:《比较语境中的场域理论:媒介研究的新范式》,韩纲译,《新闻与传播研究》2003 年第 1 期,第 2—23 页、第 93 页。

[美]J. 希利斯·米勒:《现代性、后现代性与新技术制度》,陈永国译,《文艺研究》2000 年第 5 期,第 134—148 页。

刘宏宇、刘亚光、李婧文:《虚拟性媒介研究范式导论——理解作为媒介基本属性的虚拟性》,《中国人民大学学报》2019 年第 2 期,第 140—152 页。

韦妙、吴瑶:《新媒介　新阅读——媒介环境学视角下的数字化阅读革命》,《图书馆论坛》2015 年第 8 期,第 84—89 页、第 119 页。

文雪、扈中平:《论教育的时间内涵——时间不可逆的教育意义》,《高等教育研究》2006 年第 5 期,第 18—23 页。

吴瑶、何志武:《回归数字化阅读的本质——阅读的人性化进化》,《出版广角》2015 年第 10 期,第 20—22 页。

谢复玉、温平:《数字化阅读:社区教育的创新——长春广播电视大学服务于长春市社区教育的实践》,《中国远程教育》2016 年第 9 期,第 53—56 页。

杨聪仁、林巧雯:《儿童电子书服务平台使用因素探讨》,《出版科学》2014 年第 2 期,第 12—16 页。

杨军:《媒介形态变迁与阅读行为的嬗变——以印刷媒介与网络媒介为例的考察》,《图书馆工作与研究》2006 年第 2 期,第 90—92 页。

杨敏:《大学生网络阅读中存在的问题与对策探析》,《新西部》2008 年第 18 期,第 212—213 页。

杨木容：《数字化阅读的哲学思考》,《情报探索》2015 年第 12 期,第 10—13 页、第 19 页。

杨宁：《幼态持续、发展的原发性和早期教育》,《西北师大学报》(社会科学版)2002 年 4 期,第 28—31 页。

杨晓萍、李传英：《儿童游戏的本质——基于文化哲学的视角》,《学前教育研究》2009 年第 10 期,第 17—22 页。

杨泽文：《国民阅读率持续走低原因探析》,《阅读与写作》2006 年第 3 期,第 29—30 页。

应雪林：《怀特的文化决定论评析》,《浙江学刊》(双月刊)1998 年第 2 期,第 117—120 页。

于鸣镝：《阅读效果研究》,《图书与情报》2005 年第 4 期,第 17—20 页。

余胜泉、毛芳：《非正式学习——E-Learning 研究与实践的新领域》,《电化教育研究》2005 年第 10 期,第 18—23 页。

余训培：《网络阅读指导研究》,《图书情报知识》2005 年第 4 期,第 16—18 页。

岳蓓、刘宇、邹玥：《3G 时代移动阅读终端探析》,《科技情报开发与经济》第 2012 年第 5 期,第 47—49 页。

张诗亚：《析教育技术发展的两个误区》,《中国高等教育》(半月刊)2001 年第 22 期,第 30—31 页。

张苏秋、王夏歌：《反向驯化：网络文化与儿童网络消费行为》,《少年儿童研究》2022 年第 10 期,第 41—48 页。

张向葵、王金凤、吴文菊：《儿童图式特征的认知发展研究》,《心理发展与教育》2002 年第 1 期,第 22—26 页。

赵先政：《"后现代阅读"时代的文学教育策略》,《文学教育》(上)2011 年第 10 期,第 26—27 页。

赵中建：《国际教育大会第 45 届会议的建议》,《全球教育展望》1997

年第 6 期,第 4—9 页。

　　高方:《第十二次全国国民阅读调查结果发布》,《传媒》2015 年第 8 期,第 80 页。

　　周晓虹:《文化反哺:变迁社会中的亲子传承》,《社会学研究》2000 年第 2 期,第 51—66 页。

　　周钰、王娟、陈憬、李永锋:《信息载体影响文本阅读的实证研究——基于数字阅读与纸质阅读的比较》,《中国远程教育》2015 年第 10 期,第 21—26 页、第 79—80 页。

　　周宗奎、赵冬梅、孙晓军、定险峰:《儿童的同伴交往与孤独感:一项 2 年纵向研究》,《心理学报》2006 年第 5 期,第 743—750 页。

　　朱东红:《网络环境下沉浸理论研究综述》,《现代商业》2007 年第 13 期,第 195—196 页。

　　朱新均:《学习型社会建设的理念、路径和对策》,《现代远程教育研究》2011 年第 1 期,第 3—11 页。

　　朱咫渝、史雯:《新媒体时代数字化阅读的审视》,《现代情报》2011 年第 2 期,第 26—29 页。

　　祝智庭、管珏琪:《教育变革中的技术力量》,《中国电化教育》2014 年第 1 期,第 1—9 页。

　　邹一斌:《PISA2012(上海):从传统阅读到数字阅读》,《上海教育科研》2015 年第 2 期,第 10 页、第 16—19 页。

　　张义宾、周兢:《纸媒还是屏媒——数字时代儿童阅读的选择》,《现代教育技术》2016 年第 12 期,第 24—30 页。

　　姜洪伟、钱震敏、王娴婷:《基于 Pad 和纸书的幼儿阅读能力比较研究》,《中国出版》2016 年第 13 期,第 55—59 页。

　　樊敏生、武法提、王瑜:《数字阅读:电子书对小学生语文阅读能力的影响》,《电化教育研究》2016 年第 12 期,第 106—110 页、第 128 页。

　　钟志贤:《数字阅读的陷阱与规避》,《电化教育研究》2016 年第 12 期,第 15—25 页。

李佳悦、孙宏艳：《数字阅读是中小学生的"成绩杀手"吗——基于 5 679 名中小学生数字阅读状况的思考》，《中小学管理》2016 年第 9 期，第 48—51 页。

许莹：《数字环境下的阅读教育新模式——学前儿童电子书应用带来的启示》，《中国电化教育》2014 年第 10 期，第 29—35 页。

胡翌霖：《技术的"自然选择"——莱文森媒介进化论批评》，《国际新闻界》2013 年第 2 期，第 77—84 页。

陈乐乐：《新中国 70 年儿童观的历史考察与反思》，《南京师大学报》（社会科学版）2019 年第 3 期，第 41—49 页。

武永明：《阅读能力结构初探》，《语文教学通讯》1990 年第 9 期，第 10—13 页。

中国新闻出版研究院：《第十三次全国国民阅读调查结果公布》，《科学导报》2016 年 4 月 22 日第 B3 版。

甘勃：《2010 电子书元年让"阅"读更"悦"读》，《大众科技报》2010 年 4 月 23 日第 A4 版。

梁汴：《砸学生手机凸显学校管理落后》，《光明日报》2013 年 5 月 13 日第 02 版。

吴越：《许纪霖：阅读方式的改变是一个普遍性的困境》，《文汇报》2011 年 11 月 5 日第 07 版。

李晓宏：《网瘾也是精神疾病》，《人民日报》2013 年 9 月 27 日第 019 版。

中国青少年研究中心课题组，赵霞、孙宏艳、张旭东执笔《少年儿童数字阅读现状及对策》，《光明日报》2015 年 11 月 13 日第 05 版。

朱永新：《改变，从阅读开始》，《人民日报》2012 年 1 月 6 日第 017 版。

江叶婵：《手机阅读内容研究》，硕士学位论文，安徽大学，2011 年。

蓝剑虹：《儿童，一种文学动物——语言经验与符号中的儿童，从浪漫主义到后结构主义》，博士学位论文，台湾台东大学，2010 年。

林以德：《第七种语言：行动网路时代儿童的"阅读"、"游戏"与"学习"》，博士学位论文，台湾台东大学，2014 年。

刘艳妮：《数字化阅读对传统阅读的影响研究》，硕士学位论文，辽宁大学，2011 年。

邱正忠：《导入互动式游戏与儿童绘本之研究》，硕士学位论文，台湾元智大学，2011 年。

李楠：《新媒体的道德教育功能及其提升策略研究》，博士学位论文，华中师范大学，2019 年。

王瑞辉：《电纸书消费者心理行为分析》，硕士学位论文，华中科技大学，2011 年。

沈继睿：《媒介技术的哲学研究》，博士学位论文，东南大学，2015 年。

中国互联网络信息中心：《2013 年中国青少年上网行为调查报告》，2014 年。

中华人民共和国国务院：《互联网上网服务营业场所管理条例》，2002 年 9 月 29 日。

中国互联网络信息中心：《2015 年中国青少年上网行为研究报告》，2016 年。

艾瑞咨询集团：《中国儿童网络游戏行业研究报告》，2017 年。

中国少先队事业发展中心等：《第七次中国未成年人互联网运用状况调查报告》，2014 年。

中华人民共和国教育部：《教育部关于 2010 年全国学生体质与健康调研结果公告》，参见 http://www. moe. gov. cn/srcsite/A17/moe_943/moe_947/201108/t20110829_124202. html。

国家体育总局：《2014 年国民体质监测公报》，参见 https://www. sport. gov. cn/n315/n329/c216784/content. html。

中华人民共和国教育部：《中小学教师信息技术应用能力标准（试

行）》，参见 http://www. moe. gov. cn/srcsite/A10/s6991/201405/t20140528_
170123. html。

（二）外文文献

Sara Aase. Print vs Online: Can There Be a Cohabitation of Competing Media
and How Readers Can Benefit. *Journal of the American Dietetic Association*, 2011
(111), p. 4.

Adriana G. Bus, Zsofia K. Takacs and Cornelia A. T. Kegel. Affordances
and Limitations of Electronic Storybooks for Young Children's Emergent Literacy.
Developmental Review, 2015(35), pp. 79-97.

Alexis R. Lauricella, Rachel Barr and Sandra L. Calvert. Parent-Child
Interactions During Traditional and Computer Storybook Reading for Children's
Comprehension: Implications for Electronic Storybook Design. *International
Journal of Child-Computer Interaction*, 2014(2), pp. 17-25.

Donna E. Alvermann, Achariya T. Rezak, Christine A. Mallozzi, et al. .
Reflective Practice in an Online Literacy Course: Lessons Learned from Attempts
to Fuse Reading and Science Instruction. *Teachers College Record*, 2011(113),
pp. 27-28.

Daniel R. Anderson and Katherine G. Hanson. From Blooming, Buzzing
Confusion to Media Literacy: The Early Development of Television Viewing.
Developmental Review, 2010(2), pp. 239-255.

Sven Birkerts, *The Gutenberg Elegies: The Fate of Reading in an Electronic
Age*. Boston: Faber & Faber, 2006.

Ari Brown. Media Use by Children Younger than 2 Years. *Pediatrics*, 2011
(5), pp. 1040-1045.

David Buckingham, *Media Education: Literacy, Learning and Contemporary
Culture*. Cambridge, UK: Polity, 2003, p. 5.

C. Theodore Koebel and Maria Papadakis, *The Diffusion of Innovation in the Residential Building Industry*, 2004.

Dimitri A. Christakis, Jill Gilkerson, et al.. Audible Television and Decreased Adult Words, Infant Vocalizations, and Conversational Turns. *Archives of Pediatrics and Adolescent Medicine*, 2009, 163(6), pp. 554-558.

Julie Coiro. Talking About Reading as Thinking: Modeling the Hidden Complexities of Online Reading Comprehension. *Theory Into Practice*, 2011 (50), pp. 107-115.

B. Collis. Formal and Informal Learning: Bridging the Gap. Presentation at the Supporting Sustainable E-Learning Forum, Edinburgh University, Scotland, 2006.

Charles Horton Cooley, *Social Organization: A Study of the Larger Mind*. New York: Charles Scribner's Sons, 1967, p. 61.

Paul Denny, et al.. PeerWise: Students Sharing Their Multiple Choice Questions. *Proceedings of the Fourth International Workshop on Computing Education Research* (Sydney, Australia, September 6-7), ICER'08, ACM, New York, 2008, pp. 51-58.

E. Doyle McCarthy. Knowledge as Culture: The New Sociology of Knowledge. The USA and Canada by Routledge, 1996, p. 5.

Joaquin Herranz. The Multisectoral Trilemma of Network Management. *Journal of Public Administration Research and Theory*, 2008, 18(1), p. 3.

Eva Siegenthaler, et al.. Comparing Reading Processes on E-Ink Displays and Print. *Displays*, 2011(32), pp. 268-273.

Everett M. Rogers, *Diffusion of Innovation* (4th Edition). New York: Free Press, 1995, pp. 3-8.

Fathi M. Ihmeideh. The Effect of Electronic Books on Enhancing Emergent Literacy Skills of Preschool Children. *Computers & Education*, 2014(7), pp. 40-48.

John H. Flavell. Cognitive Monitoring. In W. Patrick Dickson (ed.),

Children's Oral Communication Skills. New York: Academic Press, 1981, p. 55.

Joe L. Frost, Sue C. Wortham and Stuart Reifel, *Play and Child Development*. New York: Prentice-Hall, 2001, p. 187.

Lily Ghassemzadeh, Mehrnaz Shahraray and Alireza Moradi. Prevalence of Internet Addiction and Comparison of Internet Addicts and Non-Addicts in Iranian High Schools. *Cyberpsychology & Behavior*, 2008(6), pp. 731-733.

John Hamer. Contribution-Based Pedagogies in Engineering Education. In 17th Annual Conference of the Australasian Association for Engineering Education. 2006, Auckland, New Zealand.

Peter E. Hart and Liu Ziming. Trust in the Preservation of Digital Information. *Communications of the ACM*, 2003, 46(6), pp. 93-97.

Willard W. Hartup. Critical Issues and Theoretical Viewpoints. In Kenneth H. Rubin, William M. Bukowski and Brett Laursen (ed.), *Handbook of Peer Interactions, Relationships, and Groups*. NewYork, US: Guilford Press, 2009, pp. 3-19.

George Hartzell. Paper Lion. *School Library Journal*, 2002, 48(9), p. 37.

Donna Hoffman and Thomas P. Novak. Marketing in Hypermedia Computer-Mediated Environments: Conceptual Foundations. *Journal of Marketing*, 1996 (6), pp. 50-68.

http://abcnews.go.com/blogs/technology/2011/10/to-a-baby-a-magazine-is-an-ipad-that-does-not-work/

Maureen E. Hupfer and Brian Detlor. Gender and Web Information Seeking: A Self-Concept Orientation Model. *Journal of the American Society for Information Science and Technology*, 2006, 57(8), pp. 1105-1115.

Roesnita Ismail and Awang Ngah Zainab. The Pattern of E-Book Use amongst Undergraduates an Malaysia: A Case of to Know is to Use. *Malaysian Journal of Library and Information Science*, 2005, 10(2), pp. 1-23.

Lana Ivanitskaya, et al. . Health Information Literacy and Competencies of Information Age Students: Results From the Interactive Online Research Readiness Self-Assessment (RRSA). *Reading Research Quarterly*, 2010(25), pp. 40-50.

Jaemin Jung, et al. . Factors Affecting E-Book Reader Awareness, Interest, and Intention to Use. *New Meida and Society*, 2012(14), p. 204.

James Paul Gee, *What Video Games Have to Teach Us About Learning and Literacy* (2nd Edition). St. Martin's Griffin. 2007, p. 18.

Hanho Jeong. A Comparison of the Influence of Electronic Books and Paper Books on Reading Comprehension, Eye Fatigue, and Perception. *The Electronic Library*, 2012, 30(3), pp. 390-408.

Stephanie A. Kelly. Predicting Lifestyle Behaviors in Adolescents: Testing the Information, Motivation, Behavioral Skills Model. United States-Arizona: Arizona State University, 2009.

Joop Koppenjan and Erik-Hans Klijn, *Managing Uncertainties in Networks: A Network Approach to Problem Solving and Decision Making*. London: Routledge, 2004, p. 6.

Sivakumar S. Krishnan. Using Student-Student Feedback to Improve Term Projects and Project Presentations. In 36th Annual Frontiers in Education Conference, 2006.

Linda D. Labbo. "Let's Do the Computer Story Again, Nana": A Case Study of How a 2-Year-Old and His Grandmother Shared Thinking Spaces During Multiple Shared Readings of an Electronic Story. Adriana G. Bus and Susan B. Neuman, *Multimedia and Literacy Development: Improving Achievement for Young Learners*, New York: Routledge, 2008, pp. 196-210.

Lee Rainie and Barry Wellman, *Networked: The New Social Operating System*. London, England: The MIT press, 2012, pp. 272-274.

Donald J. Leu, J. Gregory McVerry, W. Lan O'Byrne, Lisa Zawilinski, et al.. The New Literacies of Online Reading Comprehension: Expanding the Literacy and Learning Curriculum. *Jaurnal of Adolescent & Adult Literacy*, 2011, 55(1), pp. 5-14.

Xin Li. et al.. An Online Blog Reading System by Topic Clustering and Personalized Ranking. *ACM Transactions on Internet Technology*, 2009(9), pp. 7-9.

John Paul Loucky. Constructing a Roadmap to More Systematic and Successful Online Reading and Vocabulary Acquisition. *Literary and Linguistic Computing*, 2010, 25(2), pp. 225-241.

Ellen M. Markman. Comprehension Monitoring. In W. Patrick Dickson (ed.), *Children's Oral Communication Skills*. New York: Academic Press, 1981, p. 67.

Mônica Macedo-Rouet, Jean-François Rouet, Isaac Epstein and Pierre Marie Fayard. Effects of Online Reading on Popular Science Comprehension. *Science Communication*, 2003(25), p. 99.

Muhammad Asim Qayyum. Capturing the Online Academic Reading Process. *Information Processing & Management*, 2008(44), p. 584.

P. K. Murphy, J. F. Long, T. A. Holleran and E. Esterly. Persuasion Online or On Paper: A New Take On an Old Issue. *Learning and Instruction*, 2003(13), pp. 511-532.

Nanine A. E. van Gennip, Mien S. R. Segers and Harm H. Tillema. Peer Assessment for Learning from a Social Perspective: The Influence of Interpersonal Variables and Structural Features. *Education Research Review*, 2009(4), pp. 41-54.

Natalia Kucirkova, David Messer, Kieron Sheehy and Carmen Fernández Panadero. Children's Engagement with Educational iPad Apps: Insights from a Spanish Classroom. *Computers & Education*, 2014(17), pp. 175-184.

Nike Arnold. Online Extensive Reading for Advanced Foreign Language Learners: An Evaluation Study. *Foreign Language Annals*, 2009(32), pp. 346-360.

Christine Nuttall, *Teaching Reading Skills in a Foreign Language*. Great Britain: Richard Clay (The Chaucer Press) Ltd. , 1983, p. 4.

Hülya Gülay Ogelman and Serdal Seven. The Effect Social Information Processing in Six-Year-Old Children Has on Their Social Competence and Peer Relationships. *Early Child Development and Care*, 2012, 182 (12), pp. 1623-1643.

Oxford Dictionary of English (2nd Edition). https://www. oxforddictionaries. com.

Marc Prensky. In the 21st-Century University, Let's Ban (Paper) Books. *Chronicle of Higher Education A*, 2011.

Marc Prensky. Digital Natives, Digital Immigrants Part 1. *On the Horizon*, 2001, 9(5), pp. 1-6.

Erik D. Reichle, Alexander Pollatsek, Donald L. Fisher and Keith Rayner. Toward a Model of Eye Movement Control in Reading. *Psychological Review*, 1998(105), p. 125.

Kara A. Reuter. Children Selecting Books in a Library: Extending a Model of Information Behavior to a Recreational Setting. United States-Maryland: University of Maryland, College Park, 2007.

C. Ross. Reading in a Digital Age. G. E. Gorman, *International Yearbook of Library and Information Management, 2002-2003: The Digital Factor in Library and Information Sciences*. London: Facet Publishing, 2002, pp. 91-111.

Ken J. Rotenberg and Shelley Hymel, *Loneliness in Childhood and Adolescence*. Cambridge: Cambridge University Press, 1999, pp. 3-6.

Ian Rowlands, David Nicholas, Peter Williams, et al. . The Google Generation: The Information Behaviour of the Researcher of the Future. *Aslib Proceedings*, 2008, 60(4), pp. 290-310.

Robert B. Ruddell. Psycholinguistic Implications for a System of Communication Model. In Harry Singer and Robert B. Ruddell(eds.), *Theoretical Models and Processes of Reading* (2nd Edition). Newark, Del: International Reading Association, 1976, p. 46.

David E. Rumelhart. Schemata: The Building Blocks of Cognition. In Rand J. Spiro, Bertram J. Bruce and William F. Brewer (eds.), *Theoretical Issues in Reading Comprehension*, London: Routledge, 1980, pp. 33-58.

David E. Rumelhart. Toward an Interactive Model of Reading. In Harry Singer and Robert B. Ruddell, *Theoretical Models and Processes of Reading* (3rd Edition). Newark, Del: International Reading Association, 1985, p. 44.

Marlene Scardamalia and Carl Bereiter. Knowledge Building. *Encyclopedia of Education*(2nd Edition), New York: Macmillan Reference, USA.

Sylvia Scribner and Michael Cole. Cognitive Consequences of Formal and Informal Education: New Accommodations are Needed between School-Based Learning and Learning Experiences of Every Day. *Science*, 1973(182), pp. 553-559.

Ahmad Shabani, Fatemeh Naderikharaji and Mohammad Reza Abedi. Reading Behavior in Digital Environments Among Higher Education Students. *Library Review*, 2011, 60(8), pp. 645-657.

Randi Shedlosky-Shoemaker, et al.. Tools for Assessing Readability and Quality of Health Related Web Sites. *Journal of Genetic Counseling*, 2009(18), pp. 49-59.

James M. Shiveley and Philip J. Vanfossen. Critical Thinking and the Internet: Opportunities for the Social Studies Classroom. *The Social Studies*, 1999, pp. 42-46.

Beth Simon and Brian Hanks. First-Year Students' Impressions of Pair Programming in CS1. *Journal on Educational Resources in Computing*, 2008, 7(4), pp. 1-28.

Hazel Felleman and Edward Frank Allen, *The Best Loved Poems of the American People*, 1936.

Tessa Jolls and Denise Grande. Project SMARTArt : A Case Study in Elementary School Media Literacy and Arts Education. *Arts Education Policy Review*, Vol. 107, No. 1, September/October, 2005, pp. 25-30.

André Thibault. Les principes andragogiques de l'activité éucative. Université de Montréal, 1985, p. 74.

Teemu Valtonen, Jari Kukkonen, Patrick Dillon, et al. . Finnish High School Students' Readiness to Adopt Online Learning: Questioning the Assumptions. *Computers & Education*, 2009 (53), pp. 742-748.

Viswanath Venkatesh, Michael G. Morris, et al. . User Acceptance of Information Technology: Toward a Unified View. *MIS Quarterly*, 2003, 27(3), pp. 425-478.

Harald Weinreich, Hartmut Obendorf, Eelco Herder, et al. . Not Quite the Average: An Empirical Study of Web Use. *ACM Transactions on the Web*, 2008, 2(1), pp. 1-31.

Raymond Williams. Keywords: A Vocabulary of Culture and Society. London: Fontana, 1983.

Marios Koufaris. Applying the Technology Acceptance Model and Flow Theory to Online Consumer Behavior. *Information Systems Research*, 2002, 13 (2), pp. 205-223.

Jesika A. Walker, Mohammed Aswad and Guy Lacroix. The Impact of Cognitive Load on Prospective and Retrospective Time Estimates at Long Durations: An Investigation Using a Visual and Memory Search Paradigm. *Memory & Cognition*, 2022(50), pp. 837-851.

（一）儿童数字化阅读调查问卷

您好！我们是×××大学的研究人员。我们的研究课题需要做一项调查。这项调查旨在了解儿童的数字化阅读情况，进而为儿童数字化阅读提供指导性参考。请您按照真实感受进行作答，所有调查数据均只用作学术研究，非常感谢您的配合与支持！

1. 您的年龄是_____岁。

2. 您就读的年级是_____年级。

3. 您的性别是(　　)。

A. 男

B. 女

4. 您就读的学校在什么地方？(　　)

A. 农村

B. 城镇

C. 都市

5. (可多选)您使用哪些方式进行数字化阅读？(　　)

A. 台式电脑阅读

B. 平板电脑阅读(比如 iPad)

C. 手机阅读

D. 电子阅读器阅读

E. MP4/MP5 阅读

F. 光盘阅读

G. 以上方式都没使用过

6. 请您将使用过的数字化阅读方式按照您的喜爱程度由高到低进行排序。（　　　）

A. 台式电脑阅读

B. 平板电脑阅读（比如 iPad）

C. 手机阅读

D. 电子阅读器阅读

E. MP4/MP5 阅读

F. 光盘阅读

G. 以上方式都没使用过

7. （可多选）您一般在什么时间进行数字化阅读？（　　　）

A. 上课时

B. 课间休息

C. 用餐时

D. 放学后

E. 睡觉前

F. 周末

G. 假期

8. 请您把进行数字化阅读的时间按照您的喜爱程度由高到低进行排序。（　　　）

A. 上课时

B. 课间休息

C. 用餐时

D. 放学后

E. 睡觉前

F. 周末

G. 假期

9. 您平均每周实际进行数字化阅读的时间大概是多久？（   ）

A. 2 小时以内

B. 2—4 小时

C. 4—6 小时

D. 6—8 小时

E. 8—10 小时

F. 10 小时以上

10. 您希望平均每周能够进行数字化阅读的时间大概是多久？（   ）

A. 2 小时以内

B. 2—4 小时

C. 4—6 小时

D. 6—8 小时

E. 8—10 小时

F. 10 小时以上

11. （可多选）您一般在什么场所进行数字化阅读？（   ）

A. 家里

B. 学校

C. 图书馆

D. 路上

E. 食堂

F. 其他地方

12. 请您把进行数字化阅读的场所按照您的喜爱程度由高到低进行排序。（   ）

A. 家里

B. 学校

C. 图书馆

D. 路上

E. 食堂

F. 其他地方

13. 您上网吗？（　　　）

A. 是

B. 否

如果选"是"，请您继续回答第 14—17 题；如果选"否"，请您直接从第
18 题开始作答。

14. （可多选）您上网实际在做什么？（　　　）

A. 查找学习资料

B. 玩游戏

C. 浏览新闻

D. 聊天

E. 网上购物

F. 逛论坛

G. 看网络小说

H. 下载音乐

I. 看电影、动漫等

J. 其他

15. 请您把上网行为按照您的喜爱程度由高到低进行排序。（　　　）

A. 查找学习资料

B. 玩游戏

C. 浏览新闻

D. 聊天

E. 网上购物

F. 逛论坛

G. 看网络小说

H. 下载音乐

I. 看电影、动漫

J. 其他

16.（可多选）您上网经常浏览哪些网站？（　　）

A. 在线小说类网站

B. 娱乐资讯类网站

C. 动漫类网站

D. 学习类网站

E. 电子杂志

F. 游戏类网站

G. 其他

17. 请您把上网浏览的网站按照您的喜爱程度由高到低进行排序。

（　　）

A. 在线小说类网站

B. 娱乐资讯类网站

C. 动漫类网站

D. 学习类网站

E. 电子杂志

F. 游戏类网站

G. 其他

18.（可多选）在数字化阅读中,您经常阅读的数字内容包括哪些?（　　）

A. 连载小说

B. 时事新闻

C. 经典文学作品

D. 魔幻动漫作品

E. 青春文学作品

F. 学习资料

G. 娱乐资讯

H. 幽默笑话

I. 星座占卜

J. 其他

19. 请您把经常阅读的数字内容按照您的喜爱程度由高到低进行排序。（　　）

A. 连载小说

B. 时事新闻

C. 经典文学作品

D. 魔幻动漫作品

E. 青春文学作品

F. 学习资料

G. 娱乐资讯

H. 幽默笑话

I. 星座占卜

J. 其他

20. 您的上述阅读内容需要付费购买吗？（　　）

A. 是

B. 否

如果选"是"，请您继续回答第 21—23 题；如果选"否"，请您直接从第 24 题开始作答。

21. 您平均每个月花费多少钱购买这些数字化阅读内容？（　　）

A. 10 元以下

B. 10—30 元

C. 31—50 元

D. 51—100 元

E. 100 元以上

22. 您用于购买数字化阅读内容的钱是从哪里来的？（　　）

A. 家人给我的零花钱

B. 家人直接帮我付钱

C. 我自己赚来的

D. 找朋友、同学借的

E. 其他

23. 您觉得用钱购买这些数字化阅读内容值得吗？（　　）

A. 非常值得

B. 还行

C. 不确定

D. 不怎么划算

E. 非常不值得

24. （可多选）您进行数字化阅读的目的是什么？（　　）

A. 查找信息，解决问题

B. 修身养性，提高能力

C. 打发时间，充实闲暇

D. 娱乐身心，放松自我

E. 拓展见识，增长知识

25. 您认为自己的数字化阅读是否达到了阅读目的？（　　）

A. 完全达到

B. 差不多达到

C. 不确定

D. 离达到还差一点

E. 完全没达到

26. 请您对自己的数字化阅读总体情况作出评价（请您在符合自己实际情况的栏目打"√"）。

	高度赞同 (非常好)	赞同 (较好)	不确定 (一般)	反对 (较差)	强烈反对 (非常差)
我了解每种数字化阅读工具的特点,并根据它们的特点酌情使用					
我对自己进行数字化阅读的时间感到满意,并不觉得占用我的时间					
我对自己进行数字化阅读的场所感到满意,并没有影响我的正常生活					
在我身上不存在网瘾,我并不沉迷网络					
我在数字媒介上阅读的内容都很健康,并不觉得有什么不适					
我在进行数字化阅读之前有一定的目标,每次我都达成了目标					

27. 您认为要了解儿童数字化阅读的实际情况应该重点关注什么?

_____

28. 您对周围同学的数字化阅读情况有什么看法?

_____

29. 您觉得哪些方面或因素影响大家的数字化阅读行为?

_____

30. 您觉得以后数字化阅读会有怎样的发展,会对生活产生多大的影响?

_____

(二)儿童数字化阅读访谈提纲

1. 非结构性访谈提纲——儿童家长。

访谈时间:_____年_____月_____日—_____年_____月_____日。

(1)家庭基本情况
父母职业、教育背景、收入情况、平时自由支配的时间和家庭环境
儿童年龄、性别、入学情况、平时成绩、性格爱好和生活习惯等
家庭中数字媒介的数量、来源、品牌和价格等
(2)家长对儿童数字化阅读的认可程度
家里的儿童是否进行数字化阅读,阅读的频率、热衷度如何
对儿童在数字媒介上进行阅读是否认可,为什么

（3）家长在儿童数字化阅读上的参与方式

儿童进行数字化阅读时，家长是否在场，为什么

家长是否参与儿童的数字化阅读，是怎样参与的，有什么方式和方法，提供了哪些帮助和资源，是怎样提供的

（4）家长在儿童数字化阅读上的参与效果

家长觉得儿童在数字媒介上阅读的效果如何，是从哪些角度评价的

家长觉得儿童在数字媒介上阅读是否获得了良好的体验，儿童是否向家长表达过数字化阅读的感受，家长对儿童的表现是否满意

（5）家长在儿童数字化阅读上的自我责任认知

家长对儿童数字化阅读有什么看法，认为家庭和自身承担什么样的责任

家长日常使用数字媒介的情况怎样，有没有注意到自己的行为影响了儿童的阅读行为，有哪些表现

家长是否经常一起谈论儿童的教育和阅读问题，比较关心哪些问题

（6）家长在儿童数字化阅读上的实际困惑与期望

家长在儿童阅读（尤其是数字化阅读）过程中，有哪些发现，有没有印象特别深刻的事例，情况怎样，有哪些困惑的地方

家长心目中理想的儿童阅读是什么样的，家长觉得现实中儿童的阅读和理想的差距在哪里，有哪些因素制约，如何改进

说明：针对儿童家长的访谈在商定后于家庭内进行，访谈主题包括家长对儿童数字化阅读的认识、态度和行为表现等，访谈维度包括认可程度、参与方式、参与效果、自我责任认知、实际困惑与期望等，侧重点是儿童家长对自我责任的认知和行为表现

2. 非结构性访谈提纲——学校教师。

访谈时间：_____年_____月_____日—_____年_____月_____日。

（1）教师和学校基本情况

教师教育背景、学历、教龄、是否承担班主任工作

学校性质、规模，以及班级规模、年级、男女比例

教室环境设置，多媒体设施数量、品牌、来源和运用情况，学校和班级课程设置（是否能够提供学校课程文件、班级课程计划和目录），学校是否具有生活区（是否能够提供生活管理规定文件、儿童作息时间表），学校是否配备生活老师（是否能够提供宿舍管理规定文件）

（2）教师对儿童数字化阅读的认可程度

教师对在校儿童进行数字化阅读是否认可，为什么

学校（班级）里的儿童是否有进行数字化阅读的行为，他们是通过哪些设备、哪些途径进行数字化阅读的

（3）教师在儿童数字化阅读上的参与方式

在学校，儿童进行数字化阅读的时间有哪些，有没有教师在场，信息技术课程有哪些，大概频率是多少

教师是否参与儿童的数字化阅读，是怎样参与的，有什么方式和方法，提供了哪些帮助和资源，是怎样提供的

（4）教师在儿童数字化阅读上的参与效果

教师觉得儿童在数字媒介上阅读的效果如何，是从哪些角度评价的

续表

教师觉得儿童在数字媒介上阅读是否获得了良好的体验,儿童是否向教师表达过数字化阅读的感受,教师对儿童的表现是否满意

(5) 教师在儿童数字化阅读上的自我责任认知

在儿童数字化阅读上,教师认为学校和自身承担什么样的责任

教师和家长有没有就儿童进行数字化阅读交换过看法,有什么感受

(6) 教师在儿童数字化阅读上的实际困惑与期望

教师在儿童阅读(尤其是数字化阅读)教学过程中,有哪些发现,有没有印象特别深刻的事例,情况怎样,有哪些困惑的地方

教师心目中理想的儿童阅读是什么样的,教师觉得现实中儿童的阅读和理想的差距在哪里,有哪些因素制约,如何改进

说明:针对学校教师的访谈在获得许可后于学校多媒体教室进行,访谈主题包括对儿童数字化阅读的认识、态度和行为表现等,访谈维度包括认可程度、参与方式、参与效果、自我责任认知、实际困惑与期望等,侧重点是学校信息技术课程设置和教师的数字化阅读参与方式

3. 非结构性访谈提纲——数字媒体工作者。

访谈时间:_____年_____月_____日—_____年_____月_____日。

(1) 个人和单位基本情况

个人教育背景、学历、专业、工龄、负责的具体工作

公司性质、规模、产品的目标群体、市场份额(是否提供单位的简介、核心产品介绍和市场反馈情况统计)、开展的相关推广活动

(2) 数字媒体工作者对儿童数字化阅读的认可程度

数字媒体工作者对儿童进行数字化阅读是否认可,为什么

数字媒体工作者对所研发或管理的数字产品或资源是否满意? 其研发大概有哪些阶段和流程? 这些数字产品或资源所获得的市场反馈如何

(3) 数字媒体工作者在儿童数字化阅读上的参与方式

数字媒体工作者对所研发或管理的数字产品或资源有什么样的定位,是怎样设计和研发的,怎样推广,做了哪些准备工作,是否开展了一些活动,效果如何

数字媒体工作者所研发或管理的数字产品或资源销量如何,都有哪些人购买,工作重心是儿童还是家长

数字媒体工作者是否参与儿童的数字化阅读,是怎样参与的,有什么方式和方法,提供了哪些帮助和资源,是怎样提供的

(4) 数字媒体工作者在儿童数字化阅读上的参与效果

数字媒体工作者觉得儿童在自己负责的这款数字媒介上的阅读效果如何,是从哪些角度评价的

数字媒体工作者觉得儿童在数字媒介上阅读是否获得了良好的体验,儿童是否向数字媒体工作者表达过数字化阅读的感受,是否符合预期

(5) 数字媒体工作者在儿童数字化阅读上的自我责任认知

在儿童数字化阅读上,数字媒体工作者认为媒体行业和个人承担什么样的责任

数字媒体工作者与儿童或家长有没有就数字化阅读交换过看法,有什么感受

(6) 数字媒体工作者在儿童数字化阅读上的实际困惑与期望

数字媒体工作者在研发相关数字产品或资源的过程中,有哪些发现,有没有印象特别深刻的事例,情况怎样,有哪些困惑的地方

数字媒体工作者心目中理想的儿童阅读是什么样的,数字媒体工作者觉得现实中儿童的阅读和理想的差距在哪里,有哪些因素制约,如何改进

说明：针对数字媒体工作者的访谈在获得许可后于其办公室进行，访谈主题包括对儿童数字化阅读的认识、态度和行为表现等，访谈维度包括认可程度、参与方式、参与效果、自我责任认知、实际困惑与期望等，侧重点是数字产品或资源的研发和数字媒体工作者的自我责任认知

（三）儿童数字化阅读作品收集提纲

收集时间：_____年_____月_____日—_____年_____月_____日
收集对象：6 个省（四川、福建、甘肃、浙江、河南和云南）、2 个直辖市（北京和重庆）的 16 所小学和 16 所中学共计 32 个班级（四年级至八年级）的中小学生（9 岁至 14 岁）
收集方式：班级的班主任或语文教师布置写作任务，统一收集，寄回
亲爱的同学，数字时代已经来临。手机、电脑等数字产品为我们敞开了一片广阔的天地。阅读已不仅仅是捧着一本书来读，我们还可以用数字产品来聊天、玩游戏、听音乐……你们在生活和学习中，会用这些数字产品做什么呢？使用数字产品时你们有什么样的感受？请你们讲一讲使用手机、电脑或其他数字产品进行阅读的故事 写作主题：我用手机、电脑或其他数字产品进行阅读的故事 体裁不限，小学生字数不少于 400 字，中学生字数不少于 600 字 说明：请学生在作文纸上写出性别、年龄和年级
材料编码方式：按照省（市）—区位—性别—年龄—年级的方式进行
材料分析程序：按照作品编码—提取本土概念—分类整理—联系相关理论的程序进行

后 记

本书系我博士毕业论文修订而成,是一次轻叩学术大门的尝试。

从论文选题到图书出版,不知不觉已历时近 8 年。在这时光倏忽间,我从二十来岁初入职场的年轻小伙,步入而立之年。犹记得论文选题时的焦灼、开题时的茫然、写作中的曲折和答辩后的畅快,也记得毕业后北上做博士后研究时,老师曾不止一次叮嘱我把博士毕业论文继续推进并出版,以作为一段时间努力之见证,可我那时常觉文字粗浅,不敢示人。直到博士后出站来到大学教书后,恰逢数字化研究大潮滚滚袭来,我抱着尝试的态度,又将博士毕业论文拿出来求教于方家,不曾想到竟获得诸多认可和支持,于是鼓足勇气进行修订,方才有幸将此书呈现出来。

尽管著作本身还十分稚嫩,但我对阅读主题的实践和思索持续了很多年,夸张一点说,可谓贯穿我生命的前 30 年,也必将会继续贯穿下去。正如一个人的阅读史,伴随着他的生命史。我作为一名学前教育专业工作者,小时候并没有上过幼儿园,也没有上过学前班,是父亲讲的神话故事、母亲念的古诗童谣、乡间小伙伴手中传来传去的小人书,滋养了童年。少年时,我对书有一种特别的敬意,不管是课内的还是课外的,只要上面有字有画,都有兴致拿来翻阅一番。我记得每学期开学时都特别开心,因为可以领新书。书领到手,我第一天一定要把《语文》和《读物》两本字最多的书读完,不管是在学校、在家还是在田野。每次过生日或者其他可以名正言顺地和父母要礼物的机会,我的要求都是"买几本课外书吧"。时至今日,那种读书时追不及待的兴奋劲儿都让我无比感怀。和大多数同龄人一样，我也在题海中遨游，不过有各种新奇的小说，以及《科幻世界》等杂志陪伴着我。那时候，我开始在各种小报小刊上发表一些短文，写作的激情进一步催发阅读的乐趣。进入大学，图书馆的收藏让我震惊，再辅之自由的时空氛围，我像一个撒欢的孩子一样徜徉在书的世界里，一开始读小说、诗歌，渐渐觉得不过瘾，恰遇专业老师引领，开始读哲学、美学、社会学、人类学……记得有一年我几乎每天都会去图书馆，年底竟是学校图书馆借阅量前三名。大学几年疯狂读书，虽然多是囫囵吞枣般不求甚解，但让我明白了世界之大、思想之深，也让我对阅读这个话题本身产生了兴趣。读研期间，恩师垂青，引我踏上学术研究之路，在田野调查的基础上开始研究性阅读，也指导我深入关注亲子阅读领域。留校后不久，我有幸开始攻读教育技术学博士学位。因为跨界导致的压力巨大，为完成学业，我在学校东方红行署楼一楼的那间小小的办公室里，留下了皱着眉头苦啃学习科学、技术哲学大部头的身影，逐步坚定了对数字化阅读领域的深切关注和积极思考。博士毕业后，一个偶然的机会，我离开了学习、工作和生活了十余年的重庆北碚，来到了北京，开启了对中国教育事业的广泛接触和宏观理解。每天工作的意义感很强，但事务多而杂，最清静的时刻，就是下班后回到北三环 46 号院的地下室，那里没有手机信号，也没有网络，唯有一台小小的 Kindle，闪着温暖的光亮，陪伴我度过一个个万籁无声的夜晚。

生命中有阅读的陪伴，是一件幸福的事。阅读让生活变得有趣，而更有趣的是，在生命的不同阶段，阅读意义的呈现方式也不同。阅读所开辟的世界，作为对现实世界的拓展，满足了不同阶段的我对生命存在的想象。幼年时听的童话故事，像打开了一扇心灵之窗，悄悄地满足着我彼时无边无际的想象力；少年时泛读小说和诗歌，像推开了一扇现实之门，徐徐地延展着我对社会生活复杂性的观察，契合着我面对世界时内心汹涌澎湃的情感抒发；青年时研读学科化的基础理论，像铺开了一条理性之路，默默地明白了我对日月星辰与道德律令的或然性解释；如今，沉浸在专业领域内的批判性阅读,则像舒展开的千万条丝线,连接着领域内外的现实经验与思考,慢慢编织起体系化、个性化的智慧网络。于是我渐渐体悟到,不同生命阶段的阅读,尽管阅读对象有所变化,其实质都是个体通过阅读积累自我经验、抒发情感、扩展思维、生成智慧的过程。作为一名"80后",我们这一代人成长中所经历的阅读环境发生了剧烈的变化。伴随着生命的铺展,阅读所依赖的媒介不断变化与发展。幼年识字少,多依赖自身的眼睛、耳朵等器官,对外在的图像和声音进行吸收与理解;随着年龄的增长,慢慢掌握了文字这个让"天雨粟,鬼夜哭"的工具,各式各样的纸质书就成为获取信息、沟通世界的主要媒介;数字时代的来临,让我十来岁开始接触数字媒介,从传统的电视、VCD的单向传导到智能手机、网络的跨时空互联,如今我作为一名标准的"数字移民",数字媒介已经成为生活中信息获取与交流的核心媒介。

随着年龄的增长和对阅读领域的思考,我越发觉得"阅读"这个概念变得宏大,起码可以从三个层面来把握。从微观层面来看,就是阅读文、图符号的纸质阅读,媒介是习以为常的纸质书,随着数字技术的发展,媒介发生了重大的变化;从中观层面来看,阅读不仅是从文字印刷媒介上获得信息,而且通过数字媒介,是与数字符号世界信息交互的过程;从宏观层面来看,我们和世界发生交互作用,都可以统称为"阅读"。比如我们从别人的眼睛里感受到一丝暖意,我们把手伸到空气中感受到一丝清爽⋯⋯这是对阅读的不同层次和视角的理解。总之,如果非要给阅读下个定义,我坚信阅读就是我们与周围各种符号世界进行信息交互的过程,阅读面向我们的生命成长。

本书站在中观层面的阅读立场上,对儿童在数字化环境下的阅读进行审视与思索。这一小小的思想结晶,蕴含着我这些年关于这个主题的点滴积累。它若能顺利出版,我自然满心欢喜。在这个过程中,也蕴含着数位老师对我多年的指导与帮扶。这些年能够有机会成长,能够慢慢懂得一些道理,能够阅读更广阔的世界,必然要感谢遇到的诸位良师。感恩西南大学的杨晓萍老师、周安平老师、董小玉老师、邓香蓉老师和郑劲松老师,他们的信任和关爱助我成长。杨晓萍老师是我读硕士时的导师,其以扎实的学识引领我步入学术研究的大门，并在许多方面细致地给予我相当多的支持；周安平老师是我读博士时的导师，视野广博，爱生如子，恰如师母董小玉老师办公室每晚亮到凌晨的明灯一样，不断指引我前进的方向；邓香蓉老师和郑劲松老师是支持、帮助我完成学业并给予我人生第一份工作的领路人。毕业多年我依然非常想念在老师身边的日子，那是青春美好的记忆。感恩中国教育科学研究院的易凌云老师，因一个充满人文关怀的课题结缘易老师并到她身边做博士后研究工作，是我一生的荣幸。易凌云老师学识之渊博、思维之敏捷、为人之坦荡、处事之干练都让我肃然起敬，高山仰止。感恩华中师范大学教育学院的蔡迎旗老师，她是我入职新的大学后的指导教师，她对学术的执着和勤勉让我无比敬佩，也感谢她在生活和工作上给予我多方面的指导。

　　犹记本书写作时，与诸多学友有过多次交流，感恩他们赐予的智慧点滴。还要感谢当时提供给我研究资料的合作学校和教师。本书写作时也参考了许多研究文献，诚挚地向各位前辈致敬。

　　感恩本书的策划编辑刘美文。出于多年对广西师范大学出版社在人文社科图书出版方面成果斐然的敬意，我冒昧联系了她，非常有幸获得了她的信任和鼓励。但由于自身才疏学浅和精力不足，书稿一拖再拖，给她的工作增添了诸多麻烦，实在惭愧。本书的出版，凝聚着出版社的心血，也让我从选题策划到图书出版见识了出版人的敬业、仁爱与魅力。亦要感恩深圳市爱阅公益基金会的支持和倾力于儿童阅读的工作者，他们的用心和卓越让我钦佩。同时，本书也得到了湖北省社会科学基金和华中师范大学教育学院的支持。

　　感恩我的父母、爱人和兄弟姊妹。他们给了我温暖的家，一直以自身的善良、单纯、勤劳和勇敢激励着我。此生有你们，我心永远温暖。

　　如今，作为一名高校教师，常觉得学术之路漫漫而修远，虽然艰辛，但也充满乐趣，我会继续努力着、幸福着。

尹国强

2023 年秋于武汉桂子山

图书在版编目（CIP）数据

网助童年：数字媒介下儿童阅读的变革与省思／尹国强著.—桂林：广西师范大学出版社，2023.10
　　ISBN 978 - 7 - 5598 - 6371 - 3

Ⅰ. ①网… Ⅱ. ①尹… Ⅲ. ①儿童 - 电子出版物 - 阅读 - 研究 Ⅳ. ①G255.75

中国国家版本馆 CIP 数据核字（2023）第 176990 号

网助童年：数字媒介下儿童阅读的变革与省思
WANG ZHU TONGNIAN：SHUZI MEIJIE XIA ERTONG YUEDU DE BIANGE YU XINGSI

出 品 人：刘广汉
策划编辑：刘美文
责任编辑：伍忠莲
装帧设计：李婷婷

广西师范大学出版社出版发行

（广西桂林市五里店路 9 号　　　　邮政编码：541004）
（网址：http://www.bbtpress.com）

出版人：黄轩庄
全国新华书店经销
销售热线：021 - 65200318　021 - 31260822 - 898
山东韵杰文化科技有限公司印刷
（山东省淄博市桓台县桓台大道西首　邮政编码：256401）
开本：720 mm × 1 000 mm　　1/16
印张：20　　　　　　　字数：273 千
2023 年 10 月第 1 版　　2023 年 10 月第 1 次印刷
定价：58.00 元